Suhrkamp BasisBibliothek 109

Diese Ausgabe der »Suhrkamp BasisBibliothek – Arbeitstexte für Schule und Studium« bietet nicht nur Theodor Fontanes Meisterwerk *Frau Jenny Treibel*, sondern auch einen Kommentar, der alle für das Verständnis des Romans erforderlichen Informationen enthält: eine Zeittafel, die Entstehungs- und Wirkungsgeschichte, Deutungsansätze sowie ausführliche Wort- und Sacherläuterungen.

Die Schreibweise des Kommentars entspricht den neuen Rechtschreibregeln.

Helmut Nobis, geb. 1947, lebt und arbeitet in Krefeld. Veröffentlichungen zu Friedrich Schiller (SBB 88), Christoph Martin Wieland, Heinrich von Kleist (SBB 93), Heinrich Heine, Theodor Fontane (SBB 81), Gabriel García Márquez, zum bürgerlichen Trauerspiel, zur Literaturtheorie und -methodologie sowie zur Literaturgeschichtsschreibung.

Theodor Fontane
Frau Jenny Treibel

oder

»Wo sich Herz zum Herzen find't«

Mit einem Kommentar
von Helmut Nobis

Suhrkamp

Der vorliegende Text folgt der Ausgabe: *Frau Jenny Treibel oder »Wo sich Herz zum Herzen find't«*. Mit einem Nachwort von Richard Brinkmann. Frankfurt am Main: Insel Verlag [9]2003 [1984] (= insel taschenbuch 746), S. 7–245.

Originalausgabe
Suhrkamp BasisBibliothek 109
Erste Auflage 2010

Satz: pagina GmbH, Tübingen
Druck: CPI – Ebner & Spiegel, Ulm
Umschlagabbildung: © akg–images
Umschlaggestaltung: Regina Göllner und Hermann Michels
Printed in Germany

ISBN 978-3-518-18909-2

1 2 3 4 5 6 – 15 14 13 12 11 10

Inhalt

Frau Jenny Treibel

Erstes Kapitel

An einem der letzten Maitage, das Wetter war schon sommerlich, bog ein zurückgeschlagener Landauer* ⌜vom Spittelmarkt her in die Kur- und dann in die Adlerstraße⌝ ein und hielt gleich danach vor einem trotz seiner Front von nur fünf Fenstern ziemlich ansehnlichen, im übrigen aber altmodischen Hause, dem ein neuer, gelbbrauner Ölfarbenanstrich wohl etwas mehr Sauberkeit, aber keine Spur von gesteigerter Schönheit gegeben hatte, beinahe das Gegenteil. Im Fond* des Wagens saßen zwei Damen mit einem Bologneserhündchen*, das sich der hell- und warmscheinenden Sonne zu freuen schien. Die links sitzende Dame von etwa Dreißig, augenscheinlich eine Erzieherin oder Gesellschafterin, öffnete, von ihrem Platz aus, zunächst den Wagenschlag und war dann der anderen, mit Geschmack und Sorglichkeit gekleideten und trotz ihrer hohen Fünfzig noch sehr gut aussehenden Dame beim Aussteigen behülflich. Gleich danach aber nahm die Gesellschafterin ihren Platz wieder ein, während die ältere Dame auf eine Vortreppe zuschritt und nach Passierung derselben in den Hausflur eintrat. Von diesem aus stieg sie, so schnell ihre Korpulenz* es zuließ, eine Holzstiege mit abgelaufenen Stufen hinauf, unten von sehr wenig Licht, weiter oben aber von einer schweren Luft umgeben, die man füglich als eine Doppelluft bezeichnen konnte. Gerade der Stelle gegenüber, wo die Treppe mündete, befand sich eine Entreetür* mit Guckloch und neben diesem ein grünes, knittriges Blechschild, darauf ⌜»Professor Wilibald Schmidt«⌝ ziemlich undeutlich zu lesen war. Die ein wenig asthmatische* Dame fühlte zunächst das Bedürfnis, sich auszuruhen, und musterte bei der Gelegenheit den ihr übrigens von langer

Landauer: Viersitzige Kutsche mit Klappverdeck

Fond: (franz.) Rücksitz

Bologneserhündchen: Begleit- u. Schoßhündchen

Korpulenz: Körperfülle, Wohlbeleibtheit

Entreetür: (franz.) Eingangs- u. Korridortür

asthmatische: kurzatmige

Zeit her bekannten Vorflur, der vier gelbgestrichene Wände mit etlichen Haken und Riegeln und dazwischen einen hölzernen Halbmond zum Bürsten und Ausklopfen der Röcke zeigte. Dazu wehte, der ganzen Atmosphäre auch hier den Charakter gebend, von einem nach hinten zu führenden Korridor her ein sonderbarer Küchengeruch heran, der, wenn nicht alles täuschte, nur auf Rührkartoffeln und ⌜Karbonade⌝ gedeutet werden konnte, beides mit Seifenwrasen* untermischt. »Also kleine Wäsche«, sagte die von dem allen wieder ganz eigentümlich berührte stattliche Dame still vor sich hin, während sie zugleich weit zurückliegender Tage gedachte, wo sie selbst hier, in eben dieser Adlerstraße, gewohnt und in dem gerade gegenüber gelegenen Materialwarenladen ihres Vaters mit im Geschäft geholfen und auf einem über zwei Kaffeesäcke gelegten Brett kleine und große Düten* geklebt hatte, was ihr jedesmal mit »zwei Pfennig fürs Hundert« gut getan worden war. »Eigentlich viel zuviel, Jenny«, pflegte dann der Alte zu sagen, »aber du sollst mit Geld umgehen lernen.« Ach, waren das Zeiten gewesen! Mittags, Schlag Zwölf, wenn man zu Tisch ging, saß sie zwischen dem Commis* Herrn Mielke und dem Lehrling Louis, die beide, so verschieden sie sonst waren, dieselbe hochstehende Kammtolle* und dieselben erfrorenen Hände hatten. Und Louis schielte bewundernd nach ihr hinüber, aber wurde jedesmal verlegen, wenn er sich auf seinen Blicken ertappt sah. Denn er war zu niedrigen Standes, aus einem Obstkeller in der ⌜Spreegasse⌝. Ja, das alles stand jetzt wieder vor ihrer Seele, während sie sich auf dem Flur umsah und endlich die Klingel neben der Tür zog. Der überall verbogene Draht raschelte denn auch, aber kein Anschlag ließ sich hören, und so faßte sie schließlich den Klingelgriff noch einmal und zog stärker. Jetzt klang auch ein Bimmelton von der Küche her bis auf den Flur herüber, und ein paar Augenblicke später ließ sich erkennen, daß eine hinter dem Guck-

Dampf aus Seifenlauge

Tüten; vgl. auch 74,10

Dem Handelsstand angehöriger Gehilfe, ohne Kaufmann zu sein

Hochfrisierter Haarschopf

loch befindliche kleine Holzklappe beiseite geschoben wurde. Sehr wahrscheinlich war es des Professors Wirtschafterin, die jetzt, von ihrem Beobachtungsposten aus, nach Freund oder Feind aussah, und als diese Beobachtung ergeben hatte, daß es »gut Freund« sei, wurde der Türriegel ziemlich geräuschvoll zurückgeschoben, und eine ramassierte* Frau von ausgangs Vierzig, mit einem ansehnlichen Haubenbau auf ihrem vom Herdfeuer geröteten Gesicht, stand vor ihr.

gedrungene, dicke

»Ach, Frau Treibel ... ⌜Frau Kommerzienrätin⌝ ... Welche Ehre ...«

»Guten Tag, liebe Frau Schmolke. Was macht der Professor? Und was macht Fräulein ⌜Corinna⌝? Ist das Fräulein zu Hause?«

»Ja, Frau Kommerzienrätin. Eben wieder nach Hause gekommen aus der Philharmonie. Wie wird sie sich freuen.« Und dabei trat Frau Schmolke zur Seite, um den Weg nach dem einfenstrigen, zwischen den zwei Vorderstuben gelegenen und mit einem schmalen Leinwandläufer belegten Entree freizugeben. Aber ehe die Kommerzienrätin noch eintreten konnte, kam ihr Fräulein Corinna schon entgegen und führte die »mütterliche Freundin«, wie sich die Rätin gern selber nannte, nach rechts hin, in das eine Vorderzimmer.

Dies war ein hübscher, hoher Raum, die Jalousien herabgelassen, die Fenster nach innen auf, vor deren einem eine Blumenestrade* mit ⌜Goldlack⌝ und Hyazinthen stand. Auf dem Sofatische präsentierte sich gleichzeitig eine Glasschale mit Apfelsinen, und die Porträts der Eltern des Professors, des ⌜Rechnungsrats⌝ Schmidt aus der ⌜Heroldskammer⌝ und seiner Frau, geb. Schwerin, sahen auf die Glasschale hernieder – der alte Rechnungsrat in Frack und ⌜Rotem Adlerorden⌝, die geborne Schwerin mit starken Backenknochen und Stupsnase, was, trotz einer ausgesprochenen Bürgerlichkeit, immer noch mehr auf die pom-

Stufenförmig angelegtes Gestell zur Präsentation von Blumen

mersch-uckermärkischen ⌜Träger des berühmten Namens⌝ als auf die spätere oder, wenn man will, auch *viel* frühere posensche Linie hindeutete.

»Liebe Corinna, wie nett du dies alles zu machen verstehst und wie hübsch es doch bei euch ist, so kühl und so frisch – und die schönen Hyazinthen. Mit den Apfelsinen verträgt es sich freilich nicht recht, aber das tut nichts, es sieht so gut aus … Und nun legst du mir in deiner Sorglichkeit auch noch das Sofakissen zurecht! Aber verzeih, ich sitze nicht gern auf dem Sofa; das ist immer so weich, und man sinkt dabei so tief ein. Ich setze mich lieber hier in den Lehnstuhl und sehe zu den alten, lieben Gesichtern da hinauf. Ach, war das ein Mann; gerade wie dein Vater. Aber der alte Rechnungsrat war beinah noch verbindlicher, und einige sagten auch immer, er sei ⌜so gut wie von der Kolonie⌝. Was auch stimmte. Denn seine Großmutter, wie du freilich besser weißt als ich, war ja eine Charpentier, Stralauer Straße.«

Unter diesen Worten hatte die Kommerzienrätin in einem hohen Lehnstuhle Platz genommen und sah mit dem Lorgnon* nach den »lieben Gesichtern« hinauf, deren sie sich eben so huldvoll erinnert hatte, während Corinna fragte, ob sie nicht etwas Mosel* und Selterwasser bringen dürfe, es sei so heiß.

(franz.) Brille ohne Bügel, die an einem Stiel gehalten wird

Wein von der Mosel

»Nein, Corinna, ich komme eben vom Lunch, und Selterwasser steigt mir immer so zu Kopf. Sonderbar, ich kann Sherry vertragen und auch Port, wenn er lange gelagert hat, aber Mosel und Selterwasser, das benimmt mich* … Ja, sieh Kind, dies Zimmer hier, das kenne ich nun schon vierzig Jahre und darüber, noch aus Zeiten her, wo ich ein halbwachsen* Ding war, mit kastanienbraunen Locken, die meine Mutter, soviel sie sonst zu tun hatte, doch immer mit rührender Sorgfalt wickelte. Denn damals, meine liebe Corinna, war das Rotblonde noch nicht so Mode wie jetzt, aber kastanienbraun galt schon, besonders wenn es Lok-

macht mich benommen

halb erwachsenes

ken waren, und die Leute sahen mich auch immer darauf an. Und dein Vater auch. Er war damals noch ein Student und dichtete. Du wirst es kaum glauben, wie reizend und wie rührend das alles war, denn die Kinder wollen es immer nicht wahrhaben, daß die Eltern auch einmal jung waren und gut aussahen und ihre Talente hatten. Und ein paar Gedichte waren an mich gerichtet, die hab ich mir aufgehoben bis diesen Tag, und wenn mir schwer ums Herz ist, dann nehme ich das kleine Buch, das ursprünglich einen blauen Deckel hatte (jetzt aber hab ich es in grünen Maroquin* binden lassen), und setze mich ans Fenster und sehe auf unsern Garten und weine mich still aus, ganz still, daß es niemand sieht, am wenigsten Treibel oder die Kinder. Ach Jugend! Meine liebe Corinna, du weißt gar nicht, welch ein Schatz die Jugend ist und wie die reinen Gefühle, die noch kein rauher Hauch getrübt hat, doch unser Bestes sind und bleiben.

Fein gegerbtes Ziegenleder aus Nordafrika

»Ja«, lachte Corinna, »die Jugend ist gut. Aber ›Kommerzienrätin‹ ist auch gut und eigentlich noch besser. Ich bin für einen Landauer und einen Garten um die Villa herum. Und wenn Ostern ist und Gäste kommen, natürlich recht viele, so werden Ostereier in dem Garten versteckt, und jedes Ei ist eine Attrappe voll Konfitüren von ⌜Hövell oder Kranzler⌝ oder auch ein kleines Necessaire* ist drin. Und wenn dann all die Gäste die Eier gefunden haben, dann nimmt jeder Herr seine Dame, und man geht zu Tisch. Ich bin durchaus für Jugend, aber für Jugend mit Wohlleben und hübschen Gesellschaften …«

(franz.) Kleines Behältnis mit notwendigen Dingen des täglichen Lebens

»Das höre ich gern, Corinna, wenigstens gerade jetzt; denn ich bin hier, um dich einzuladen, und zwar auf morgen schon; es hat sich so rasch gemacht. Ein junger Mr. Nelson ist nämlich bei Otto Treibels angekommen (das heißt aber, er wohnt nicht bei ihnen), ein Sohn von Nelson & Co. aus Liverpool, mit denen mein Sohn Otto seine Hauptgeschäftsverbindung hat. Und Helene kennt ihn auch. Das ist so hamburgisch, die kennen alle Engländer, und wenn sie sie nicht kennen, so tun sie wenigstens so. Mir unbegreiflich. Also Mr. Nelson, der übermorgen schon wieder abreist, um den handelt es sich; ein lieber Geschäftsfreund, den Ottos durchaus einladen mußten. Das verbot sich aber leider, weil Helene mal wieder Plättag* hat, was nach ihrer Meinung allem anderen vorgeht, sogar im Geschäft. Da haben *wir's* denn übernommen, offen gestanden nicht allzu gern, aber doch auch nicht geradezu ungern. Otto war nämlich, während seiner englischen Reise, wochenlang in dem Nelsonschen Hause zu Gast. Du siehst daraus, wie's steht und wie sehr mir an deinem Kommen liegen muß; du sprichst englisch und hast alles gelesen und hast vorigen Winter auch ⌜Mr. Booth⌝ als Hamlet gesehen. Ich weiß noch recht gut, wie du davon schwärmtest. Und englische Politik und Geschichte wirst du natürlich auch wissen, dafür bist du ja deines Vaters Tochter.«

(norddt.) Bügeltag

»Nicht viel weiß ich davon, nur ein bißchen. Ein bißchen lernt man ja.«

»Ja, jetzt, liebe Corinna. Du hast es gut gehabt, und alle haben es jetzt gut. Aber zu meiner Zeit, da war es anders, und wenn mir nicht der Himmel, dem ich dafür danke, das Herz für das Poetische gegeben hätte, was, wenn es mal in einem lebt, nicht wieder auszurotten ist, so hätte ich nichts gelernt und wüßte nichts. Aber, Gott sei Dank, ich habe mich an Gedichten herangebildet, und wenn man viele davon auswendig weiß, so weiß man doch manches. Und daß es so ist, sieh, das verdanke ich nächst Gott, der es in meine Seele pflanzte, deinem Vater. Der hat das Blümlein großgezogen, das sonst drüben in dem Ladengeschäft unter all den prosaischen* Menschen – und du glaubst gar nicht, wie prosaische Menschen es gibt – verkümmert wäre ... Wie geht es denn mit deinem Vater? Es muß ein Vierteljahr sein oder länger, daß ich ihn nicht gesehen habe, den 14. Februar, an Ottos Geburtstag. Aber er ging so früh, weil so viel gesungen wurde.«

nüchternen, unpoetischen

»Ja, das liebt er nicht. Wenigstens dann nicht, wenn er damit überrascht wird. Es ist eine Schwäche von ihm, und manche nennen es eine Unart.«

»Oh, nicht doch, Corinna, das darfst du nicht sagen. Dein Vater ist bloß ein origineller Mann. Ich bin unglücklich, daß man seiner so selten habhaft werden kann. Ich hätt' ihn auch zu morgen gerne mit eingeladen, aber ich bezweifle, daß Mr. Nelson ihn interessiert, und von den anderen ist nun schon gar nicht zu sprechen; unser Freund Krola wird morgen wohl wieder singen, und Assessor Goldammer seine Polizeigeschichten erzählen und sein Kunststück mit dem Hut und den zwei Talern machen.«

»Oh, da freu ich mich. Aber freilich, Papa tut sich nicht gerne Zwang an, und seine Bequemlichkeit und seine Pfeife sind ihm lieber als ein junger Engländer, der vielleicht dreimal um die Welt gefahren ist. Papa ist gut, aber einseitig und eigensinnig.«

»Das kann ich nicht zugeben, Corinna. Dein Papa ist ein Juwel, das weiß ich am besten.«

»Er unterschätzt alles Äußerliche, Besitz und Geld, und überhaupt alles, was schmückt und schön macht.«

»Nein, Corinna, sage das nicht. Er sieht das Leben von der richtigen Seite an; er weiß, daß Geld eine Last ist und daß das Glück ganz woanders liegt.« Sie schwieg bei diesen Worten und seufzte nur leise. Dann aber fuhr sie fort: »Ach, meine liebe Corinna, glaube mir, ⌜kleine Verhältnisse, das ist *das*, was allein glücklich macht⌝.«

Corinna lächelte. »Das sagen alle die, die drüberstehen und die kleinen Verhältnisse nicht kennen.«

»Ich kenne sie, Corinna.«

»Ja, von früher her. Aber das liegt nun zurück und ist vergessen oder wohl gar verklärt. Eigentlich liegt es doch so: Alles möchte reich sein, und ich verdenke es keinem. Papa freilich, der schwört noch auf die ⌜Geschichte von dem Kamel und dem Nadelöhr.⌝ Aber die junge Welt ...«

»… Ist leider anders. Nur zu wahr. Aber so gewiß das ist, so ist es doch nicht so schlimm damit, wie du dir's denkst. Es wäre auch zu traurig, wenn der Sinn für das Ideale verlorenginge, vor allem in der Jugend. Und in der Jugend lebt er auch noch. Da ist zum Beispiel dein Vetter Marcell, den du beiläufig morgen auch treffen wirst (er hat schon zugesagt) und an dem ich wirklich nichts weiter zu tadeln wüßte, als daß er Wedderkopp* heißt. Wie kann ein so feiner Mann einen so störrischen Namen führen! Aber wie dem auch sein möge, wenn ich ihn bei Ottos treffe, so spreche ich immer so gern mit ihm. Und warum? Bloß weil er die Richtung hat, die man haben soll. Selbst unser guter Krola sagte mir erst neulich, Marcell sei eine von Grund aus ethische Natur, was er noch höher stelle als das Moralische; worin ich ihm, nach einigen Aufklärungen von seiner Seite, beistimmen mußte. Nein, Corinna, gib den Sinn, der sich nach oben richtet, nicht auf, jenen Sinn, der von dorther allein das Heil erwartet. Ich habe nur meine beiden Söhne, Geschäftsleute, die den Weg ihres Vaters gehen, und ich muß es geschehen lassen; aber wenn mich Gott durch eine Tochter gesegnet hätte, *die* wäre *mein* gewesen, auch im Geist, und wenn sich ihr Herz einem armen, aber edlen Manne, sagen wir einem Manne wie Marcell Wedderkopp, zugeneigt hätte …«

(niederdt.) Widderkopf; zugleich Name einer oldenburg. Adelsfamilie

»… so wäre das ein Paar geworden«, lachte Corinna. »Der arme Marcell! Da hätt' er nun sein Glück machen können, und muß gerade die Tochter fehlen.«

Die Kommerzienrätin nickte.

»Überhaupt ist es schade, daß es so selten klappt und paßt«, fuhr Corinna fort. »Aber Gott sei Dank, gnädigste Frau haben ja noch den Leopold, jung und unverheiratet, und da Sie solche Macht über ihn haben – so wenigstens sagt er selbst, und sein Bruder Otto sagt es auch, und alle Welt sagt es –, so könnt' er Ihnen, da der ideale Schwiegersohn nun mal eine Unmöglichkeit ist, wenigstens eine ideale Schwiegertochter ins Haus führen, eine reizende, junge Person, vielleicht eine Schauspielerin ...«

»Ich bin nicht für Schauspielerinnen ...«

»Oder eine Malerin oder eine Pastors- oder eine Professorentochter ...«

Die Kommerzienrätin stutzte bei diesem letzten Worte und streifte Corinna stark, wenn auch flüchtig. Indessen wahrnehmend, daß diese heiter und unbefangen blieb, schwand ihre Furchtanwandlung ebenso schnell, wie sie gekommen war. »Ja, Leopold«, sagte sie, »den hab ich noch. Aber Leopold ist ein Kind. Und seine Verheiratung steht jedenfalls noch in weiter Ferne. Wenn er aber käme ...« Und die Kommerzienrätin schien sich allen Ernstes – vielleicht weil es sich um etwas noch »in so weiter Ferne« Liegendes handelte – der Vision einer idealen Schwiegertochter hingeben zu wollen, kam aber nicht dazu, weil in ebendiesem Augenblicke der aus seiner Obersekunda kommende Professor eintrat und seine Freundin, die Rätin, mit vieler Artigkeit begrüßte.

»Stör ich?«

»In Ihrem eigenen Hause? Nein, lieber Professor; Sie können überhaupt nicht stören. Mit Ihnen kommt immer das Licht. Und wie Sie waren, so sind Sie geblieben. Aber mit Corinna bin ich nicht zufrieden. Sie spricht so modern und verleugnet ihren Vater, der immer nur in einer schönen Gedankenwelt lebte ...«

»Nun ja, ja«, sagte der Professor. »Man kann es so nennen. Aber ich denke, sie wird sich noch wieder zurückfinden. Freilich, einen Stich ins Moderne wird sie wohl behalten. Schade. Das war anders, als wir jung waren, da lebte man noch in Phantasie und Dichtung ...«

Er sagte das so hin, mit einem gewissen Pathos, als ob er seinen Sekundanern eine besondere Schönheit aus dem ⌜Horaz⌝ oder aus dem ⌜Parcival⌝ (denn er war ⌜Klassiker und Romantiker⌝ zugleich) zu demonstrieren hätte. Sein (griech.) Hier: nachdrückliche, gefühlvolle Rede

Pathos* war aber doch etwas theatralisch gehalten und mit einer feinen Ironie gemischt, die die Kommerzienrätin auch klug genug war herauszuhören. Sie hielt es indessen trotzdem für angezeigt, einen guten Glauben zu zeigen, nickte deshalb nur und sagte: »Ja, schöne Tage, die nie wiederkehren.«

»Nein«, sagte der in seiner Rolle mit dem Ernst eines ⌜Großinquisitors⌝ fortfahrende Wilibald. »Es ist vorbei damit; aber man muß eben weiterleben.«

Eine halbverlegene Stille trat ein, während welcher man, von der Straße her, einen scharfen Peitschenknips hörte.

»Das ist ein Mahnzeichen«, warf jetzt die Kommerzienrätin ein, eigentlich froh der Unterbrechung. »Johann unten wird ungeduldig. Und wer hätte den Mut, es mit einem solchen Machthaber zu verderben.«

»Niemand«, erwiderte Schmidt. »An der guten Laune unserer Umgebung hängt unser Lebensglück; ein Minister bedeutet mir wenig, aber die Schmolke …«

»Sie treffen es wie immer, lieber Freund.«

Und unter diesen Worten erhob sich die Kommerzienrätin und gab Corinna einen Kuß auf die Stirn, während sie Wilibald die Hand reichte. »Mit uns, lieber Professor, bleibt es beim alten, unentwegt.« Und damit verließ sie das Zimmer, von Corinna bis auf den Flur und die Straße begleitet.

»Unentwegt«, wiederholte Wilibald, als er allein war. »Herrliches Modewort, und nun auch schon bis in die Villa Treibel gedrungen … Eigentlich ist meine Freundin Jenny noch geradeso wie vor vierzig Jahren, wo sie die kastanienbraunen Locken schüttelte. Das Sentimentale liebte sie schon damals, aber doch immer unter Bevorzugung von Courmachen* und Schlagsahne. Jetzt ist sie nun rundlich geworden und beinah gebildet, oder doch, was man so gebildet zu nennen pflegt, und Adolar Krola trägt ihr Arien aus ›Lohengrin‹ und ›Tannhäuser‹* vor. Denn ich denke

(franz.) Einer Dame den Hof (cour) machen

Opern (1850 bzw. 1845) Richard Wagners (1813–1883)

mir, daß das ihre Lieblingsopern sind. Ach, ihre Mutter, die gute Frau Bürstenbinder, die das Püppchen drüben im Apfelsinenladen immer so hübsch herauszuputzen wußte, sie hat in ihrer Weiberklugheit damals ganz richtig gerechnet. Nun ist das Püppchen eine Kommerzienrätin und kann sich alles gönnen, auch das Ideale, und sogar ›unentwegt‹. ⌜Ein Musterstück von einer Bourgeoise.⌝«

Und dabei trat er ans Fenster, hob die Jalousien ein wenig und sah, wie Corinna, nachdem die Kommerzienrätin ihren Sitz wieder eingenommen hatte, den Wagenschlag ins Schloß warf. Noch ein gegenseitiger Gruß, an dem die Gesellschaftsdame mit sauer-süßer Miene teilnahm, und die Pferde zogen an und trabten langsam auf die nach der Spree hin gelegene Ausfahrt zu, weil es schwer war, in der engen Adlerstraße zu wenden.

Als Corinna wieder oben war, sagte sie: »Du hast doch nichts dagegen, Papa. Ich bin morgen zu Treibels zu Tisch geladen. Marcell ist auch da und ein junger Engländer, der sogar ⌜Nelson⌝ heißt.«

»Ich was dagegen? Gott bewahre. Wie könnt' ich was dagegen haben, wenn ein Mensch sich amüsieren will. Ich nehme an, du amüsierst dich.«

»Gewiß amüsier ich mich. Es ist doch mal was anderes. Was Distelkamp sagt und Rindfleisch und der kleine Friedeberg, das weiß ich ja schon alles auswendig. Aber was Nelson sagen wird, denk dir, Nelson, das weiß ich nicht.«

»Viel Gescheites wird es wohl nicht sein.«

»Das tut nichts. Ich sehne mich manchmal nach Ungescheitheiten.«

»Da hast du recht, Corinna.«

Zweites Kapitel

Die Treibelsche Villa lag auf einem großen Grundstück, das, in bedeutender Tiefe, von der Köpnicker Straße bis an die Spree reichte. Früher hatten hier in unmittelbarer Nähe des Flusses nur Fabrikgebäude gestanden, in denen alljährlich ungezählte Zentner von ⌜Blutlaugensalz⌝ und später, als sich die Fabrik erweiterte, kaum geringere Quantitäten von ⌜Berliner Blau⌝ hergestellt worden waren. Als aber nach dem Siebziger Kriege* die Milliarden ins Land kamen und die ⌜Gründeranschauungen⌝ selbst die nüchternsten Köpfe zu beherrschen anfingen, fand auch Kommerzienrat Treibel sein bis dahin in der ⌜Alten Jakobstraße⌝ gelegenes Wohnhaus, trotzdem es von ⌜Gontard⌝, ja nach einigen sogar von ⌜Knobelsdorff⌝ herrühren sollte, nicht mehr zeit- und standesgemäß und baute sich auf seinem Fabrikgrundstück eine modische Villa mit kleinem Vorder- und parkartigem Hintergarten. Diese Villa war ein Hochparterrebau mit aufgesetztem ersten Stock, welcher letztere jedoch, um seiner niedrigen Fenster willen, eher den Eindruck eines Mezzanin* als einer Beletage* machte. Hier wohnte Treibel seit sechzehn Jahren und begriff nicht, daß er es, einem noch dazu bloß gemutmaßten friderizianischen Baumeister zuliebe, so lange Zeit hindurch in der unvornehmen und aller frischen Luft entbehrenden Alten Jakobstraße ausgehalten habe; Gefühle, die von seiner Frau Jenny mindestens geteilt wurden. Die Nähe der Fabrik, wenn der Wind ungünstig stand, hatte freilich auch allerlei Mißliches im Geleite; Nordwind aber, der den Qualm herantrieb, war notorisch selten, und man brauchte ja die Gesellschaften nicht gerade bei Nordwind zu geben. Außerdem ließ Treibel die Fabrikschornsteine mit jedem Jahr höher hinaufführen und beseitigte damit den anfänglichen Übelstand immer mehr.

Deutsch-Französischer Krieg 1870–71

(ital.-franz.) Niedriges Zwischengeschoss

(franz.) Der erste Stock, Hauptgeschoss repräsentativer Bürgerhäuser

Das Diner war zu sechs Uhr festgesetzt; aber bereits eine Stunde vorher sah man ⌜Hustersche Wagen⌝ mit runden und viereckigen Körben vor dem Gittereingange halten. Die Kommerzienrätin, schon in voller Toilette, beobachtete von dem Fenster ihres Boudoirs* aus all diese Vorbereitungen und nahm auch heute wieder, und zwar nicht ohne eine gewisse Berechtigung, Anstoß daran. »Daß Treibel es auch versäumen mußte, für einen Nebeneingang Sorge zu tragen! Wenn er damals nur ein vier Fuß breites Terrain von dem Nachbargrundstück zukaufte, so hätten wir einen Eingang für derart Leute gehabt. Jetzt marschiert jeder Küchenjunge durch den Vorgarten, gerade auf unser Haus zu, wie wenn er miteingeladen wäre. Das sieht lächerlich aus und auch anspruchsvoll, als ob die ganze Köpnicker Straße wissen solle: Treibels geben heut ein Diner. Außerdem ist es unklug, dem Neid der Menschen und dem ⸢sozialdemokratischen Gefühl⸣ so ganz nutzlos neue Nahrung zu geben.«

(franz.) Elegant eingerichtetes Damenzimmer

Sie sagte sich das ganz ernsthaft, gehörte jedoch zu den Glücklichen, die sich nur weniges andauernd zu Herzen nehmen, und so kehrte sie denn vom Fenster zu ihrem Toilettentisch zurück, um noch einiges zu ordnen und den Spiegel zu befragen, ob sie sich neben ihrer Hamburger Schwiegertochter auch werde behaupten können. Helene war freilich nur halb so alt, ja kaum das; aber die Kommerzienrätin wußte recht gut, daß Jahre nichts bedeuten und daß Konversation und Augenausdruck und namentlich die »Welt der Formen«, im einen und im andern Sinne, ja im »andern« Sinne noch mehr, den Ausschlag zu geben pflegen. Und hierin war die schon stark an der Grenze des Embonpoint* angelangte Kommerzienrätin ihrer Schwiegertochter unbedingt überlegen.

(franz.) Körperfülle, Wohlbeleibtheit

In dem mit dem Boudoir korrespondierenden, an der andern Seite des Frontsaales gelegenen Zimmer saß Kommerzienrat Treibel und las das ⸢»Berliner Tageblatt«. Es war gerade eine Nummer, der der »Ulk« beilag. Er weidete sich an dem Schlußbild und las dann einige von Nunnes philosophischen Betrachtungen. »Ausgezeichnet … Sehr gut … Aber ich werde das Blatt doch beiseite schieben oder mindestens das ›Deutsche Tageblatt‹⌝ darüberlegen müssen. Ich glaube, Vogelsang gibt mich sonst auf. Und ich kann ihn, wie die Dinge mal liegen, nicht mehr entbehren, so wenig, daß ich ihn zu heute habe einladen müssen. Überhaupt eine sonderbare Gesellschaft! Erst dieser Mr. Nelson, den sich Helene, weil ihre Mädchen mal wieder am Plättbrett* stehen, gefälligst abgewälzt hat, und zu diesem Nelson dieser Vogelsang, dieser Leutnant a. D. und Agent provocateur* in Wahlsachen. Er versteht sein Metier*, so sagt man mir allgemein, und ich muß es glauben. Jedenfalls scheint nur das sicher: hat er mich erst in ⌜Teupitz-Zossen⌝ und an den Ufern der ⌜wendischen Spree⌝ durchgebracht, so bringt er mich auch *hier* durch. Und das ist die Hauptsache. Denn schließlich läuft doch alles darauf hinaus, daß ich in Berlin selbst, wenn die Zeit dazu gekommen ist, den ⌜Singer⌝ oder irgendeinen andern von der Couleur* beiseite schiebe. Nach der Beredsamkeitsprobe neulich bei Buggenhagen* ist ein Sieg sehr wohl möglich, und so muß ich ihn mir warmhalten. Er hatte einen Sprechanismus, um den ich ihn beneiden könnte, trotzdem ich doch auch nicht in einem Trappistenkloster* geboren und großgezogen bin. Aber neben Vogelsang? Null. Und kann auch nicht anders sein; denn bei Lichte besehen, hat der ganze Kerl nur drei Lieder auf seinem Kasten* und dreht eins nach dem andern von der Walze herunter, und wenn er damit fertig ist, fängt er wieder an. So steht es mit ihm, und darin steckt seine Macht, ⌜gutta cavat lapidem⌝; der alte Wilibald Schmidt würde sich freuen, wenn er mich so zitieren hörte, vorausgesetzt, daß es richtig ist. Oder vielleicht auch umgekehrt; wenn drei Fehler drin sind, amüsiert er sich noch mehr; Gelehrte sind nun mal so … Vogelsang, das muß ich ihm lassen, hat freilich noch eines, was wichtiger ist als das ewige Wiederholen, er hat den Glauben an sich und ist

Bügelbrett

(franz.) Spitzel im Dienste der Polizei, bezahlter Aufwiegler

(franz.) Handwerk, Gewerbe

(franz.) Farbe; hier: polit. Richtung

Gastronom in der Oranienstraße

Dort herrscht absolutes Schweigegebot.

Leierkasten

überhaupt ein richtiger Fanatiker. Ob es wohl mit allem Fanatismus ebenso steht? Mir sehr wahrscheinlich. Ein leidlich gescheites Individuum kann eigentlich gar nicht fanatisch sein. Wer an einen Weg und eine Sache glaubt, ist allemal ein Poveretto*, und ist seine Glaubenssache zugleich er selbst, so ist er gemeingefährlich und eigentlich reif für Dalldorf*. Und von solcher Beschaffenheit ist just der Mann, dem zu Ehren ich, wenn ich von Mr. Nelson absehe, heute mein Diner gebe und mir zwei adlige Fräuleins eingeladen habe, blaues Blut, das hier in der Köpnikker Straße so gut wie gar nicht vorkommt und deshalb aus Berlin W von mir verschrieben werden mußte, ja zur Hälfte sogar aus Charlottenburg. O Vogelsang! Eigentlich ist mir der Kerl ein Greuel. Aber was tut man nicht alles als Bürger und Patriot.«

(ital.) Armer Schlucker

Heil- u. Pflegeanstalt für Geisteskranke im NW Berlins

Und dabei sah Treibel auf das zwischen den Knopflöchern ausgespannte Kettchen mit drei Orden en miniature*, unter denen ein rumänischer der vollgültigste war, und seufzte, während er zugleich auch lachte. »Rumänien, früher Moldau und Walachei. Es ist mir wirklich zu wenig.«

(franz.) im Kleinen

Das erste Coupé*, das vorfuhr, war das seines ältesten Sohnes Otto, der sich selbständig etabliert und ganz am Ausgange der Köpnicker Straße, zwischen dem zur Pionierkaserne gehörigen Pontonhaus* und dem Schlesischen Tor, einen Holzhof errichtet hatte, freilich von der höheren Observanz*, denn es waren Farbehölzer, ⌜Fernambuk- und Campecheholz⌝, mit denen er handelte. Seit etwa acht Jahren war er auch verheiratet. Im selben Augenblicke, wo der Wagen hielt, zeigte er sich seiner jungen Frau beim Aussteigen behülflich, bot ihr verbindlich den Arm und schritt, nach Passierung des Vorgartens, auf die Freitreppe zu, die zunächst zu einem verandaartigen Vorbau der väterlichen Villa hinaufführte. Der alte Kommerzienrat stand schon in der Glastür und empfing die Kinder mit der ihm eigenen

(franz.) Geschlossene zweisitzige Kutsche

Haus zur Lagerung kahnähnlicher Fahrzeuge zum Brückenbau

(lat.) Herkunft, Gattung, Art

Jovialität*. Gleich darauf erschien auch die Kommerzienrätin aus dem seitwärts angrenzenden und nur durch eine Portiere* von dem großen Empfangssaal geschiedenen Zimmer und reichte der Schwiegertochter die Backe, während ihr Sohn Otto ihr die Hand küßte. »Gut, daß du kommst, Helene«, sagte sie mit einer glücklichen Mischung von Behaglichkeit und Ironie, worin sie, wenn sie wollte, Meisterin war. »Ich fürchtete schon, du würdest dich auch vielleicht behindert sehen.«

Leutseligkeit

(franz.) Schwerer Türvorhang

»Ach, Mama, verzeih ... Es war nicht bloß des Plättags* halber; unsere Köchin hat zum ersten Juni gekündigt, und wenn sie kein Interesse mehr haben, so sind sie so unzuverlässig; und auf Elisabeth ist nun schon gar kein Verlaß mehr. Sie ist ungeschickt bis zur Unschicklichkeit und hält die Schüsseln immer so dicht über den Schultern, besonders der Herren, als ob sie sich ausruhen wollte ...«

Vgl. 14,6.

Die Kommerzienrätin lächelte halb versöhnt, denn sie hörte gern dergleichen.

»... und aufschieben«, fuhr Helene fort, »verbot sich auch. Mr. Nelson, wie du weißt, reist schon morgen abend wieder. Übrigens ein charmanter junger Mann, der euch gefallen wird. Etwas kurz und einsilbig, vielleicht weil er nicht recht weiß, ob er sich deutsch oder englisch ausdrükken soll; aber was er sagt, ist immer gut und hat ganz die Gesetztheit und Wohlerzogenheit, die die meisten Engländer haben. Und dabei immer wie aus dem Ei gepellt. Ich habe nie solche Manschetten gesehen, und es bedrückt mich geradezu, wenn ich dann sehe, womit sich mein armer Otto behelfen muß, bloß weil man die richtigen Kräfte beim besten Willen nicht haben kann. Und so sauber wie die Manschetten, so sauber ist alles an ihm, ich meine an Mr. Nelson, auch sein Kopf und sein Haar. Wahrscheinlich, daß er es mit Honeywater* bürstet, oder vielleicht ist es auch bloß mit Hülfe von Shampooing*.«

(engl.) Honigwasser; Haarspülung aus Honig, Wasser u. Heilkräutern

(engl.) Haare waschen

Der so rühmlich Gekennzeichnete war der nächste, der am

Gartengitter erschien und schon im Herankommen die Kommerzienrätin einigermaßen in Erstaunen setzte. Diese hatte, nach der Schilderung ihrer Schwiegertochter, einen Ausbund von Eleganz erwartet; statt dessen kam ein Menschenkind daher, an dem, mit Ausnahme der von der jungen Frau Treibel gerühmten Manschettenspezialität, eigentlich alles die Kritik herausforderte. Den ungebürsteten Zylinder im Nacken und reisemäßig in einem gelb- und braunquadrierten Anzuge steckend, stieg er, von links nach rechts sich wiegend, die Freitreppe herauf und grüßte mit der bekannten heimatlichen Mischung von Selbstbewußtsein und Verlegenheit. Otto ging ihm entgegen, um ihn seinen Eltern vorzustellen.

»Mr. Nelson from Liverpool – derselbe, lieber Papa, mit dem ich …«

»Ah, Mr. Nelson. Sehr erfreut. Mein Sohn spricht noch oft von seinen glücklichen Tagen in Liverpool und von dem Ausfluge, den er damals mit Ihnen nach Dublin und, wenn ich nicht irre, auch nach Glasgow machte. Das geht jetzt ins neunte Jahr; Sie müssen damals noch sehr jung gewesen sein.«

»O nicht sehr jung, Mr. Treibel … about sixteen …«

»Nun, ich dächte doch, sechzehn …«

»Oh, sechzehn, nicht sehr jung …, nicht für uns.«

Diese Versicherungen klangen um so komischer, als Mr. Nelson auch jetzt noch wie ein Junge wirkte. Zu weiteren Betrachtungen darüber war aber keine Zeit, weil eben jetzt eine ⌜Droschke zweiter Klasse⌝ vorfuhr, der ein langer, hagerer Mann in Uniform entstieg. Er schien Auseinandersetzungen mit dem Kutscher zu haben, während deren er übrigens eine beneidenswert sichere Haltung beobachtete, und nun rückte er sich zurecht und warf die Gittertür ins Schloß. Er war in Helm und Degen; aber ehe man noch der ⌜»Schilderhäuser« auf seiner Achselklappe⌝ gewahr werden konnte, stand es für jeden mit militärischem Blick nur einigermaßen Ausgerüsteten fest, daß er seit wenigstens dreißig Jahren außer Dienst sein müsse. Denn die Grandezza*, mit der er daherkam, war mehr die Steifheit eines alten, irgendeiner ganz seltenen Sekte zugehörigen Torf- oder Salzinspektors* als die gute Haltung eines Offiziers. Alles gab sich mehr oder weniger automatenhaft, und der in zwei gewirbelten Spitzen auslaufende schwarze Schnurrbart wirkte nicht nur gefärbt, was er natürlich war, sondern zugleich auch wie angeklebt. Desgleichen der Henriquatre*. Dabei lag sein Untergesicht im Schatten zweier vorspringender Backenknochen. Mit der Ruhe, die sein ganzes Wesen auszeichnete, stieg er jetzt die Freitreppe hinauf und schritt auf die Kommerzienrätin zu. »Sie haben befohlen, meine Gnädigste ...« »Hoch erfreut, Herr Leutnant ...« Inzwischen war auch der alte Treibel herangetreten und sagte: »Lieber Vogelsang, erlauben Sie mir, daß ich Sie mit den Herrschaften bekannt mache; meinen Sohn Otto kennen Sie, aber nicht seine Frau, meine liebe Schwiegertochter – Hamburgerin, wie Sie leicht erkennen werden ... Und hier«, und dabei schritt er auf Mr. Nelson zu, der sich mit dem inzwischen ebenfalls erschienenen Leopold Treibel gemütlich und ohne jede Rücksicht auf den Rest der Gesellschaft unterhielt, »und hier ein junger lieber Freund unseres Hauses, Mr. Nelson from Liverpool.«

Vogelsang zuckte bei dem Wort »Nelson« zusammen und schien einen Augenblick zu glauben – denn er konnte die Furcht des Gefopptwerdens nie ganz loswerden –, daß man sich einen Witz mit ihm erlaube. Die ruhigen Mienen aller aber belehrten ihn bald eines Besseren, weshalb er sich artig verbeugte und zu dem jungen Engländer sagte: »Nelson. Ein großer Name. Sehr erfreut, Mr. Nelson*.«

Dieser lachte dem alt und aufgesteift vor ihm stehenden Leutnant ziemlich ungeniert ins Gesicht, denn solche komische Person war ihm noch gar nicht vorgekommen. Daß er in seiner Art ebenso komisch wirkte, dieser Grad der

(lat.-span.) Steife, feierliche Würde

Beamter zur Aufsicht der lokalen Torf- o. Salzgewinnung

(franz.) Kurzer Spitzbart, wie ihn der franz. König Henri IV. trug

Vgl. Erl. zu 19,19.

Erkenntnis lag ihm fern. Vogelsang biß sich auf die Lippen und befestigte sich, unter dem Eindruck dieser Begegnung, in der langgehegten Vorstellung von der Impertinenz* englischer Nation. Im übrigen war jetzt der Zeitpunkt da, wo das Eintreffen immer neuer Ankömmlinge von jeder anderen Betrachtung abzog und die Sonderbarkeiten eines Engländers rasch vergessen ließ.

(lat.) Frechheit, Unverschämtheit

Einige der befreundeten Fabrikbesitzer aus der Köpnicker Straße lösten in ihren Chaisen* mit niedergeschlagenem Verdeck die, wie es schien, noch immer sich besinnende Vogelsangsche Droschke rasch und beinahe gewaltsam ab; dann kam Corinna samt ihrem Vetter Marcell Wedderkopp (beide zu Fuß), und schließlich fuhr Johann, der Kommerzienrat-Treibelsche Kutscher, vor, und dem mit blauem Atlas* ausgeschlagenen Landauer – derselbe, darin gestern die Kommerzienrätin ihren Besuch bei Corinna gemacht hatte – entstiegen zwei alte Damen, die von Johann mit ganz besonderem und beinahe überraschlichem* Respekt behandelt wurden. Es erklärte sich dies aber einfach daraus, daß Treibel, gleich bei Beginn dieser ihm wichtigen und jetzt etwa um dritthalb Jahre zurückliegenden Bekanntschaft, zu seinem Kutscher gesagt hatte: »Johann, ein für allemal, diesen Damen gegenüber immer Hut in Hand. Das andere, du verstehst mich, ist *meine* Sache.« Dadurch waren die guten Manieren Johanns außer Frage gestellt. Beiden alten Damen ging Treibel jetzt bis in die Mitte des Vorgartens entgegen, und nach lebhaften Bekomplimentierungen, an denen auch die Kommerzienrätin teilnahm, stieg man wieder die Gartentreppe hinauf und trat, von der Veranda her, in den großen Empfangssalon ein, der bis dahin, weil das schöne Wetter zum Verweilen im Freien einlud, nur von wenigen betreten worden war. Fast alle kannten sich von früheren Treibelschen Diners her; nur Vogelsang und Nelson waren Fremde, was den partiellen Vorstellungsakt erneuerte. »Darf ich Sie«, wandte sich

(franz.) Wagen mit aufklappbarem Verdeck

Ein schweres, hochglänzendes Seidengewebe

überraschendem

Treibel an die zuletzt erschienenen alten Damen, »mit zwei Herren bekannt machen, die mir heute zum ersten Male die Ehre ihres Besuches geben: Leutnant Vogelsang, Präsident unseres Wahlkomitees, und Mr. Nelson from Liverpool.« Man verneigte sich gegenseitig. Dann nahm Treibel Vogelsangs Arm und flüsterte diesem, um ihn einigermaßen zu orientieren, zu: »Zwei Damen vom Hofe; die korpulente: Frau Majorin von ⌜Ziegenhals, die *nicht* korpulente (worin Sie mir zustimmen werden): Fräulein Edwine von Bomst⌝.«

»Merkwürdig«, sagte Vogelsang. »Ich würde, die Wahrheit zu gestehen ...«

»Eine Vertauschung der Namen für angezeigt gehalten haben. Da treffen Sie's, Vogelsang. Und es freut mich, daß Sie ein Auge für solche Dinge haben. Da bezeugt sich das alte Leutnantsblut. Ja, diese Ziegenhals; einen Meter Brustweite wird sie wohl haben, und es lassen sich allerhand Betrachtungen darüber anstellen, werden auch wohl seinerzeit angestellt worden sein. Im übrigen, es sind das so die scherzhaften Widerspiele, die das Leben erheitern. ⌜Klopstock war Dichter⌝, und ein anderer, den ich noch persönlich gekannt habe, hieß ⌜Griepenkerl⌝ ... Es trifft sich, daß uns beide Damen ersprießliche Dienste leisten können.«

»Wie das? Wieso?«

»Die Ziegenhals ist eine rechte Cousine von dem Zossener Landesältesten, und ein Bruder der Bomst hat sich mit einer Pastorstochter aus der Storkower Gegend ehelich vermählt. Halbe Mesalliance*, die wir ignorieren müssen, weil wir Vorteil daraus ziehen. ⌜Man muß, wie Bismarck, immer ein Dutzend Eisen im Feuer haben ...⌝ Ah, Gott sei Dank. Johann hat den Rock gewechselt und gibt das Zeichen. Allerhöchste Zeit ... Eine Viertelstunde warten, geht, aber zehn Minuten darüber ist zuviel ... Ohne mich ängstlich zu belauschen, ich höre, wie der Hirsch nach

(franz.) Unstandesgemäße Verbindung, Missheirat

Wasser schreit. Bitte, Vogelsang, führen Sie meine Frau … Liebe Corinna, bemächtigen Sie sich Nelsons … Victory and Westminster-Abbey; das Entern ist diesmal an Ihnen. Und nun meine Damen … darf ich um Ihren Arm bitten, Frau Majorin? … und um den Ihren, mein gnädigstes Fräulein?«

Und die Ziegenhals am rechten, die Bomst am linken Arm, ging er auf die Flügeltür zu, die sich, während dieser seiner letzten Worte, mit einer gewissen langsamen Feierlichkeit geöffnet hatte.

Drittes Kapitel

Das Eßzimmer entsprach genau dem vorgelegenen Empfangszimmer und hatte den Blick auf den großen, parkartigen Hintergarten mit plätscherndem Springbrunnen, ganz in der Nähe des Hauses; eine kleine Kugel stieg auf dem Wasserstrahl auf und ab, und auf dem Querholz einer zur Seite stehenden Stange saß ein Kakadu und sah, mit dem bekannten Auge voll Tiefsinn, abwechselnd auf den Strahl mit der balancierenden Kugel und dann wieder in den Eßsaal, dessen oberes Schiebefenster, der Ventilation halber, etwas herabgelassen war. Der Kronleuchter brannte schon, aber die niedrig geschraubten Flämmchen waren in der Nachmittagssonne kaum sichtbar und führten ihr schwaches Vorleben nur deshalb, weil der Kommerzienrat, um ihn selbst sprechen zu lassen, nicht liebte, »durch Manipulationen im Laternenansteckerstil in seiner Dinerstimmung gestört zu werden«. Auch der bei der Gelegenheit hörbar werdende kleine Puff, den er gern als »moderierten Salutschuß«* bezeichnete, konnte seine Gesamtstellung zu der Frage nicht ändern. Der Speisesaal selbst war von schöner Einfachheit: gelber Stuck, in den

gemäßigten Begrüßungsschuss

Julius Franz (1824–1911), bekannter Berliner Bildhauer

Bedeutender Bildhauer (1824–1911) der Kaiserzeit

Stufe, Sprosse

Wahlkampf

einige Reliefs eingelegt waren, reizende Arbeiten von Professor Franz*. Seitens der Kommerzienrätin war, als es sich um diese Ausschmückung handelte, Reinhold Begas* in Vorschlag gebracht, aber von Treibel, als seinen Etat überschreitend, abgelehnt worden. »Das ist für die Zeit, wo wir ⌜Generalkonsuls⌝ sein werden ...« »... eine Zeit, die nie kommt«, hatte Jenny geantwortet. »Doch, doch Jenny; Teupitz-Zossen ist die erste Staffel* dazu.« Er wußte, wie zweifelhaft seine Frau seiner Wahlagitation* und allen sich daran knüpfenden Hoffnungen gegenüberstand, weshalb er gern durchklingen ließ, daß er von dem Baum seiner Politik auch für die weibliche Eitelkeit noch goldene Früchte zu heimsen gedenke.

Flaches Blumengebinde als Tischdekoration

Draußen setzte der Wasserstrahl sein Spiel fort. Drinnen im Saal aber, in der Mitte der Tafel, die, statt der üblichen Riesenvase mit Flieder und Goldregen, ein kleines Blumenparkett* zeigte, saß der alte Treibel, neben sich die beiden adligen Damen, ihm gegenüber seine Frau zwischen Leutnant Vogelsang und dem ehemaligen Opernsänger Adolar Krola. Krola war seit fünfzehn Jahren Hausfreund, worauf ihm dreierlei einen gleichmäßigen Anspruch gab: sein gutes Äußere, seine gute Stimme und sein gutes Vermögen. Er hatte sich nämlich kurz vor seinem Rücktritt von der Bühne mit einer Millionärstochter verheiratet. Allgemein zugestanden, war er ein sehr liebenswürdiger Mann, was er vor manchem seiner ehemaligen Kollegen ebensosehr voraus hatte wie die mehr als gesicherte Finanzlage.

Schweres, reich geschmücktes Kleid aus Seide

Frau Jenny präsentierte sich in vollem Glanz, und ihre Herkunft aus dem kleinen Laden in der Adlerstraße war in ihrer Erscheinung bis auf den letzten Rest getilgt. Alles wirkte reich und elegant; aber die Spitzen auf dem veilchenfarbenen Brokatkleide*, so viel mußte gesagt werden, taten es nicht allein, auch nicht die kleinen Brillantohrringe, die bei jeder Bewegung hin und her blitzten; nein, was ihr mehr als alles andere eine gewisse Vornehmheit lieh, war die sichere Ruhe, womit sie zwischen ihren Gästen thronte. Keine Spur von Aufregung gab sich zu erkennen, zu der allerdings auch keine Veranlassung vorlag. Sie wußte, was in einem reichen und auf Repräsentation gestellten Hause brauchbare Dienstleute bedeuten, und so wurde denn alles, was sich nach dieser Seite hin nur irgendwie bewährte, durch hohen Lohn und gute Behandlung festgehalten. Alles ging infolge davon wie am Schnürchen, auch heute wieder, und ein Blick Jennys regierte das Ganze, wobei ⌜das untergeschobene Luftkissen⌝, das ihr eine dominierende Stellung gab, ihr nicht wenig zustatten kam. In ihrem Sicherheitsgefühl war sie zugleich die Liebenswürdigkeit selbst. Ohne Furcht, wirtschaftlich irgend etwas ins Stocken kommen zu sehen, konnte sie sich selbstverständlich auch den Pflichten einer gefälligen Unterhaltung widmen, und weil sie's störend empfinden mochte – den ersten Begrüßungsmoment abgerechnet –, zu keinem einzigen intimeren Gesprächsworte mit den adligen Damen gekommen zu sein, so wandte sie sich jetzt über den Tisch hin an die Bomst und fragte voll anscheinender oder vielleicht auch voll wirklicher Teilnahme: »Haben Sie, mein gnädigstes Fräulein, neuerdings etwas von ⌜Prinzeß Anisettchen⌝ gehört? Ich habe mich immer für diese junge Prinzessin lebhaft interessiert, ja, für die ganze Linie des Hauses. Sie soll glücklich verheiratet sein. Ich höre so gern von glücklichen Ehen, namentlich in der Obersphäre der Gesellschaft, und ich möchte dabei bemerken dürfen, es scheint mir eine törichte Annahme, daß ⌜auf den Höhen der Menschheit⌝ das Eheglück ausgeschlossen sein solle.«

»Gewiß«, unterbrach hier Treibel übermütig, »ein solcher Verzicht auf das denkbar Höchste …«

»Lieber Treibel«, fuhr die Rätin fort, »ich richtete mich an das Fräulein v. Bomst, das, bei jedem schuldigen Respekt vor deiner sonstigen Allgemeinkenntnis, mir in allem, was ›Hof‹ angeht, doch um ein Erhebliches kompetenter ist als du.«

»Zweifellos«, sagte Treibel. Und die Bomst, die dies eheliche Intermezzo* mit einem sichtlichen Behagen begleitet hatte, nahm nun ihrerseits das Wort und erzählte von der Prinzessin, die ganz die Großmutter sei, denselben Teint und vor allem dieselbe gute Laune habe. Das wisse, soviel dürfe sie wohl sagen, niemand besser als sie, denn sie habe noch des Vorzugs genossen, unter den Augen der Hochseligen, die eigentlich ein Engel gewesen, ihr Leben bei Hofe beginnen zu dürfen, bei welcher Gelegenheit sie so recht die Wahrheit begriffen habe, daß die Natürlichkeit nicht nur das Beste, sondern auch das Vornehmste sei. »Ja«, sagte Treibel, »das Beste und das Vornehmste. Da hörst du's, Jenny, von einer Seite her, die du, Pardon, mein gnädigstes Fräulein, eben selbst als ›kompetenteste Seite‹ bezeichnet hast.«

(ital.) Zwischenspiel

Auch die Ziegenhals mischte sich jetzt mit ein, und das Gesprächsinteresse der Kommerzienrätin, die, wie jede geborene Berlinerin, für Hof und Prinzessinnen schwärmte, schien sich mehr und mehr ihren beiden Visavis* zuwenden zu wollen, als plötzlich ein leises Augenzwinkern Treibels ihr zu verstehen gab, daß auch noch andere Personen zu Tische säßen und daß es des Landes der Brauch sei, sich, was Gespräch angehe, mehr mit seinem Nachbar zur Linken und Rechten als mit seinem Gegenüber zu beschäftigen. Die Kommerzienrätin erschrak denn auch nicht wenig, als sie wahrnahm, wie sehr Treibel mit seinem stillen, wenn auch halb scherzhaften Vorwurf im Rechte sei. Sie hatte Versäumtes nachholen wollen und war dadurch in eine neue, schwere Versäumnis hineingeraten. Ihr linker Nachbar, Krola – nun, das mochte gehen, der war Hausfreund und harmlos und nachsichtig von Natur. Aber Vogelsang! Es kam ihr mit einem Male zum Bewußtsein, daß sie während des Prinzessinnengesprächs von der rechten Seite her immer etwas wie einen sich einbohrenden Blick empfunden hatte. Ja, das war Vogelsang gewesen, Vogel-

(franz.) Gegenüber

sang, dieser furchtbare Mensch, ⌜dieser Mephisto mit Hahnenfeder und Hinkefuß⌝, wenn auch beides nicht recht zu sehen war. Er war ihr widerwärtig, und doch mußte sie mit ihm sprechen; es war die höchste Zeit.

»Ich habe, Herr Leutnant, von Ihren beabsichtigten Reisen in unsere liebe Mark Brandenburg gehört; Sie wollen bis an die Gestade* der wendischen Spree vordringen, ja, noch darüber hinaus. Eine höchst interessante Gegend, wie mir Treibel sagt, mit allerlei ⌜Wendengöttern⌝, die sich, bis diesen Tag, in dem finsteren Geiste der Bevölkerung aussprechen sollen.«

Küste, Ufer

»Nicht, daß ich wüßte, meine Gnädigste.«

»So z. B. in dem Städtchen Storkow, dessen Burgemeister, wenn ich recht unterrichtet bin, der ⌜Burgemeister Tschech⌝ war, jener politische Rechtsfanatiker, der auf König Friedrich Wilhelm IV. schoß, ohne Rücksicht auf die nebenstehende ⌜Königin⌝. Es ist eine lange Zeit, aber ich entsinne mich der Einzelheiten, als ob es gestern gewesen wäre, und entsinne mich auch noch des ⌜eigentümlichen Liedes⌝, das damals auf diesen Vorfall gedichtet wurde.«

»Ja«, sagte Vogelsang, »ein erbärmlicher Gassenhauer*, darin ganz der frivole* Geist spukte, der die Lyrik jener Tage beherrschte. Was sich anders in dieser Lyrik gibt, ganz besonders auch in dem in Rede stehenden Gedicht, ist nur Schein, Lug und Trug. ›Er erschoß uns auf ein Haar Unser teures Königspaar.‹ Da haben Sie die ganze Perfidie*. Das sollte loyal klingen und unter Umständen vielleicht auch den Rückzug decken, ist aber schnöder und schändlicher als alles, was jene verlogene Zeit sonst noch hervorgebracht hat, den großen Hauptsünder auf diesem Gebiete nicht ausgenommen. Ich meine natürlich Herwegh, ⌜George Herwegh⌝.«

Abschätzig für: volkstümliches, zum Tanz auf der Gasse gesungenes Lied

schlüpfrige, leichtfertige

Tücke, Gemeinheit

»Ach, da treffen Sie mich, Herr Leutnant, wenn auch ungewollt, an einer sehr empfindlichen Stelle. Herwegh war nämlich in der Mitte der vierziger Jahre, wo ich eingesegnet wurde, mein Lieblingsdichter. Es entzückte mich, weil ich immer sehr protestantisch fühlte, wenn er seine ›Flüche gegen Rom‹ herbeischleppte, worin Sie mir vielleicht beistimmen werden. Und ein anderes Gedicht, worin er uns aufforderte, die Kreuze aus der Erde zu reißen, las ich beinah mit gleichem Vergnügen. Ich muß freilich einräumen, daß es keine Lektüre für eine Konfirmandin war. Aber meine Mutter sagte: ›Lies es nur, Jenny; der König hat es auch gelesen, und Herwegh war sogar bei ihm in Charlottenburg, und die besseren Klassen lesen es alle.‹ Meine Mutter, wofür ich ihr noch im Grabe danke, war immer für die besseren Klassen. Und das sollte jede Mutter, denn es ist bestimmend für unseren Lebensweg. Das Niedere kann dann nicht heran und bleibt hinter uns zurück.«

Vogelsang zog die Augenbrauen zusammen, und jeder, den die Vorstellung von seiner Mephistophelesschaft* bis dahin nur gestreift hatte, hätte bei diesem Mienenspiel unwillkürlich nach dem Hinkefuß suchen müssen. Die Kommerzienrätin aber fuhr fort: »Im übrigen wird mir das Zugeständnis nicht schwer, daß die patriotischen Grundsätze, die der große Dichter predigte, vielleicht sehr anfechtbar waren. Wiewohl auch *das* nicht immer das Richtige ist, was auf der großen Straße liegt …«

Vgl. Erl. zu 33,1–2.

Vogelsang, der stolz darauf war, durchaus eine Nebenstraße zu wandeln, nickte jetzt zustimmend.

»… Aber lassen wir die Politik, Herr Leutnant. Ich gebe Ihnen Herwegh als politischen Dichter preis, da das Politische nur ein Tropfen fremden Blutes in seinen Adern war. Indessen groß ist er, wo er nur Dichter ist. Erinnern Sie sich? ›Ich möchte hingehn wie das Abendrot, Und wie der Tag mit seinen letzten Gluten …‹«

»… Mich in den Schoß des Ewigen verbluten … Ja, das kenn ich, meine Gnädigste, das hab ich damals auch nachgebetet. Aber wer sich, als es galt, durchaus nicht verbluten wollte, das war der Herr Dichter selbst. Und so wird es immer sein. Das kommt von den hohlen, leeren Worten und der Reimsucherei. Glauben Sie mir, Frau Rätin, das sind überwundene Standpunkte. Der Prosa gehört die Welt.«

»Jeder nach seinem Geschmack, Herr Leutnant Vogelsang«, sagte die durch diese Worte tief verletzte Jenny. »Wenn Sie Prosa vorziehen, so kann ich Sie daran nicht hindern. Aber mir gilt die poetische Welt, und vor allem gelten mir auch die Formen, in denen das Poetische herkömmlich seinen Ausdruck findet. Ihm allein verlohnt es sich zu leben. Alles ist nichtig; am nichtigsten aber ist das, wonach alle Welt so begehrlich drängt: äußerlicher Besitz, Vermögen, Gold. ⌜›Gold ist nur Chimäre‹⌝, da haben Sie den Ausspruch eines großen Mannes und Künstlers, der, seinen Glücksgütern nach, ich spreche von Meyerbeer, wohl in der Lage war, zwischen dem Ewigen und Vergänglichen unterscheiden zu können. Ich für meine Person verbleibe dem Ideal und werde nie darauf verzichten. Am reinsten aber hab ich das Ideal im Liede, vor allem in dem Liede, das gesungen wird. Denn die Musik hebt es noch in eine höhere Sphäre. Habe ich recht, lieber Krola?«

Krola lächelte gutmütigverlegen vor sich hin, denn als Tenor und Millionär saß er zwischen zwei Stühlen. Endlich aber nahm er seiner Freundin Hand und sagte:

»Jenny, wann hätten Sie je *nicht* recht gehabt?«

Der Kommerzienrat hatte sich mittlerweile ganz der Majorin von Ziegenhals zugewandt, deren »Hoftage« noch etwas weiter zurücklagen als die der Bomst. Ihm, Treibel, war dies natürlich gleichgültig; denn sosehr ihm ein gewisser Glanz paßte, den das Erscheinen der Hofdamen, trotz ihrer Außerdienststellung, seiner Gesellschaft immer noch lieh, so stand er doch auch wieder völlig darüber, ein Standpunkt, den ihm die beiden Damen selbst eher zum Guten als zum Schlechten anrechneten. Namentlich die den Freuden der Tafel überaus zugeneigte Ziegenhals nahm ihrem kommerzienrätlichen Freunde nichts übel, am wenigsten aber verdroß es sie, wenn er, außer Adels- und Geburtsfragen allerlei Sittlichkeitsprobleme streifte, zu deren Lösung er sich, als geborener Berliner, besonders berufen fühlte. Die Majorin gab ihm dann einen Tipp mit dem Finger und flüsterte ihm etwas zu, das vierzig Jahre früher bedenklich gewesen wäre, *jetzt* aber – beide renommierten* beständig mit ihrem Alter – nur Heiterkeit weckte. Meist waren es harmlose Sentenzen* aus ⌜Büchmann⌝ oder andere geflügelte Worte, denen erst der Ton, aber dieser oft sehr entschieden, den erotischen Charakter aufdrückte.

prahlten, kokettierten

(lat.) Denksprüche, Weisheiten

»Sagen Sie, cher Treibel«, hob die Ziegenhals an, »wie kommen Sie zu dem Gespenst da drüben; er scheint noch ein Vorachtundvierziger*; das war damals die Epoche des sonderbaren Leutnants, aber dieser übertreibt es. Karikatur durch und durch. Entsinnen Sie sich noch eines Bildes aus jener Zeit, das den ⌜Don Quixote⌝ mit einer langen Lanze darstellte, dicke Bücher rings um sich her? Das ist er, wie er leibt und lebt.«

Offizier, der vor dem Revolutionsjahr 1848 aktiv war

Treibel fuhr mit dem linken Zeigefinger am Innenrand seiner Krawatte hin und her und sagte: »Ja, wie ich zu ihm komme, meine Gnädigste. Nun, jedenfalls ⌜mehr der Not gehorchend als dem eigenen Triebe⌝. Seine gesellschaftlichen Meriten* sind wohl eigentlich gering und seine menschlichen werden dasselbe Niveau haben. Aber er ist ein Politiker.«

(lat.) Verdienste

»Das ist unmöglich. Er kann doch nur als Warnungsschatten vor den Prinzipien stehen, die das Unglück haben, von ihm vertreten zu werden. Überhaupt, Kommerzienrat, warum verirren Sie sich in die Politik? Was ist die Folge? Sie verderben sich Ihren guten Charakter, Ihre guten Sitten und Ihre gute Gesellschaft. Ich höre, daß Sie für Teupitz-Zossen kandidieren wollen. Nun meinetwegen. Aber wozu? Lassen Sie doch die Dinge gehen. Sie haben eine charmante Frau, gefühlvoll und hoch poetisch, und haben eine Villa wie diese, darin wir eben ein Ragoût fin* einnehmen, das seinesgleichen sucht, und haben draußen im Garten einen Springbrunnen und einen Kakadu, um den ich Sie beneiden könnte, denn meiner, ein grüner, verliert gerade die Federn und sieht aus wie die schlechte Zeit. Was wollen Sie mit Politik? Was wollen Sie mit Teupitz-Zossen? Ja mehr, um Ihnen einen Vollbeweis meiner Vorurteilslosigkeit zu geben, was wollen Sie mit Konservatismus? Sie sind ein Industrieller und wohnen in der Köpnicker Straße. Lassen Sie doch diese Gegend ruhig bei Singer* oder ⌜Ludwig Löwe⌝ oder wer sonst hier gerade das Prä hat*. Jeder Lebensstellung entsprechen auch bestimmte politische Grundsätze. Rittergutsbesitzer sind agrarisch, Professoren sind nationale Mittelpartei, und Industrielle sind fortschrittlich. Seien Sie doch Fortschrittler. Was wollen Sie mit dem ⌜Kronenorden⌝? Ich, wenn ich an Ihrer Stelle wäre, lancierte* mich ins Städtische hinein und ränge nach der Bürgerkrone.«

In einer Pastete angerichtetes Kalbfleischgericht

Vgl. Erl. zu 22,18.

(lat.) etwas voraus hat, den Vorrang genießt

brächte mich an eine vorteilhafte Stelle, auf einen vorteilhaften Posten

Treibel, sonst unruhig, wenn einer lange sprach – was er nur sich selbst ausgiebig gestattete –, war diesmal doch aufmerksam gefolgt und winkte zunächst einen Diener heran, um der Majorin ein zweites Glas Chablis* zu präsentieren. Sie nahm auch, er mit, und nun stieß er mit ihr an und sagte: »Auf gute Freundschaft und noch zehn Jahre so wie heut! Aber das mit dem Fortschrittlertum und der Bürgerkrone – was ist da zu sagen, meine Gnädigste! Sie wissen, unsereins rechnet und rechnet und kommt aus der Regula-de-tri* gar nicht mehr heraus aus dem alten Ansatze: ›Wenn das und das so viel bringt, wieviel bringt das und das.‹ Und sehen Sie, Freundin und Gönnerin, nach demselben Ansatz hab ich mir auch den Fortschritt und den Konservatismus berechnet und bin dahintergekommen, daß mir der Konservatismus, ich will nicht sagen mehr abwirft, das wäre vielleicht falsch, aber besser zu mir paßt,

Franz. Weißwein von besonderer Qualität

(lat.) Dreisatz

mich besser kleidet. Besonders seitdem ich Kommerzienrat bin, ein Titel von fragmentarischem Charakter*, der doch natürlich seiner Vervollständigung entgegensieht.«

Vgl. S. 30,5–6.

»Ah, ich verstehe.«

»Nun sehen Sie, ⌜l'appétit vient en mangeant⌝, und wer a sagt, will auch b sagen. Außerdem aber, ich erkenne die Lebensaufgabe des Weisen vor allen Dingen in Herstellung des sogenannten Harmonischen, und dies Harmonische, wie die Dinge nun mal liegen, oder vielleicht kann ich auch sagen, wie die Zeichen nun mal sprechen, schließt in meinem Spezialfalle die fortschrittliche Bürgerkrone so gut wie aus.«

»Sagen Sie das im Ernste?«

Vororte Berlins

Brandstifter und Sprengstoffattentäter

»Ja, meine Gnädigste. Fabriken im allgemeinen neigen der Bürgerkrone zu, Fabriken im besonderen aber – und dahin gehört ausgesprochenermaßen die meine – konstatieren den Ausnahmefall. Ihr Blick fordert Beweise. Nun denn, ich will es versuchen. Ich frage Sie, können Sie sich einen Handelsgärtner denken, der, sagen wir auf der Lichtenberger oder Rummelsburger Gemarkung*, Kornblumen im großen zieht, Kornblumen, dies Symbol königlich preußischer Gesinnung, und der zugleich Petroleur und Dynamitarde* ist? Sie schütteln den Kopf und bestätigen dadurch mein ›Nein‹. Und nun frage ich Sie weiter, was sind alle Kornblumen der Welt gegen eine Berliner-Blau-Fabrik? Im Berliner Blau haben Sie das symbolisch Preußische sozusagen in höchster Potenz, und je sicherer und unanfechtbarer das ist, desto unerläßlicher ist auch mein Verbleiben auf dem Boden des Konservatismus. Der Ausbau des Kommerzienrätlichen bedeutet in meinem Spezialfalle das natürlich Gegebene … jedenfalls mehr als die Bürgerkrone.«

Die Ziegenhals schien überwunden und lachte, während Krola, der mit halbem Ohr zugehört hatte, zustimmend nickte.

So ging das Gespräch in der Mitte der Tafel, aber noch heiterer verlief es am unteren Ende derselben, wo sich die junge Frau Treibel und Corinna gegenübersaßen, die junge Frau zwischen Marcell Wedderkopp und dem Referendar Enghaus, Corinna zwischen Mr. Nelson und Leopold Treibel, dem jüngeren Sohne des Hauses. An der Schmalseite des Tisches, mit dem Rücken gegen das breite Gartenfenster, war das Gesellschaftsfräulein, Fräulein Honig, plaziert worden, deren herbe Züge sich wie ein Protest gegen ihren Namen ausnahmen. Je mehr sie zu lächeln suchte, je sichtbarer wurde der sie verzehrende Neid, der sich nach rechts hin gegen die hübsche Hamburgerin, nach links hin in fast noch ausgesprochenerer Weise gegen Corinna richtete, diese halbe Kollegin, die sich trotzdem mit einer Sicherheit benahm, als ob sie die Majorin von Ziegenhals oder doch mindestens das Fräulein von Bomst gewesen wäre.

Die junge Frau Treibel sah sehr gut aus, blond, klar, ruhig. Beide Nachbarn machten ihr den Hof, Marcell freilich nur mit erkünsteltem Eifer, weil er eigentlich Corinna beobachtete, die sich aus dem einen oder anderen Grunde die Eroberung des jungen Engländers vorgesetzt zu haben schien. Bei diesem Vorgehen voll Koketterie sprach sie übrigens so lebhaft, so laut, als ob ihr daran läge, daß jedes Wort auch von ihrer Umgebung und ganz besonders von ihrem Vetter Marcell gehört werde.

»Sie führen einen so schönen Namen«, wandte sie sich an Mr. Nelson, »so schön und berühmt, daß ich wohl fragen möchte, ob Ihnen nie das Verlangen gekommen ist ...?«

»O yes, yes ...«

»... sich der Fernambuk- und Campecheholzbranche, darin Sie, soviel ich weiß, auch tätig sind, für immer zu entschlagen? Ich fühle deutlich, daß ich, wenn ich Nelson hieße, keine ruhige Stunde mehr haben würde, bis ich meine ⌜Battle at the Nile⌝ ebenfalls geschlagen hätte. Sie kennen natürlich die Einzelheiten der Schlacht …«

(engl.) selbstverständlich

»Oh, to be sure*.«

»Nun, da wär' ich denn endlich – denn hierlandes weiß niemand etwas Rechtes davon – an der richtigen Quelle. Sagen Sie, Mr. Nelson, wie war das eigentlich mit der Idee, der Anordnung zur Schlacht? Ich habe die Beschreibung vor einiger Zeit ⌜im Walter Scott gelesen⌝ und war seitdem immer im Zweifel darüber, was eigentlich den Ausschlag gegeben habe, ob mehr eine geniale Disposition oder ein heroischer Mut …«

⌜»I should rather think, a heroical courage … British oaks and british hearts …«⌝

»Ich freue mich, diese Frage durch Sie beglichen zu sehen und in einer Weise, die meinen Sympathien entspricht. Denn ich bin für das Heroische, weil es so selten ist. Aber ich möchte doch auch annehmen, daß das geniale Kommando …«

⌜»Certainly, Miss Corinna. No doubt … England expects that every man will do his duty …«⌝

»Ja, das waren herrliche Worte, von denen ich übrigens bis heute geglaubt hatte, daß sie bei Trafalgar gesprochen seien. Aber warum nicht auch bei Abukir? Etwas Gutes kann immer zweimal gesagt werden. Und dann … eigentlich ist eine Schlacht wie die andere, besonders Seeschlachten – ein Knall, eine Feuersäule, und alles geht in die Luft. Es muß übrigens großartig sein und entzückend für alle die, die zusehen können; ein wundervoller Anblick.«

(engl.) prächtig, wunderbar

»O splendid* …«

»Ja, Leopold«, fuhr Corinna fort, indem sie sich plötzlich an ihren andern Tischnachbar wandte, »da sitzen Sie nun und lächeln. Und warum lächeln Sie? Weil Sie hinter diesem Lächeln Ihre Verlegenheit verbergen wollen. Sie haben eben nicht jene ›heroical courage‹, zu der sich dear Mr. Nelson so bedingungslos bekannt hat. Ganz im Gegenteil.

Sie haben sich aus Ihres Vaters Fabrik, die doch in gewissem Sinne, wenn auch freilich nur geschäftlich, die Blut-und-Eisen-Theorie vertritt – ja, es klang mir vorhin fast, als ob Ihr Papa der Frau Majorin von Ziegenhals etwas von diesen Dingen erzählt hätte –, Sie haben sich, sag ich, aus dem Blutlaugenhof, in dem Sie verbleiben mußten, in den Holzhof Ihres Bruders Otto zurückgezogen. Das war nicht gut, auch wenn es Fernambukholz ist. Da sehen Sie meinen Vetter Marcell drüben, ⌜der schwört jeden Tag, wenn er mit seinen Hanteln umherficht, daß es auf das Reck und das Turnen ankomme, was ihm ein für allemal die Heldenschaft bedeutet, und daß Vater Jahn doch schließlich noch über Nelson geht⌝.«

Marcell drohte halb ernst-, halb scherzhaft mit dem Finger zu Corinna hinüber und sagte: »Cousine, vergiß nicht, daß der Repräsentant einer andern Nation dir zur Seite sitzt und daß du die Pflicht hast, einigermaßen für deutsche Weiblichkeit einzutreten.«

»Oh, no, no«, sagte Nelson. »Nichts Weiblichkeit; always quick and clever* … das is, was wir lieben an deutsche Frauen. Nichts Weiblichkeit. Fräulein Corinna is quite in the right way*.«

(engl.) stets flott und gescheit

(engl.) ist ganz auf dem richtigen Wege

»Da hast du's, Marcell. Mr. Nelson, für den du so sorglich eintrittst, damit er nicht falsche Bilder mit in sein meerumgürtetes Albion* hinübernimmt, Mr. Nelson läßt dich im Stich, und Frau Treibel, denk ich, läßt dich auch im Stich und Herr Enghaus auch und mein Freund Leopold auch. Und so bin ich gutes Muts, und bleibt nur noch Fräulein Honig …«

Dichterischer Name für Britannien

Diese verneigte sich und sagte: »Ich bin gewohnt, mit der Majorität* zu gehen«, und ihre ganze Verbittertheit lag in diesem Tone der Zustimmung.

(lat.) Mehrheit

»Ich will mir meines Vetters Mahnung aber doch gesagt sein lassen«, fuhr Corinna fort. »Ich bin etwas übermütig, Mr. Nelson, und außerdem aus einer plauderhaften Familie …«

(engl.) Genau das mag ich

»Just what I like*, Miß Corinna. ›Plauderhafte Leute, gute Leute‹, so sagen wir in England.«

»Und das sag ich auch, Mr. Nelson. Können Sie sich einen immer plaudernden Verbrecher denken?«

»Oh, no; certainly not ...«

»Und zum Zeichen, daß ich, trotz ewigen Schwatzens, doch eine weibliche Natur und eine richtige Deutsche bin, soll Mr. Nelson von mir hören, daß ich auch noch nebenher kochen, nähen und plätten kann und daß ich im ⌜Lette-Verein⌝ die Kunststopferei gelernt habe. Ja, Mr. Nelson, so steht es mit mir. Ich bin ganz deutsch und ganz weiblich, und bleibt eigentlich nur noch die Frage: kennen Sie den Lette-Verein und kennen Sie die Kunststopferei?«

(engl.) Nein, weder das eine noch das andere.

»No, Fräulein Corinna, neither the one nor the other*.«

»Nun sehen Sie, dear Mr. Nelson, der Lette-Verein ist ein Verein oder ein Institut oder eine Schule für weibliche Handarbeit. Ich glaube sogar nach englischem Muster, was noch ein besonderer Vorzug wäre.«

(engl.) Keineswegs, deutsche Schulen sind immer vorzuziehen.

»Not at all; German schools are always to be preferred*.«

»Wer weiß, ich möchte das nicht so schroff hinstellen. Aber lassen wir das, um uns mit dem weit Wichtigeren zu beschäftigen, mit der Kunststopfereifrage. Das ist wirklich was. Bitte, wollen Sie zunächst das Wort nachsprechen.«

Mr. Nelson lächelte gutmütig vor sich hin.

»Nun, ich sehe, daß es Ihnen Schwierigkeiten macht. Aber diese Schwierigkeiten sind nichts gegen die der Kunststopferei selbst. Sehen Sie, hier ist mein Freund Leopold Treibel und trägt, wie Sie sehen, einen untadeligen Rock mit einer doppelten Knopfreihe, und auch wirklich zugeknöpft, ganz wie es sich für einen Gentleman und einen Berliner Kommerzienratssohn geziemt. Und ich taxiere* den Rock auf wenigstens hundert Mark.«

schätze

»Überschätzung.«

Hier: Bewertungsmesser

»Wer weiß. Du vergißt, Marcell, daß es verschiedene Skalen* auch auf diesem Gebiete gibt, eine für Oberlehrer und eine für Kommerzienräte. Doch lassen wir die Preisfrage. Jedenfalls ein feiner Rock, prima. Und nun, wenn wir aufstehen, Mr. Nelson, und die Zigarren herumgereicht werden – ich denke, Sie rauchen doch –, werde ich Sie um Ihre Zigarre bitten und meinem Freunde Leopold Treibel ein Loch in den Rock brennen, hier gerade, wo sein Herz sitzt, und dann werd ich den Rock in einer Droschke mit nach Hause nehmen, und morgen um dieselbe Zeit wollen wir uns hier im Garten wieder versammeln und um das Bassin herum Stühle stellen, wie bei einer Aufführung. Und der Kakadu kann auch dabeisein. Und dann werd ich auftreten wie eine Künstlerin, die ich in der Tat auch bin, und werde den Rock herumgehen lassen, und wenn Sie, dear Mr. Nelson, dann noch imstande sind, die Stelle zu finden, wo das Loch war, so will ich Ihnen einen Kuß geben und Ihnen als Sklavin nach Liverpool hin folgen. Aber es wird nicht dazu kommen. Soll ich sagen leider? Ich habe zwei Medaillen als Kunststopferin gewonnen, und Sie werden die Stelle sicherlich *nicht* finden ...«

»Oh, ich werde finden, no doubt, I will find it*«, entgegnete Mr. Nelson leuchtenden Auges, und weil er seiner immer wachsenden Bewunderung, passend oder nicht, einen Ausdruck geben wollte, schloß er mit einem in kurzen Ausrufungen gehaltenen Hymnus auf die Berlinerinnen und der sich daran anschließenden und mehrfach wiederholten Versicherung, daß sie decidedly clever* seien.

(engl.) zweifelsohne werde ich sie finden

(engl.) ausgesprochen gescheit

Leopold und der Referendar vereinigten sich mit ihm in diesem Lob, und selbst Fräulein Honig lächelte, weil sie sich als Landsmännin mitgeschmeichelt fühlen mochte. Nur im Auge der jungen Frau Treibel sprach sich eine leise Verstimmung darüber aus, eine Berlinerin und kleine Professorstochter in dieser Weise gefeiert zu sehen. Auch Vetter Marcell, sosehr er zustimmte, war nicht recht zufrieden, weil er davon ausging, daß seine Cousine ein solches Hasten und Sich-in-Szene-Setzen nicht nötig habe; sie war ihm zu schade für die Rolle, die sie spielte. Corinna ihrerseits sah auch ganz deutlich, was in ihm vorging, und würde sich ein Vergnügen daraus gemacht haben, ihn zu necken, wenn nicht in ebendiesem Momente – das Eis wurde schon herumgereicht – der Kommerzienrat an das Glas geklopft und sich, um einen Toast* auszubringen, von seinem Platz erhoben hätte: »Meine Herren und Damen, Ladies and Gentlemen …«

(engl.) Trinkspruch

»Ah, *das* gilt Ihnen«, flüsterte Corinna Mr. Nelson zu.

»… Ich bin«, fuhr Treibel fort, »an dem Hammelrücken vorübergegangen und habe diese verhältnismäßig späte Stunde für einen meinerseits auszubringenden Toast herankommen lassen – eine Neuerung, die mich in diesem Augenblicke freilich vor die Frage stellt, ob der Schmelzezustand eines rot und weißen Panaché* nicht noch etwas Vermeidenswerteres ist als der Hammelrücken im Zustande der Erstarrung …«

(franz.) Hier: bunt gemischtes Eis

»Oh, wonderfully good* …«

(engl.) wunderbar

»… Wie dem aber auch sein möge, jedenfalls gibt es zur Zeit nur *ein* Mittel, ein vielleicht schon angerichtetes Übel auf ein Mindestmaß herabzudrücken: Kürze. Genehmigen Sie denn, meine Herrschaften, in Ihrer Gesamtheit meinen Dank für Ihr Erscheinen, und gestatten Sie mir des ferneren und im besonderen Hinblick auf zwei liebe Gäste, die hier zu sehen ich heute zum ersten Male die Ehre habe, meinen Toast in die britischerseits nahezu geheiligte Formel kleiden zu dürfen: ›On our army and navy‹, auf Heer und Flotte also, die wir das Glück haben, hier an dieser Tafel, *einer*seits (er verbeugte sich gegen Vogelsang) durch Beruf und Lebensstellung, *anderer*seits (Verbeugung gegen Nelson) durch einen weltberühmten Heldennamen vertreten zu sehen. Noch einmal also: ›Our army and navy!‹ Es lebe Leutnant Vogelsang, es lebe Mr. Nelson.«

Der Toast fand allseitige Zustimmung, und der in eine nervöse Unruhe geratene Mr. Nelson wollte sofort das Wort nehmen, um zu danken. Aber Corinna hielt ihn ab, Vogelsang sei der Ältere und würde vielleicht den Dank für ihn mit aussprechen.

⌜»Oh, no, no, Fräulein Corinna, not he ... not such an ugly old fellow ... please, look at him«⌝, und der zapplige Heldennamensvetter machte wiederholte Versuche, sich von seinem Platze zu erheben und zu sprechen. Aber Vogelsang kam ihm wirklich zuvor, und nachdem er den Bart mit der Serviette geputzt und in nervöser Unruhe seinen Waffenrock erst auf- und dann wieder zugeknöpft hatte, begann er mit einer an Komik streifenden Würde: »Meine Herren. Unser liebenswürdiger Wirt hat die Armee leben lassen und mit der Armee meinen Namen verknüpft. Ja, meine Herren, ich *bin* Soldat ...«

»Oh, for shame!«* brummte der über das wiederholte »meine Herren« und das gleichzeitige Unterschlagen aller anwesenden Damen aufrichtig empörte Mr. Nelson, »oh, for shame«, und ein Kichern ließ sich allerseits hören, das auch anhielt, bis des Redners immer finsterer werdendes Augenrollen eine wahre Kirchenstille wiederhergestellt hatte. Dann erst fuhr dieser fort: »Ja, meine Herren, ich *bin* Soldat ... Aber mehr als das, ich bin auch Streiter im Dienst einer Idee. Zwei große Mächte sind es, denen ich diene: Volkstum und Königtum. Alles andere stört, schädigt, verwirrt. Englands Aristokratie, die mir, von meinem Prinzip ganz abgesehen, auch persönlich widerstreitet, veranschaulicht eine solche Schädigung, eine solche Verwirrung; ich verabscheue Zwischenstufen und überhaupt ⌜die feudale Pyramide⌝. Das sind Mittelalterlichkeiten. Ich erkenne mein Ideal in einem Plateau mit einem einzigen, aber alles überragenden Pik*.«

(engl.) Was für eine Schande!

(franz.) Hoher Spitzberg, Spitze eines Berges

Die Ziegenhals wechselte hier Blicke mit Treibel.

»... Alles sei von Volkesgnaden, bis zu der Stelle hinauf, wo die Gottesgnadenschaft beginnt. Dabei streng geschiedene Machtbefugnisse. Das Gewöhnliche, das Massenhafte, werde bestimmt durch die Masse, das Ungewöhnliche, das Große, werde bestimmt durch das Große. Das ist Thron und Krone. Meiner politischen Erkenntnis nach ruht alles Heil, alle Besserungsmöglichkeit in der Aufrichtung einer ⌜Royaldemokratie⌝, zu der sich, soviel ich weiß, auch unser Kommerzienrat bekennt. Und in diesem Gefühle, darin wir uns eins wissen, erhebe ich das Glas und bitte Sie, mit mir auf das Wohl unseres hochverehrten Wirtes zu trinken, zugleich unseres Gonfaloniere*, der uns die Fahne trägt. Unser Kommerzienrat Treibel, er lebe hoch!«

(ital.) Bannerträger

Alles erhob sich, um mit Vogelsang anzustoßen und ihn als Erfinder der Royaldemokratie zu beglückwünschen. Einige konnten als aufrichtig entzückt gelten, besonders das Wort »Gonfaloniere« schien gewirkt zu haben, andere lachten still in sich hinein, und nur drei waren direkt unzufrieden: Treibel, weil er sich von den eben entwickelten Vogelsangschen Prinzipien praktisch nicht viel versprach, die Kommerzienrätin, weil ihr das Ganze nicht fein genug vorkam, und drittens Mr. Nelson, weil er sich aus dem gegen die englische Aristokratie gerichteten Satze Vogelsangs einen neuen Haß gegen ebendiesen gesogen hatte. ⌜»Stuff and nonsense! What does he know of our aristocracy? To be sure, he doesn't belong to it – that's all.«⌝

»Ich weiß doch nicht«, lachte Corinna. »Hat er nicht was von einem Peer of the Realm*?«

(engl.) Angehöriger des engl. Hochadels, Pair, Oberhausmitglied

Nelson vergaß über dieser Vorstellung beinahe all seinen Groll und bot Corinna, während er eine Knackmandel von einem der Tafelaufsätze nahm, eben ein ⌜Vielliebchen⌝ an, als die Kommerzienrätin den Stuhl schob und dadurch das Zeichen zur Aufhebung der Tafel gab. Die Flügeltüren öffneten sich, und in derselben Reihenfolge, wie man zu Tisch gegangen war, schritt man wieder auf den mittlerweile gelüfteten Frontsaal zu, wo die Herren, Treibel an der Spitze, den älteren und auch einigen jüngeren Damen respektvoll die Hand küßten.

Nur Mr. Nelson verzichtete darauf, weil er die Kommerzienrätin »a little pompous*« und die beiden Hofdamen »a little ridiculous*« fand, und begnügte sich, an Corinna herantretend, mit einem kräftigen »shaking hands*«.

(engl.) ein bisschen aufgeblasen

(engl.) ein wenig lächerlich

(engl.) Händeschütteln

Viertes Kapitel

Die große Glastür, die zur Freitreppe führte, stand auf, dennoch war es schwül, und so zog man es vor, den Kaffee draußen zu nehmen, die einen auf der Veranda, die andern im Vorgarten selbst, wobei sich die Tischnachbarn in kleinen Gruppen wieder zusammenfanden und weiterplauderten. Nur als sich die beiden adligen Damen von der Gesellschaft verabschiedeten, unterbrach man sich in diesem mit Medisance* reichlich gewürzten Gespräch und sah eine kleine Weile dem Landauer nach, der, die Köpnicker Straße hinauf, erst auf die Frau von Ziegenhalssche Wohnung, in unmittelbarer Nähe der Marschallsbrücke, dann aber auf Charlottenburg zufuhr, wo die seit fünfunddreißig Jahren in einem Seitenflügel des Schlosses einquartierte Bomst ihr Lebensglück und zugleich ihren besten Stolz aus der Betrachtung zog, in erster Zeit mit des hochseligen Königs Majestät, dann mit der Königin Witwe*, und zuletzt mit den ⌜Meiningenschen Herrschaften⌝ dieselbe Luft geatmet zu haben. Es gab ihr all das etwas Verklärtes, was auch zu ihrer Figur paßte.

(franz.) Klatsch, üble Nachrede

Elisabeth v. Preußen, vgl. Erl. zu 33,17

Treibel, der die Damen bis an den Wagenschlag begleitet, hatte mittlerweile, vom Straßendamm her, die Veranda wieder erreicht, wo Vogelsang, etwas verlassen, aber mit uneingebüßter Würde, seinen Platz behauptete. »Nun ein Wort unter uns, Leutnant, aber nicht hier; ich denke, wir absentieren* uns einen Augenblick und rauchen ein Blatt, das nicht alle Tage wächst und namentlich nicht überall.«

entfernen

Dabei nahm er Vogelsang unter den Arm und führte den Gerngehorchenden in sein neben dem Saale gelegenes Arbeitszimmer, wo der geschulte, diesen Lieblingsmoment im Dinerleben seines Herrn von langher kennende Diener bereits alles zurechtgestellt hatte: das Zigarrenkistchen, den Likörkasten und die Karaffe mit Eiswasser. Die gute Schulung des Dieners beschränkte sich aber nicht auf diese Vorarrangements, vielmehr stand er im selben Augenblick, wo beide Herren ihre Plätze genommen hatten, auch schon mit dem Tablett vor ihnen und präsentierte den Kaffee.

»Das ist recht, Friedrich, auch der Aufbau hier, alles zu meiner Zufriedenheit; aber gib doch lieber die andere Kiste her, die flache. Und dann sage meinem Sohn Otto, ich ließe ihn bitten ... Ihnen doch recht, Vogelsang? Oder wenn du Otto nicht triffst, so bitte den Polizeiassessor, ja, lieber *den*, er weiß doch besser Bescheid. Sonderbar, alles, was in der ⌜Molkenmarktluft⌝ großgeworden, ist dem Rest der Menschheit um ein Beträchtliches überlegen. Und dieser Goldammer hat nun gar noch den Vorteil, ein richtiger Pastorssohn zu sein, was all seinen Geschichten einen eigentümlich pikanten Beigeschmack gibt.« Und dabei klappte Treibel den Kasten auf und sagte: »Cognac oder Allasch*? ⌜Oder das eine tun und das andere nicht lassen?⌝«

Kümmellikör aus dem gleichnamigen Ort bei Riga

Vogelsang lächelte, schob den Zigarrenabknipser ziemlich demonstrativ beiseite und biß die Spitze mit seinen Raffzähnen ab. Dann griff er nach einem Streichhölzchen. Im übrigen schien er abwarten zu wollen, womit Treibel beginnen würde. Der ließ denn auch nicht lange warten: »Eh bien, Vogelsang, wie gefielen Ihnen die beiden alten Damen? Etwas Feines, nicht wahr? Besonders die Bomst. Meine Frau würde sagen: ätherisch*. Nun, durchsichtig genug ist sie. Aber offen gestanden, die Ziegenhals ist mir lieber, drall und prall, kapitales Weib, und muß ihrerzeit ein geradezu ⌜formidables Festungsviereck⌝ gewesen sein. Rasse, Temperament, und wenn ich recht gehört habe, so

luftig, himmlisch, durchsichtig, zart

pendelt ihre Vergangenheit zwischen verschiedenen kleinen Höfen hin und her. ⌜Lady Milford⌝, aber weniger sentimental. Alles natürlich alte Geschichten, alles beglichen, man könnte beinahe sagen, schade. Den Sommer über ist sie jetzt regelmäßig bei den Kraczinskis, in der Zossener Gegend; weiß der Teufel, wo seit kurzem all die polnischen Namen herkommen. Aber schließlich ist es gleichgültig. Was meinen Sie, wenn ich die Ziegenhals, in Anbetracht dieser Kraczinskischen Bekanntschaft, unsern Zwecken dienstbar zu machen suchte?«

»Kann zu nichts führen.«

»Warum nicht? Sie vertritt einen richtigen Standpunkt.«

»Ich würde mindestens sagen müssen, einen *nicht*richtigen.«

»Wieso?«

»Sie vertritt einen durchaus beschränkten Standpunkt, und wenn ich das Wort wähle, so bin ich noch ritterlich. Übrigens wird mit diesem ›ritterlich‹ ein wachsender und geradezu horrender Mißbrauch getrieben; ich glaube nämlich nicht, daß unsere Ritter sehr ritterlich, d. h. ritterlich im Sinne von artig und verbindlich, gewesen sind. Alles bloß historische Fälschungen. Und was diese Ziegenhals angeht, die wir uns, wie Sie sagen, dienstbar machen sollen, so vertritt sie natürlich den Standpunkt des Feudalismus, den der Pyramide*. Daß sie zum Hofe steht, ist gut und ist das, was sie mit uns verbindet; aber das ist nicht genug. Personen wie diese Majorin und selbstverständlich auch ihr adliger Anhang, gleichviel ob er polnischen oder deutschen Ursprungs ist – alle leben mehr oder weniger in einem Wust von Einbildungen, will sagen von mittelalterlichen Standesvorurteilen, und das schließt ein Zusammengehen aus, trotzdem wir die Königsfahne mit ihnen gemeinsam haben. Aber diese Gemeinsamkeit frommt nicht, schadet uns nur. Wenn wir rufen: ›Es lebe der König‹, so geschieht es, vollkommen selbstsuchtslos, um einem gro-

Vgl. Erl. zu 45,28–29.

ßen Prinzip die Herrschaft zu sichern; für mich bürge ich, und ich hoffe, daß ich es auch für *Sie* kann …«

»Gewiß, Vogelsang, gewiß.«

»Aber diese Ziegenhals – von der ich beiläufig fürchte, daß Sie nur zu sehr recht haben mit der von Ihnen angedeuteten, wenn auch, Gott sei Dank, weit zurückliegenden Auflehnung gegen Moral und gute Sitte –, diese Ziegenhals und ihresgleichen, wenn die rufen: ›Es lebe der König‹, so heißt das immer nur, es lebe der, der für uns sorgt, unser Nährvater; sie kennen nichts als ihren Vorteil. Es ist ihnen versagt, in einer Idee aufzugehen, und sich auf Personen stützen, die nur *sich* kennen, das heißt unsre Sache verloren geben. Unsre Sache besteht nicht bloß darin, den fortschrittlichen Drachen zu bekämpfen, sie besteht auch in der Bekämpfung des Vampir-Adels, der immer bloß saugt und saugt. Weg mit der ganzen Interessenpolitik. In dem Zeichen absoluter Selbstlosigkeit müssen wir siegen, und dazu brauchen wir das Volk, nicht das ⌜Quitzowtum⌝, das ⌜seit dem gleichnamigen Stücke⌝ wieder obenauf ist und das Heft in die Hände nehmen möchte. Nein, Kommerzienrat, nichts von Pseudo-Konservatismus, kein Königtum auf falscher Grundlage; das Königtum, wenn wir es konservieren wollen, muß auf etwas Soliderem ruhen als auf einer Ziegenhals oder einer Bomst.«

»Nun, hören Sie, Vogelsang, die Ziegenhals wenigstens …«

Und Treibel schien ernstlich gewillt, diesen Faden, der ihm paßte, weiterzuspinnen. Aber ehe er dazu kommen konnte, trat der Polizeiassessor vom Salon her ein, die kleine Meißner Tasse noch in der Hand, und nahm zwischen Treibel und Vogelsang Platz. Gleich nach ihm erschien auch Otto, vielleicht von Friedrich benachrichtigt, vielleicht auch aus eignem Antriebe, weil er von langer Zeit her die der Erotik zugewendeten Wege kannte, die Goldammer, bei Likör und Zigarren, regelmäßig und meist sehr rasch, so daß jede Versäumnis sich strafte, zu wandeln pflegte.

Der alte Treibel wußte dies selbstverständlich noch viel besser, hielt aber ein auch seinerseits beschleunigtes Verfahren doch für angezeigt, und hob deshalb ohne weiteres an: »Und nun sagen Sie, Goldammer, was gibt es? ⌜Wie steht es mit dem Lützowplatz? Wird die Panke zugeschüttet, oder, was so ziemlich dasselbe sagen will, wird die Friedrichstraße sittlich gereinigt?⌝ Offen gestanden, ich fürchte, daß unsre pikanteste* Verkehrsader nicht allzuviel dabei gewinnen wird; sie wird um ein geringes moralischer und um ein beträchtliches langweiliger werden. Da das Ohr meiner Frau bis hierher nicht trägt, so läßt sich dergleichen allenfalls aufs Tapet bringen*; im übrigen soll Ihnen meine gesamte Fragerei keine Grenzen ziehen. Je freier, je besser. Ich habe lange genug gelebt, um zu wissen, daß alles, was aus einem Polizeimunde kommt, immer Stoff ist, immer frische Brise, freilich mitunter auch ⌜Schirokko, ja geradezu Samum⌝. Sagen wir Samum. Also was schwimmt obenauf?«

prickelndste, reizvollste

zur Sprache bringen

»Eine neue ⌜Soubrette⌝.«

»Kapital*. Sehen Sie, Goldammer, jede Kunstrichtung ist gut, weil jede das Ideal im Auge hat. Und das Ideal ist die Hauptsache, soviel weiß ich nachgerade von meiner Frau. Aber das Idealste bleibt doch immer eine Soubrette. Name?«

Hier: Ausruf: ausgezeichnet, vorzüglich

»⌜Grabillon⌝. Zierliche Figur, etwas großer Mund, Leberfleck.«

»Um Gottes willen, Goldammer, das klingt ja wie ein Steckbrief. Übrigens Leberfleck ist reizend; großer Mund Geschmackssache. Und Protegé* von wem?«

(franz.) Schützling, Günstling

Goldammer schwieg.

»Ah, ich verstehe. Obersphäre. Je höher hinauf, je näher dem Ideal. Übrigens da wir mal bei Obersphäre sind, wie steht es denn mit der ⌜Grußgeschichte⌝. Hat er wirklich nicht gegrüßt? Und ist es wahr, daß er, natürlich der Nichtgrüßer, einen Urlaub hat antreten müssen? Es wäre eigentlich das beste, weil es so nebenher einer Absage gegen den ganzen Katholizismus gleichkäme, sozusagen zwei Fliegen mit einer Klappe.«

Goldammer, heimlicher Fortschrittler, aber offener Antikatholik, zuckte die Achseln und sagte: »So gut steht es leider nicht und kann auch nicht. Die Macht der Gegenströmung ist zu stark. Der, der den Gruß verweigerte, wenn Sie wollen der ⌜Wilhelm Tell der Situation⌝, hat zu gute Rückendeckung. Wo? Nun, das bleibt in der Schwebe; gewisse Dinge darf man nicht bei Namen nennen, und ehe wir nicht ⌜der bekannten Hydra⌝ den Kopf zertreten oder, was dasselbe sagen will, ⌜dem altenfritzischen ›Écrasez l'infâme‹⌝ zum Siege verholfen haben …«

In diesem Augenblicke hörte man nebenan singen, eine bekannte Komposition, und Treibel, der eben eine neue Zigarre nehmen wollte, warf sie wieder in das Kistchen zurück und sagte: »⌜Meine Ruh' ist hin …⌝ Und mit der Ihrigen, meine Herren, steht es nicht viel besser. Ich glaube, wir müssen wieder bei den Damen erscheinen, um an der Ära Adolar Krola teilzunehmen. Denn *die* beginnt jetzt.«

Damit erhoben sich alle vier und kehrten unter Vortritt Treibels in den Saal zurück, wo wirklich Krola am Flügel saß und seine drei Hauptstücke, mit denen er rasch hintereinander aufzuräumen pflegte, vollkommen virtuos, aber mit einer gewissen absichtlichen Klapprigkeit zum besten gab. Es waren: ⌜»Der Erlkönig«, »Herr Heinrich saß am Vogelherd« und »Die Glocken von Speyer«⌝. Diese letztere Nummer, mit dem geheimnisvoll einfallenden Glockenbimbam, machte jedesmal den größten Eindruck und bestimmte selbst Treibel zu momentan ruhigem Zuhören. Er sagte dann auch wohl mit einer gewissen höheren Miene: ⌜»Von Loewe, ex ungue Leonem; das heißt von Karl Loewe, Ludwig komponiert nicht.«⌝

Viele von denen, die den Kaffee im Garten oder auf der Veranda genommen hatten, waren, gleich als Krola begann, ebenfalls in den Saal getreten, um zuzuhören, andere dagegen, die die drei Balladen schon von zwanzig Treibelschen Diners her kannten, hatten es doch vorgezogen, im Freien zu bleiben und ihre Gartenpromenade fortzusetzen, unter ihnen auch Mr. Nelson, der, als ein richtiger Vollblut-Engländer, musikalisch auf schwächsten Füßen stand und rundheraus erklärte, das liebste sei ihm ein Nigger mit einer Pauke zwischen den Beinen: »I can't see, what it means; music is nonsense*.« So ging er denn mit Corinna auf und ab, Leopold an der anderen Seite, während Marcell mit der jungen Frau Treibel in einiger Entfernung folgte, beide sich über Nelson und Leopold halb ärgernd, halb erheiternd, die, wie schon bei Tische, von Corinna nicht los konnten.

(engl.) Ich verstehe nicht, was es bedeutet; Musik ist Unsinn.

Es war ein prächtiger Abend draußen, von der Schwüle, die drinnen herrschte, keine Spur, und schräg über den hohen Pappeln, die den Hintergarten von den Fabrikgebäuden abschnitten, stand die Mondsichel; der Kakadu saß ernst und verstimmt auf seiner Stange, weil es versäumt worden war, ihn zu rechter Zeit in seinen Käfig zurückzunehmen, und nur der Wasserstrahl stieg so lustig in die Höhe wie zuvor.

»Setzen wir uns«, sagte Corinna, »wir promenieren schon, ich weiß nicht wie lange«, und dabei ließ sie sich ohne weiteres auf den Rand der Fontäne nieder. »Take a seat*, Mr. Nelson. Sehen Sie nur den Kakadu, wie bös er aussieht. Er ist ärgerlich, daß sich keiner um ihn kümmert.«

(engl.) Nehmen Sie Platz

»To be sure*, und sieht aus wie Leutnant Sangevogel. Doesn't he?«

(engl.) Sicherlich

»Wir nennen ihn für gewöhnlich Vogelsang. Aber ich habe nichts dagegen, ihn umzutaufen. Helfen wird es freilich nicht viel.«

»No, no, there's no help for him*; Vogelsang, ah, ein häßlicher Vogel, kein Singevogel, no finch*, no trussel*.«

Nein, nein, da ist ihm nicht zu helfen

(engl.) Fink

(engl.) Gemeint ist wohl: Drossel (engl. ›throstle‹)

»Nein, er ist bloß ein Kakadu, ganz wie Sie sagen.«

Aber kaum, daß dies Wort gesprochen war, so folgte nicht nur ein lautes Kreischen von der Stange her, wie wenn der Kakadu gegen den Vergleich protestieren wolle, sondern auch Corinna schrie laut auf, freilich nur, um im selben Augenblicke wieder in ein helles Lachen auszubrechen, in das gleich danach auch Leopold und Mr. Nelson einstimmten. Ein plötzlich sich aufmachender Windstoß hatte nämlich dem Wasserstrahl eine Richtung genau nach der Stelle hin gegeben, wo sie saßen, und bei der Gelegenheit allesamt, den Vogel auf seiner Stange mit eingeschlossen, mit einer Flut von Spritzwasser überschüttet. Das gab nun ein Klopfen und Abschütteln, an dem auch der Kakadu teilnahm, freilich ohne seinerseits seine Laune dabei zu verbessern.

Drinnen hatte Krola mittlerweile sein Programm beendet und stand auf, um andern Kräften den Platz einzuräumen. Es sei nichts mißlicher als ein solches Kunstmonopol; außerdem dürfe man nicht vergessen, der Jugend gehöre die Welt. Dabei verbeugte er sich huldigend gegen einige junge Damen, in deren Familien er ebenso verkehrte wie bei den Treibels. Die Kommerzienrätin ihrerseits aber übertrug diese ganz allgemein gehaltene Huldigung gegen die Jugend in ein bestimmteres Deutsch und forderte die beiden Fräulein Felgentreus auf, doch einige der reizenden Sachen zu singen, die sie neulich, als Ministerialdirektor Stoeckenius in ihrem Hause gewesen, so schön vorgetragen hätten; Freund Krola werde gewiß die Güte haben, die Damen am Klavier zu begleiten. Krola, sehr erfreut, einer gesanglichen Mehrforderung, die sonst die Regel war, entgangen zu sein, drückte sofort seine Zustimmung aus und setzte sich an seinen eben erst aufgegebenen Platz, ohne ein Ja oder Nein der beiden Felgentreus abzuwarten. Aus seinem ganzen Wesen sprach eine Mischung von Wohlwollen und Ironie. Die Tage seiner eigenen Berühmtheit lagen weit zurück, aber je weiter sie zurücklagen, desto höher waren seine Kunstansprüche geworden, so daß es ihm, bei dem totalen Unerfülltbleiben derselben, vollkommen gleichgültig erschien, *was* zum Vortrage kam und *wer* das Wagnis wagte. Von Genuß konnte keine Rede für ihn sein, nur von Amüsement, und weil er einen angeborenen Sinn für das Heitere hatte, durfte man sagen, sein Vergnügen stand jedesmal dann auf der Höhe, wenn seine Freundin Jenny Treibel, wie sie das liebte, durch Vortrag einiger Lieder den Schluß der musikalischen Soiree* machte. Das war aber noch weit im Felde, vorläufig waren noch die beiden Felgentreus da, von denen denn auch die ältere Schwester oder, wie es zu Krolas jedesmaligem Gaudium* hieß, »die weitaus talentvollere« mit ⌜»Bächlein, laß dein Rauschen sein« ohne weiteres einsetzte. Daran reihte sich: »Ich schnitt es gern in alle Rinden ein«⌝, was, als allgemeines Lieblingsstück, zu der Kommerzienrätin großem, wenn auch nicht geäußertem Verdruß, von einigen indiskreten Stimmen im Garten begleitet wurde. Dann folgte die Schlußnummer, ein ⌜Duett aus »Figaros Hochzeit«⌝. Alles war hingerissen, und Treibel sagte zu Vogelsang: er könne sich nicht erinnern, seit den Tagen der ⌜Milanollos⌝, etwas so Liebliches von Schwestern gesehen und gehört zu haben, woran er die weitere, allerdings unüberlegte Frage knüpfte: ob Vogelsang seinerseits sich noch der Milanollos erinnern könne? »Nein«, sagte dieser barsch und peremptorisch*. – »Nun, dann bitt ich um Entschuldigung.«

(franz.) Abendvorstellung

(lat.) Vergnügen, Heiterkeit

(lat.) endgültig, vernichtend

Eine Pause trat ein, und einige Wagen, darunter auch der Felgentreusche, waren schon angefahren; trotzdem zögerte man noch mit dem Aufbruch, weil das Fest immer noch seines Abschlusses entbehrte. Die Kommerzienrätin nämlich hatte noch nicht gesungen, ja war unerhörterweise noch nicht einmal zum Vortrag eines ihrer Lieder aufgefordert worden – ein Zustand der Dinge, der so rasch wie möglich geändert werden mußte. Dies erkannte niemand klarer als Adolar Krola, der, den Polizeiassessor beiseite nehmend, ihm eindringlichst vorstellte, daß durchaus etwas geschehen und das hinsichtlich Jennys Versäumte sofort nachgeholt werden müsse. »Wird Jenny *nicht* aufgefordert, so seh ich die Treibelschen Diners, oder wenigstens unsere Teilnahme daran, für alle Zukunft in Frage gestellt, was doch schließlich einen Verlust bedeuten würde ...«

»Dem wir unter allen Umständen vorzubeugen haben, verlassen Sie sich auf mich.« Und die beiden Felgentreus an der Hand nehmend, schritt Goldammer, rasch entschlossen, auf die Kommerzienrätin zu, um, wie er sich ausdrückte, als erwählter Sprecher des Hauses, um ein Lied zu bitten. Die Kommerzienrätin, der das Abgekartete der ganzen Sache nicht entgehen konnte, kam in ein Schwanken zwischen Ärger und Wunsch; aber die Beredsamkeit des Antragstellers siegte doch schließlich; Krola nahm wieder seinen Platz ein, und einige Augenblicke später erklang Jennys dünne, durchaus im Gegensatz zu ihrer sonstigen Fülle stehende Stimme durch den Saal hin, und man vernahm die in diesem Kreise wohlbekannten Liedesworte:

⌜Glück, von deinen tausend Losen
Eines nur erwähl ich mir,
Was soll Gold? Ich liebe Rosen
Und der Blumen schlichte Zier.

Und ich höre Waldesrauschen,
Und ich seh ein flatternd Band –
Aug' in Auge Blicke tauschen,
Und ein Kuß auf deine Hand.

Geben nehmen, nehmen, geben,
Und dein Haar umspielt der Wind,
Ach, nur das, nur das ist Leben,
Wo sich Herz zum Herzen find't.⌝

Es braucht nicht gesagt zu werden, daß ein rauschender Beifall folgte, woran sich, von des alten Felgentreu Seite, die Bemerkung schloß, »die damaligen Lieder (er vermied eine bestimmte Zeitangabe) wären doch schöner gewesen, namentlich inniger«, eine Bemerkung, die von dem direkt zur Meinungsäußerung aufgeforderten Krola schmunzelnd bestätigt wurde.

Mr. Nelson seinerseits hatte von der Veranda dem Vortrage zugehört und sagte jetzt zu Corinna: ⌜»Wonderfully good. Oh, these Germans, they know everything … even such an old lady.«⌝

Corinna legte ihm den Finger auf den Mund.

Kurze Zeit danach war alles fort, Haus und Park leer, und man hörte nur noch, wie drinnen im Speisesaal geschäftige Hände den Ausziehtisch zusammenschoben und wie draußen im Garten der Strahl des Springbrunnens plätschernd ins Bassin fiel.

Fünftes Kapitel

Unter den letzten, die, den Vorgarten passierend, das kommerzienrätliche Haus verließen, waren Marcell und Corinna. Diese plauderte nach wie vor in übermütiger Laune, was des Vetters mühsam zurückgehaltene Verstimmung nur noch steigerte. Zuletzt schwiegen beide.

So gingen sie schon fünf Minuten nebeneinander her, bis Corinna, die sehr gut wußte, was in Marcells Seele vorging, das Gespräch wieder aufnahm. »Nun, Freund, was gibt es?«

»Nichts.«

»Nichts?«

»Oder wozu soll ich es leugnen, ich bin verstimmt.«

»Worüber?«

»Über dich. Über dich, weil du kein Herz hast.«

»Ich? Erst recht hab ich …«

»Weil du kein Herz hast, sag ich, keinen Sinn für Familie, nicht einmal für deinen Vater …«

»Und nicht einmal für meinen Vetter Marcell …«

»Nein, den laß aus dem Spiel, von dem ist nicht die Rede. Mir gegenüber kannst du tun, was du willst. Aber dein Vater. Da läßt du nun heute den alten Mann einsam und allein und kümmerst dich sozusagen um gar nichts. Ich glaube, du weißt nicht einmal, ob er zu Haus ist oder nicht.«

»Freilich ist er zu Haus. Er hat ja heut seinen ›Abend‹, und wenn auch nicht alle kommen, etliche ⌜vom hohen Olymp⌝ werden wohl da sein.«

»Und du gehst aus und überlässest alles der alten guten Schmolke?«

Moselwein aus dem Gebiet um die Stadt Traben-Trarbach

»Weil ich es ihr überlassen kann. Du weißt das ja so gut wie ich; es geht alles wie am Schnürchen, und in diesem Augenblick essen sie wahrscheinlich Oderkrebse und trinken Mosel. Nicht Treibelschen, aber doch Professor-Schmidtschen, einen edlen Trarbacher*, von dem Papa behauptet, er sei der einzige reine Wein in Berlin. Bist du nun zufrieden?«

»Nein.«

»Dann fahre fort.«

»Ach, Corinna, du nimmst alles so leicht und denkst, wenn du's leicht nimmst, so hast du's aus der Welt geschafft. Aber es glückt dir nicht. Die Dinge bleiben doch schließlich, was und wie sie sind. Ich habe dich nun bei Tisch beobachtet …«

»Unmöglich, du hast ja der jungen Frau Treibel ganz intensiv den Hof gemacht, und ein paarmal wurde sie sogar rot …«

(franz.) Gefallsucht, Eitelkeit

»Ich habe dich beobachtet, sag ich, und mit einem wahren Schrecken das Übermaß von Koketterie* gesehen, mit dem du nicht müde wirst, dem armen Jungen, dem Leopold, den Kopf zu verdrehen ...«

Sie hatten, als Marcell dies sagte, gerade die platzartige Verbreiterung erreicht, mit der die Köpnicker Straße, nach der Inselbrücke hin, abschließt, eine verkehrslose und beinahe menschenleere Stelle. Corinna zog ihren Arm aus dem des Vetters und sagte, während sie nach der anderen Seite der Straße zeigte: »Sieh, Marcell, wenn da drüben nicht der einsame Schutzmann stände, so stellt' ich mich jetzt mit verschränkten Armen vor dich hin und lachte dich fünf Minuten lang aus. Was soll das heißen, ich sei nicht müde geworden, dem armen Jungen, dem Leopold, den Kopf zu verdrehen? Wenn du nicht ganz in Huldigung gegen Helenen aufgegangen wärst, so hättest du sehen müssen, daß ich kaum zwei Worte mit ihm gesprochen. Ich habe mich nur mit Mr. Nelson unterhalten, und ein paarmal hab ich mich ganz ausführlich an dich gewandt.«

»Ach, das sagst du so, Corinna, und weißt doch, wie falsch es ist. Sieh, du bist sehr gescheit und weißt es auch; aber du hast doch den Fehler, den viele gescheite Leute haben, daß sie die anderen für ungescheiter halten, als sie sind. Und so denkst du, du kannst mir ein X für ein U machen und alles so drehen und beweisen, wie du's drehen und beweisen willst. Aber man hat doch auch so seine Augen und Ohren und ist also, mit deinem Verlaub, hinreichend ausgerüstet, um zu hören und zu sehen.«

»Und was ist es denn nun, was der Herr Doktor gehört und gesehen haben?«

»Der Herr Doktor haben gehört und gesehen, daß Fräulein Corinna mit ihrem Redekatarakt* über den unglücklichen Mr. Nelson hergefallen ist ...« Redeschwall

»Sehr schmeichelhaft ...«

»Und daß sie – wenn ich das mit dem Redekatarakt aufgeben und ein anderes Bild dafür einstellen will –, daß sie, sag ich, zwei Stunden lang die Pfauenfeder ihrer Eitelkeit auf dem Kinn oder auf der Lippe balanciert und überhaupt in den feineren akrobatischen Künsten ein Äußerstes geleistet hat. Und das alles vor wem? Etwa vor Mr. Nelson? Mitnichten. Der gute Nelson, der war nur das Trapez, daran meine Cousine herumturnte; *der*, um dessentwillen das alles geschah, der zusehen und bewundern sollte, der hieß Leopold Treibel, und ich habe wohl bemerkt, wie mein Cousinchen auch ganz richtig gerechnet hatte; denn ich kann mich nicht entsinnen, einen Menschen gesehen zu haben, der, verzeih den Ausdruck, durch einen ganzen Abend hin so ›total weg‹ gewesen wäre wie dieser Leopold.«

»Meinst du?«

»Ja, das mein ich.«

»Nun, darüber ließe sich reden … Aber sieh nur …« Und dabei blieb sie stehen und wies auf das entzückende Bild, das sich – sie passierten eben die Fischerbrücke – drüben vor ihnen ausbreitete. Dünne Nebel lagen über den Strom hin, sogen aber den Lichterglanz nicht ganz auf, der von rechts und links her auf die breite Wasserfläche fiel, während die Mondsichel oben im Blauen stand, keine zwei Handbreit von dem etwas schwerfälligen Parochialkirchturm entfernt, dessen Schattenriß am anderen Ufer in aller Klarheit aufragte. »Sieh nur«, wiederholte Corinna, »nie hab ich den ⌜Singuhrturm⌝ in solcher Schärfe gesehen. Aber ihn schön finden, wie seit kurzem Mode geworden, das kann ich doch nicht; er hat so etwas Halbes, Unfertiges, als ob ihm auf dem Wege nach oben die Kraft ausgegangen wäre. Da bin ich doch mehr für die zugespitzten, langweiligen Schindeltürme, die nichts wollen, als hoch sein und in den Himmel zeigen.«

Und in demselben Augenblicke, wo Corinna dies sagte, begannen die Glöckchen drüben ihr Spiel.

»Ach«, sagte Marcell, »sprich doch nicht so von dem Turm und ob er schön ist oder nicht. Mir ist es gleich und dir auch; das mögen die Fachleute miteinander ausmachen. Und du sagst das alles nur, weil du von dem eigentlichen Gespräch los willst. Aber höre lieber zu, was die Glöckchen drüben spielen. Ich glaube, sie spielen: ›Üb immer Treu' und Redlichkeit.‹ «

»Kann sein, und ist nur schade, daß sie nicht auch die berühmte Stelle von dem Kanadier spielen können, der noch Europens übertünchte Höflichkeit nicht kannte. So was Gutes bleibt leider immer unkomponiert, oder vielleicht geht es auch nicht. Aber nun sage mir, Freund, was soll das alles heißen? Treu' und Redlichkeit. Meinst du wirklich, daß mir die fehlen? Gegen wen versünd'ge ich mich denn durch Untreue? Gegen dich? Hab ich Gelöbnisse gemacht? Hab ich dir etwas versprochen und das Versprechen nicht gehalten?«

Marcell schwieg.

»Du schweigst, weil du nichts zu sagen hast. Ich will dir aber noch allerlei mehr sagen, und dann magst du selber entscheiden, ob ich treu und redlich oder doch wenigstens aufrichtig bin, was so ziemlich dasselbe bedeutet.«

»Corinna ...«

»Nein, jetzt will *ich* sprechen, in aller Freundschaft, aber auch in allem Ernst. Treu und redlich. Nun, ich weiß wohl, daß du treu und redlich bist, was beiläufig nicht viel sagen will; ich für meine Person kann dir nur wiederholen, ich bin es auch.«

»Und spielst doch beständig eine Komödie.«

»Nein, das tu ich nicht. Und *wenn* ich es tue, so doch so, daß jeder es merken kann. Ich habe mir, nach reiflicher Überlegung, ein bestimmtes Ziel gesteckt, und wenn ich nicht mit dürren Worten sage ›dies *ist* mein Ziel‹, so unterbleibt es nur, weil es einem Mädchen nicht kleidet, mit solchen Plänen aus sich herauszutreten. Ich erfreue mich, dank meiner Erziehung, eines guten Teils von Freiheit, einige werden vielleicht sagen von Emanzipation, aber trotzdem bin ich durchaus kein emanzipiertes Frauenzimmer. Im Gegenteil, ich habe gar keine Lust, das alte Herkommen umzustoßen, alte gute Sätze, zu denen auch der gehört: Ein Mädchen wirbt nicht, um ein Mädchen *wird* geworben.«

»Gut, gut; alles selbstverständlich ...«

»... Aber freilich, das ist unser altes Eva-Recht, die großen Wasser spielen zu lassen und unsere Kräfte zu gebrauchen, bis *das* geschieht, um dessentwillen wir da sind, mit anderen Worten, bis man um uns wirbt. Alles gilt diesem Zweck. Du nennst das, je nachdem dir der Sinn steht, Raketensteigenlassen oder Komödie, mitunter auch Intrige, und immer Koketterie.«

Marcell schüttelte den Kopf. »Ach, Corinna, du darfst mir darüber keine Vorlesung halten wollen und zu mir sprechen, als ob ich erst gestern auf die Welt gekommen wäre. Natürlich hab ich oft von Komödie gesprochen und noch öfter von Koketterie. Wovon spricht man nicht alles. Und wenn man dergleichen hinspricht, so widerspricht man sich auch wohl, und was man eben noch getadelt hat, das lobt man im nächsten Augenblick. Um's rundheraus zu sagen, spiele soviel Komödie, wie du willst, sei so kokett, wie du willst, ich werde doch nicht so dumm sein, die Weiberwelt und die Welt überhaupt ändern zu wollen, ich will sie wirklich nicht ändem, auch dann nicht, wenn ich's könnte; nur um eines muß ich dich angehen, du mußt, wie du dich vorhin ausdrücktest, die großen Wasser an der rechten Stelle, das heißt also vor den rechten Leuten springen lassen, vor solchen, wo's paßt, wo's hingehört, wo sich's lohnt. Du gehst aber mit deinen Künsten nicht an die richtige Adresse, denn du kannst doch nicht ernsthaft daran denken, diesen Leopold Treibel heiraten zu wollen?«

»Warum nicht? Ist er zu jung für mich? Nein. Er stammt aus dem Januar und ich aus dem September; er hat also noch einen Vorsprung von acht Monaten.«

»Corinna, du weißt ja recht gut, wie's liegt und daß er einfach für dich nicht paßt, weil er zu unbedeutend für dich ist. Du bist eine ⌜aparte Person⌝, vielleicht ein bißchen zu sehr, er ist kaum Durchschnitt. Ein sehr guter Mensch, das muß ich zugeben, hat ein gutes, weiches Herz, nichts von dem Kiesel, den die Geldleute sonst hier links haben, hat auch leidlich weltmännische Manieren und kann vielleicht einen Dürerschen Stich von einem ⌜Ruppiner Bilderbogen⌝ unterscheiden, aber du würdest dich doch totlangweilen an seiner Seite. Du, deines Vaters Tochter, und eigentlich noch klüger als der Alte, du wirst doch nicht dein eigentliches Lebensglück wegwerfen wollen, bloß um in einer Villa zu wohnen und einen Landauer zu haben, der dann und wann ein paar alte Hofdamen abholt, oder um Adolar Krolas ramponierten Tenor alle vierzehn Tage den ›Erlkönig‹ singen zu hören. Es ist nicht möglich, Corinna; du wirst dich doch, ⌜wegen solchen Bettels von Mammon⌝, nicht einem unbedeutenden Menschen an den Hals werfen wollen.«

»Nein, Marcell, das letztere gewiß nicht; ich bin nicht für Zudringlichkeiten. Aber wenn Leopold morgen bei meinem Vater antritt – denn ich fürchte beinahe, daß er noch zu denen gehört, die sich statt der Hauptperson erst der Nebenpersonen versichern –, wenn er also morgen antritt und um diese rechte Hand deiner Cousine Corinna anhält, so nimmt ihn Corinna und fühlt sich als ⌜Corinne au Capitole⌝.«

»Das ist nicht möglich; du täuschest dich, du spielst mit der Sache. Es ist eine Phantasterei, der du nach deiner Art nachhängst.«

»Nein, Marcell, *du* täuschest dich, nicht ich; es ist mein vollkommener Ernst, so sehr, daß ich ein ganz klein wenig davor erschrecke.«

»Das ist dein Gewissen.«

»Vielleicht. Vielleicht auch nicht. Aber so viel will ich dir ohne weiteres zugeben, *das*, wozu der liebe Gott mich so recht eigentlich schuf, das hat nichts zu tun mit einem Treibelschen Fabrikgeschäft oder mit einem Holzhof und vielleicht am wenigsten mit einer Hamburger Schwägerin. Aber ein Hang nach Wohlleben, der jetzt alle Welt beherrscht, hat mich auch in der Gewalt, ganz so wie alle anderen, und so lächerlich und verächtlich es in deinem Oberlehrersohre klingen mag, ich halt es mehr mit Bonwitt und Littauer* als mit einer kleinen Schneiderin, die schon um acht Uhr früh kommt und eine merkwürdige Hof- und Hinterstubenatmosphäre mit ins Haus bringt und zum zweiten Frühstück ein Brötchen mit Schlackwurst* und vielleicht auch einen Gilka* kriegt. Das alles widersteht mir im höchsten Maße; je weniger ich davon sehe, desto besser. Ich find es ungemein reizend, wenn so die kleinen Brillanten im Ohre blitzen, etwa wie bei meiner Schwiegermama in spe* ... ›Sich einschränken‹, ach, ich kenne das Lied, das immer gesungen und immer gepredigt wird, aber wenn ich bei Papa die dicken Bücher abstäube, drin niemand hineinsieht, auch er selber nicht, und wenn dann die Schmolke sich abends auf mein Bett setzt und mir von ihrem verstorbenen Manne, dem Schutzmann, erzählt, und daß er, wenn er noch lebte, jetzt ein Revier hätte, denn ⌜Madai⌝ hätte große Stücke auf ihn gehalten, und wenn sie dann zuletzt sagt: ›Aber Corinnchen, ich habe ja noch gar nicht mal gefragt, was wir morgen essen wollen? ... Die Teltower* sind jetzt so schlecht und eigentlich alle schon madig, und ich möchte dir vorschlagen, Wellfleisch* und Wruken*, das aß Schmolke auch immer so gern‹ – ja, Marcell, in solchem Augenblicke wird mir immer ganz sonderbar zumut, und Leopold Treibel erscheint mir dann mit einem Mal als der Rettungsanker meines Lebens, oder wenn du willst, wie das aufzusetzende große Marssegel*, das bestimmt ist, mich bei gutem Wind an ferne, glückliche Küsten zu führen.«

»Oder wenn es stürmt, dein Lebensglück zum Scheitern zu bringen.«

Vornehme Berliner Damenkonfektionshäuser

Cervelatwurst, Salami

Kümmelschnaps aus der gleichnamigen Berliner Spirituosenfabrik

(lat.) Hier: zukünftigen

Teltower Rübchen

In gewürztem Wasser gekochtes Schweinefleisch

(poln.) Kohlrüben

Segel an der Marsstange

»Warten wir's ab, Marcell.«
Und bei diesen Worten bogen sie, von der Alten Leipziger Straße her, in Raules Hof ein, von dem aus ein kleiner Durchgang in die Adlerstraße führte.

Sechstes Kapitel

Um dieselbe Stunde, wo man sich bei Treibels vom Diner erhob, begann Professor Schmidts »Abend«. Dieser »Abend«, auch wohl Kränzchen genannt, versammelte, wenn man vollzählig war, um einen runden Tisch und eine mit einem roten Schleier versehene Moderateurlampe* sieben Gymnasiallehrer, von denen die meisten den Professortitel führten. Außer unserem Freunde Schmidt waren es noch folgende: Friedrich Distelkamp, emeritierter* Gymnasialdirektor, Senior des Kreises; nach ihm die Professoren Rindfleisch und Hannibal Kuh, zu welchen beiden sich noch Oberlehrer Immanuel Schultze gesellte, sämtlich vom ⌜Großen Kurfürsten-Gymnasium⌝. Den Schluß machte Dr. Charles Etienne, Freund und Studiengenosse Marcells, zur Zeit französischer Lehrer an einem vornehmen Mädchenpensionat, und endlich Zeichenlehrer Friedeberg, dem, vor ein paar Jahren erst – niemand wußte recht, warum und woher –, der die Mehrheit des Kreises auszeichnende Professortitel angeflogen war, übrigens ohne sein Ansehen zu heben. Er wurde vielmehr, nach wie vor, für nicht ganz voll angesehen, und eine Zeitlang war aufs ernsthafteste die Rede davon gewesen, ihn, wie sein Hauptgegner Immanuel Schultze vorgeschlagen, aus ihrem Kreise »herauszugraulen«, was unser Wilibald Schmidt indessen mit der Bemerkung bekämpft hatte, daß Friedeberg, trotz seiner wissenschaftlichen Nichtzugehörigkeit, eine nicht zu unterschätzende Bedeutung für ihren »Abend« habe. »Seht, liebe

Sich selbst regulierende Petroleumlampe in Flaschenform

(lat.) pensionierter, im Ruhestand lebender

Freunde«, so etwa waren seine Worte gewesen, »wenn wir unter uns sind, so folgen wir unseren Auseinandersetzungen eigentlich immer nur aus Rücksicht und Artigkeit und leben dabei mehr oder weniger der Überzeugung, alles, was seitens des anderen gesagt wurde, *viel* besser oder – wenn wir bescheiden sind – wenigstens ebenso gut sagen zu können. Und das lähmt immer. Ich für mein Teil wenigstens bekenne offen, daß ich, wenn ich mit meinem Vortrage gerade an der Reihe war, das Gefühl eines gewissen Unbehagens, ja zuzeiten einer geradezu hochgradigen Beklemmung nie ganz losgeworden bin. Und in einem so bedrängten Augenblicke seh ich dann unseren immer zu spät kommenden Friedeberg eintreten, verlegen lächelnd natürlich, und empfinde sofort, wie meiner Seele die Flügel wieder wachsen; ich spreche freier, intuitiver, klarer, denn ich habe wieder ein Publikum, wenn auch nur ein ganz kleines. *Ein* andächtiger Zuhörer, anscheinend so wenig, ist doch schon immer was und mitunter sogar sehr viel.« Auf diese warme Verteidigung Wilibald Schmidts hin war Friedeberg dem Kreise verblieben. Schmidt durfte sich überhaupt als Seele des Kränzchens betrachten, dessen Namensgebung: ⌜»Die sieben Waisen Griechenlands«⌝, ebenfalls auf ihn zurückzuführen war. Immanuel Schultze, meist in der Opposition und außerdem ein Gottfried-Keller-Schwärmer, hatte seinerseits »Das Fähnlein der sieben Aufrechten«* vorgeschlagen, war aber damit nicht durchgedrungen, weil, wie Schmidt betonte, diese Bezeichnung einer Entlehnung gleichgekommen wäre. »Die sieben Waisen« klängen freilich ebenfalls entlehnt, aber das sei bloß Ohr- und Sinnestäuschung; das »a«, worauf es recht eigentlich ankomme, verändere nicht nur mit einem Schlage die ganze Situation, sondern erziele sogar den denkbar höchsten Standpunkt, den der Selbstironie.

Titel einer Novelle v. G. Keller (1819–1890)

Wie sich von selbst versteht, zerfiel die Gesellschaft wie jede Vereinigung der Art, in fast ebenso viele Parteien, wie sie Mitglieder zählte, und nur dem Umstande, daß die drei vom Großen Kurfürsten-Gymnasium, außer der Zusammengehörigkeit, die diese gemeinschaftliche Stellung gab, auch noch verwandt und verschwägert waren (Kuh war Schwager, Immanuel Schultze Schwiegersohn von Rindfleisch), nur diesem Umstande war es zuzuschreiben, daß die vier anderen, und zwar aus einer Art Selbsterhaltungstrieb, ebenfalls eine Gruppe bildeten und bei Beschlußfassungen meist zusammengingen. Hinsichtlich Schmidts und Distelkamps konnte dies nicht weiter überraschen, da sie von alter Zeit her Freunde waren, zwischen Etienne und Friedeberg aber klaffte für gewöhnlich ein tiefer Abgrund, der sich ebensosehr in ihrer voneinander abweichenden Erscheinung wie in ihren verschiedenen Lebensgewohnheiten aussprach. Etienne, sehr elegant, versäumte nie, während der großen Ferien mit Nachurlaub nach Paris zu gehen, während sich Friedeberg, angeblich um seiner Malstudien willen, auf die Woltersdorfer Schleuse* (die landschaftlich unerreicht dastände) zurückzog. Natürlich war dies alles nur Vorgabe. Der wirkliche Grund war der, daß Friedeberg, bei ziemlich beschränkter Finanzlage, nach dem erreichbar Nächstliegenden griff und überhaupt Berlin nur verließ, um von seiner Frau – mit der er seit Jahren immer dicht vor der Scheidung stand – auf einige Wochen loszukommen. In einem sowohl die Handlungen wie die Worte seiner Mitglieder kritischer prüfenden Kreise hätte diese Finte* notwendig verdrießen müssen, indessen Offenheit und Ehrlichkeit im Verkehr mit- und untereinander war keineswegs ein hervorstechender Zug der »sieben Waisen«, eher das Gegenteil. So versicherte beispielsweise jeder, »ohne den ›Abend‹ eigentlich nicht leben zu können«, was in Wahrheit nicht ausschloß, daß immer nur *die* kamen, die nichts Besseres vorhatten. Theater und Skat gingen weit vor und sorgten dafür, daß Unvollständigkeit der Versammlung die Regel war und nicht mehr auffiel.

Im 16. Jh. erbaut, beliebter Ausflugsort im Osten Berlins

(ital.) Scheinangriff, hier: Vorwand, Ausflucht

Heute aber schien es sich schlimmer als gewöhnlich gestalten zu wollen. Die Schmidtsche Wanduhr, noch ein Erbstück vom Großvater her, schlug bereits halb, halb neun, und noch war niemand da außer Etienne, der, wie Marcell zu den Intimen des Hauses zählend, kaum als Gast und Besuch gerechnet wurde.

»Was sagst du, Etienne«, wandte sich jetzt Schmidt an diesen, »was sagst du zu dieser Saumseligkeit? Wo bleibt Distelkamp? Wenn auch auf *den* kein Verlaß mehr ist (⌜›die Douglas waren immer treu‹⌝), so geht der ›Abend‹ aus den Fugen, und ⌜ich werde Pessimist und nehme für den Rest meiner Tage Schopenhauer und Eduard von Hartmann untern Arm⌝.«

Während er noch so sprach, ging draußen die Klingel, und einen Augenblick später trat Distelkamp ein.

»Entschuldige, Schmidt, ich habe mich verspätet. Die Details erspar ich dir und unserem Freunde Etienne. Auseinandersetzungen, weshalb man zu spät kommt, selbst wenn sie wahr, sind nicht viel besser als Krankengeschichten. Also lassen wir's. Inzwischen bin ich überrascht, trotz meiner Verspätung immer noch der eigentlich erste zu sein. Denn Etienne gehört ja so gut wie zur Familie. Die Großen Kurfürstlichen aber! Wo sind sie? Nach Kuh und unserem Freunde Immanuel frag ich nicht erst, die sind bloß ihres Schwagers und Schwiegervaters Klientel*. Rindfleisch selbst aber – wo steckt er?«

(lat.) Hier: Abhängige, Anhängsel

»Rindfleisch hat abgeschrieben; er sei heut in der ⌜›Griechischen‹⌝.«

»Ach, das ist Torheit. Was will er in der Griechischen? Die sieben Waisen gehen vor. Er findet hier wirklich mehr.«

»Ja, das sagst du so, Distelkamp. Aber es liegt doch wohl anders. Rindfleisch hat nämlich ein schlechtes Gewissen, ich könnte vielleicht sagen: mal wieder ein schlechtes Gewissen.«

»Dann gehört er erst recht hierher; hier kann er beichten. Aber um was handelt es sich denn eigentlich? Was ist es?«

»Er hat da mal wieder einen Schwupper* gemacht, irgendwas verwechselt, ich glaube ⌜Phrynichos den Tragiker mit Phrynichos dem Lustspieldichter⌝. War es nicht so, Etienne? (dieser nickte) und die Sekundaner haben nun mit lirum larum einen Vers auf ihn gemacht ...«

(mdt.) Schnitzer, Versehen

»Und?«

»Und da gilt es dann, die Scharte, so gut es geht, wieder auszuwetzen, wozu die ›Griechische‹ mit dem Lustre*, das sie gibt, das immerhin beste Mittel ist.«

(franz.) Glanz, Ansehen

Distelkamp, der sich mittlerweile seinen Meerschaum* angezündet und in die Sofaecke gesetzt hatte, lächelte bei der ganzen Geschichte behaglich vor sich hin und sagte dann: »Alles Schnack*. Glaubst du's? Ich nicht. Und wenn es zuträfe, so bedeutete es nicht viel, eigentlich gar nichts. Solche Schnitzer kommen immer vor, passieren jedem. Ich will dir mal was erzählen, Schmidt, was, als ich noch jung war und in Quarta brandenburgische Geschichte vortragen mußte – was damals, sag ich, einen großen Eindruck auf mich machte.«

Aus weichem, erdigen Material geschnittene Pfeife

Gerede

»Nun, laß hören. Was war's?«

»Ja, was war's. Offen gestanden, meine Wissenschaft, zum wenigsten was unser gutes Kurbrandenburg anging, war nicht weit her, ist es auch jetzt noch nicht, und als ich so zu Hause saß und mich notdürftig vorbereitete, da las ich – denn wir waren gerade ⌜beim ersten König⌝ – allerhand Biographisches und darunter auch was vom alten ⌜General Barfus⌝, der, wie die meisten Damaligen, das Pulver nicht erfunden hatte, sonst aber ein kreuzbraver Mann war. Und dieser Barfus präsidierte, während der Belagerung von Bonn, einem Kriegsgericht, drin über einen jungen Offizier abgeurteilt werden sollte.«

»So, so. Nun, was war es denn?«

»Der Abzuurteilende hatte sich, das mindeste zu sagen, etwas unheldisch benommen, und alle waren für schuldig und totschießen. Nur der alte Barfus wollte nichts davon wissen und sagte: ›Drücken wir ein Auge zu, meine Herren. Ich habe dreißig Renkontres* mitgemacht, und ich muß Ihnen sagen, ein Tag ist nicht wie der andere, und der Mensch ist ungleich und das Herz auch und der Mut erst recht. Ich habe mich manches Mal auch feige gefühlt. Solange es geht, muß man Milde walten lassen, denn jeder kann sie brauchen.‹«

»Höre, Distelkamp«, sagte Schmidt, »das ist eine gute Geschichte, dafür dank ich dir, und so alt ich bin, *die* will ich mir doch hinter die Ohren schreiben. Denn weiß es Gott, ich habe mich auch schon blamiert, und wiewohl es die Jungens nicht bemerkt haben, wenigstens ist mir nichts aufgefallen, so hab ich es doch selber bemerkt und mich hinterher riesig geärgert und geschämt. Nicht wahr, Etienne, so was ist immer fatal; oder kommt es im Französischen nicht vor, wenigstens dann nicht, wenn man alle Juli nach Paris reist und einen neuen Band ⌜Maupassant⌝ mit heimbringt? Das ist ja wohl jetzt das Feinste? Verzeih die kleine Malice*. Rindfleisch ist überdies ein kreuzbraver Kerl, ⌜nomen et omen⌝, und eigentlich der Beste, besser als Kuh und namentlich besser als unser Freund Immanuel Schultze. Der hat's hinter den Ohren und ist ein Schlieker*. Er grient* immer und gibt sich das Ansehen, als ob er dem ⌜Bilde zu Sais⌝ irgendwie und -wo unter den Schleier geguckt hätte, wovon er weit ab ist. Denn er löst nicht mal das Rätsel von seiner eigenen Frau, an der manches verschleierter oder auch nicht verschleierter sein soll, als ihm, dem Ehesponsen*, lieb sein kann.«

»Schmidt, du hast heute mal wieder deinen medisanten* Tag. Eben hab ich den armen Rindfleisch aus deinen Fängen gerettet, ja, du hast sogar Besserung versprochen, und schon stürzest du dich wieder auf den unglücklichen Schwiegersohn. Im übrigen, wenn ich an Immanuel etwas tadeln sollte, so läge es nach einer ganz anderen Seite hin.«

(franz.) Zusammentreffen, hier: Gefechte

(franz.) Boshafte Äußerung

(ndt.) Schleicher, Heuchler

(ndt.) grinst selbstzufrieden o. schadenfroh

(lat.) Ehegatten, Ehegemahl

(lat.-franz.) schmähsüchtigen, klatschsüchtigen

»Und das wäre?«

»Daß er keine Autorität hat. Wenn er sie zu Hause nicht hat, nun, traurig genug. Indessen das geht uns nichts an. Aber daß er sie, nach allem, was ich höre, auch in der Klasse nicht hat, *das* ist schlimm. Sieh, Schmidt, das ist die Kränkung und der Schmerz meiner letzten Lebensjahre, daß ich den ⌜kategorischen Imperativ⌝ immer mehr hinschwinden sehe. Wenn ich da an den alten Weber denke! Von dem heißt es, wenn er in die Klasse trat, so hörte man den Sand durch das Stundenglas fallen, und kein Primaner wußte mehr, daß es überhaupt möglich sei, zu flüstern oder gar vorzusagen. Und außer seinem eigenen Sprechen, ich meine Webers, war nichts hörbar als das Knistern, wenn die Horaz-Seiten umgeblättert wurden. Ja, Schmidt, *das* waren Zeiten, da verlohnte sich's, ein Lehrer und ein Direktor zu sein. Jetzt treten die Jungens in der Konditorei an einen heran und sagen: »Wenn Sie gelesen haben, Herr Direktor, dann bitt ich ...«

Schmidt lachte. »Ja, Distelkamp, so sind sie jetzt, das ist die neue Zeit, das ist wahr. Aber ich kann mich nicht darüber ägrieren*. Wie waren denn, bei Lichte besehen, die großen Würdenträger mit ihrem Doppelkinn und ihren Pontacnasen*? Schlemmer waren es, die den Burgunder viel besser kannten als den ⌜Homer⌝. Da wird immer von alten, einfachen Zeiten geredet; dummes Zeug! Sie müssen ganz gehörig gepichelt haben, das sieht man noch an ihren Bildern in der Aula. Nu ja, Selbstbewußtsein und eine steifleinene Grandezza*, das alles hatten sie, das soll ihnen zugestanden sein. Aber wie sah es sonst aus?«

ärgern

Rotweinnasen

Vgl. Erl. zu 26,2–3.

»Besser als heute.«

»Kann ich nicht finden, Distelkamp. Als ich noch unsere Schulbibliothek unter Aufsicht hatte, Gott sei Dank, daß ich nichts mehr damit zu tun habe, da hab ich öfter in die Schulprogramme hineingeguckt und in die Dissertationen und ›Aktusse*‹, wie sie vordem im Schwang* waren. Nun,

(lat.) Festschriften u. -reden anlässlich v. Schulfeiern

in Mode

ich weiß wohl, jede Zeit denkt, sie sei was Besonderes, und die, die kommen, mögen meinetwegen auch über uns lachen; aber sieh, Distelkamp, vom gegenwärtigen Standpunkt unseres Wissens, oder sag ich auch bloß unseres Geschmacks, aus, darf doch am Ende gesagt werden, es war etwas Furchtbares mit dieser Perückengelehrsamkeit, und die stupende* Wichtigkeit, mit der sie sich gab, kann uns nur noch erheitern. Ich weiß nicht, unter wem es war, ich glaube unter ⌜Rodegast⌝, da kam es in Mode – vielleicht weil er persönlich einen Garten vorm Rosentaler hatte –, die Stoffe für die öffentlichen Reden und Ähnliches aus der Gartenkunde zu nehmen, und sieh, da hab ich Dissertationen gelesen über das Hortikulturliche* des Paradieses, über die Beschaffenheit des Gartens zu Gethsemane* und über die ⌜mutmaßlichen Anlagen im Garten des Joseph von Arimathia⌝. Garten und immer wieder Garten. Nun, was sagst du dazu?«

- stupende: (lat.) erstaunliche
- Hortikulturliche: (lat.) Gartenbauliche
- Gethsemane: Ort der Verhaftung Jesu am Fuße des Ölbergs (vgl. Matth. 26,36)

»Ja, Schmidt, mit dir ist schlecht fechten. Du hast immer das Auge für das Komische gehabt. Das greifst du nun heraus, spießest es auf deine Nadel und zeigst es der Welt. Aber was daneben lag und viel wichtiger war, das lässest du liegen. Du hast schon sehr richtig hervorgehoben, daß man über unsere Lächerlichkeiten auch lachen wird. Und wer bürgt uns dafür, daß wir nicht jeden Tag in Untersuchungen eintreten, die noch viel toller sind als die hortikulturlichen Untersuchungen über das Paradies. Lieber Schmidt, das Entscheidende bleibt doch immer der Charakter, nicht der eitle, wohl aber der gute, ehrliche Glaube an uns selbst. Bona fide* müssen wir vorgehen. Aber mit unserer ewigen Kritik, eventuell auch Selbstkritik, geraten wir in eine mala fides* hinein und mißtrauen uns selbst und dem, was wir zu sagen haben. Und ohne Glauben an uns und unsere Sache, keine rechte Lust und Freudigkeit und auch kein Segen, am wenigsten Autorität. Und das ist es, was ich beklage. Denn wie kein Heerwesen ohne Disziplin, so kein Schulwesen

- Bona fide: (lat.) In gutem Glauben
- mala fides: (lat.) schlechten Glauben, Zweifel

ohne Autorität. Es ist damit wie mit dem Glauben. Es ist nicht nötig, daß das Richtige geglaubt wird, aber daß überhaupt geglaubt wird, darauf kommt es an. In jedem Glauben stecken geheimnisvolle Kräfte und ebenso in der Autorität.«

Schmidt lächelte. »Distelkamp, ich kann da nicht mit. Ich kann's in der Theorie gelten lassen, aber in der Praxis ist es bedeutungslos geworden. Gewiß kommt es auf das Ansehen vor den Schülern an. Wir gehen nur darin auseinander, aus welcher Wurzel das Ansehen kommen soll. Du willst alles auf den Charakter zurückführen und denkst, wenn du es auch nicht aussprichst: ›Und wenn ihr euch nur selbst vertraut, vertrauen euch auch die anderen Seelen.‹ Aber, teurer Freund, das ist just das, was ich bestreite. Mit dem bloßen Glauben an sich oder gar, wenn du den Ausdruck gestattest, mit der geschwollenen Wichtigtuerei, mit der Pompositât ist es heutzutage nicht mehr getan. An die Stelle dieser veralteten Macht ist die reelle Macht des wirklichen Wissens und Könnens getreten, und du brauchst nur Umschau zu halten, so wirst du jeden Tag sehen, daß Professor Hammerstein, der bei Spichern mit gestürmt und eine gewisse Premierleutnantshaltung von daher beibehalten hat, daß Hammerstein, sag ich, seine Klasse *nicht* regiert, während unser Agathon Knurzel, der aussieht wie Mr. Punch und einen Doppelpuckel, aber freilich auch einen Doppelgrips hat, die Klasse mit seinem kleinen Raubvogelgesicht in der Furcht des Herrn hält. Und nun besonders unsere Berliner Jungens, die gleich weghaben, wie schwer einer wiegt. Wenn einer von den Alten aus dem Grabe käme, mit Stolz und Hoheit angetan, und eine hortikulturelle Beschreibung des Paradieses forderte, wie würde der fahren mit all seiner Würde? Drei Tage später wär' er im Kladderadatsch, und die Jungens selber hätten das Gedicht gemacht.«

»Und doch bleibt es dabei, Schmidt, mit den Traditionen der alten Schule steht und fällt die höhere Wissenschaft.«

»Ich glaub es nicht. Aber wenn es wäre, wenn die höhere Weltanschauung, d. h. das, was wir so nennen, wenn das alles fallen müßte, nun, so laß es fallen. Schon Attinghausen, der doch selber alt war, sagte: ⌜›Das Alte stürzt, es ändert sich die Zeit.‹⌝ Und wir stehen sehr stark vor solchem Umwandlungsprozeß, oder richtiger, wir sind schon drin. Muß ich dich daran erinnern, es gab eine Zeit, wo das Kirchliche Sache der Kirchenleute war. Ist es noch so? Nein. Hat die Welt verloren? Nein. Es ist vorbei mit den alten Formen, und auch unsere Wissenschaftlichkeit wird davon keine Ausnahme machen. Sieh hier ...«, und er schleppte von einem kleinen Nebentisch ein großes Prachtwerk herbei, »... sieh hier *das*. Heute mir zugeschickt, und ich werd es behalten, so teuer es ist. ⌜Heinrich Schliemanns Ausgrabungen zu Mykenä.⌝ Ja, Distelkamp, wie stehst du dazu?«

»Zweifelhaft genug.«

»Kann ich mir denken. Weil du von den alten Anschauungen nicht los willst. Du kannst dir nicht vorstellen, daß jemand, der Tüten geklebt* und Rosinen verkauft hat, den alten ⌜Priamus⌝ ausbuddelt, und kommt er nun gar ⌜ins Agamemnonsche hinein und sucht nach dem Schädelriß, ägisthschen Angedenkens⌝, so gerätst du in helle Empörung. Aber ich kann mir nicht helfen, du hast unrecht. Freilich, man muß was leisten, ⌜hic Rhodus, hic salta⌝; aber wer springen kann, der springt, gleichviel ob er's aus der Georgia-Augusta* oder aus der Klipp-Schule* hat. Im übrigen will ich abbrechen; am wenigsten hab ich Lust, dich mit Schliemann zu ärgern, der von Anfang an deine Renonce* war. Die Bücher liegen hier bloß wegen Friedeberg, den ich der beigegebenen Zeichnungen halber fragen will. Ich begreife nicht, daß er nicht kommt oder richtiger nicht schon da ist. Denn daß er kommt, ist unzweifelhaft, er hätte sonst abgeschrieben, artiger Mann, der er ist.«

»Ja, das ist er«, sagte Etienne, »das hat er noch aus dem Semitismus* mit rübergenommen ...«

Parallele zu Jennys Jugend: Auch sie hatte Tüten geklebt (vgl. 10,16).

Name der Göttinger Universität

Abwertend für: Elementarschule

(franz.) Hier: widrige Person, Ärgernis

Anspielung auf die jüd. Herkunft Friedebergs

»Sehr wahr«, fuhr Schmidt fort, »aber wo er's her hat ist am Ende gleichgültig. Ich bedauere mitunter, Urgermane, der ich bin, daß wir nicht auch irgendwelche Bezugsquelle für ein bißchen Schliff und Politesse* haben; es braucht ja nicht gerade dieselbe zu sein. Diese schreckliche Verwandtschaft zwischen Teutoburger Wald und Grobheit ist doch mitunter störend. Friedeberg ist ein Mann, der, wie Max Piccolomini* – sonst nicht gerade sein Vorbild, auch nicht mal in der Liebe –, der ›Sitten Freundlichkeit‹ allerzeit kultiviert hat, und es bleibt eigentlich nur zu beklagen, daß seine Schüler nicht immer das richtige Verständnis dafür haben. Mit anderen Worten, sie spielen ihm auf der Nase …«

»Das uralte Schicksal der Schreib- und Zeichenlehrer …«

»Freilich. Und am Ende muß es auch so gehen und geht auch. Aber lassen wir die heikle Frage. Laß mich lieber auf Mykenä zurückkommen und sage mir deine Meinung über die ⌜Goldmasken⌝. Ich bin sicher, wir haben da ganz was Besonderes, so das recht Eigentlichste. Jeder Beliebige kann doch nicht bei seiner Bestattung eine Goldmaske getragen haben, doch immer nur die Fürsten, also mit höchster Wahrscheinlichkeit ⌜Orests und Iphigeniens unmittelbare Vorfahren⌝. Und wenn ich mir dann vorstelle, daß diese Goldmasken genau nach dem Gesicht geformt wurden, gerade wie wir jetzt eine Gips- oder Wachsmaske formen, so hüpft mir das Herz bei der doch mindestens zulässigen Idee, daß *dies* hier« – und er wies auf eine aufgeschlagene Bildseite –, »daß dies hier das Gesicht des Atreus ist oder seines Vaters oder seines Onkels …«

»Sagen wir seines Onkels.«

»Ja, du spottest wieder, Distelkamp, trotzdem du mir doch selber den Spott verboten hast. Und das alles bloß, weil du der ganzen Sache mißtraust und nicht vergessen kannst, daß er, ich meine natürlich Schliemann, in seinen Schuljah-

Politesse: (franz.) Höflichkeit, feine Lebensart

Max Piccolomini: Jugendliche Hauptfigur aus Schillers *Wallenstein* ren über Strelitz und Fürstenberg nicht rausgekommen ist. Aber lies nur, was ⌜Virchow⌝ von ihm sagt. Und Virchow wirst du doch gelten lassen.« In diesem Augenblicke hörte man draußen die Klingel gehen. »Ah, ⌜lupus in fabula⌝. Das ist er. Ich wußte, daß er uns nicht im Stiche lassen würde ...« Und kaum, daß Schmidt diese Worte gesprochen, trat Friedeberg auch schon herein, und ein reizender schwarzer Pudel, dessen rote Zunge, wahrscheinlich von angestrengtem Laufe, weit heraushing, sprang auf die beiden alten Herren zu und umschmeichelte abwechselnd Schmidt und Distelkamp. An Etienne, der ihm zu elegant war, wagte er sich nicht heran.

»Aber alle Wetter, Friedeberg, wo kommen Sie so spät her?«

»Freilich, freilich und sehr zu meinem Bedauern. Aber der Fips hier treibt es zu arg oder geht in seiner Liebe zu mir zu weit, wenn ein Zuweitgehen in der Liebe überhaupt möglich ist. Ich bildete mir ein, ihn eingeschlossen zu haben, und mache mich zu rechter Zeit auf den Weg. Gut. Und nun denken Sie, was geschieht? Als ich hier ankomme, wer ist da, wer wartet auf mich? Natürlich Fips. Ich bring ihn wieder zurück bis in meine Wohnung und übergeb ihn dem Portier, meinem guten Freunde – man muß in Berlin eigentlich sagen, meinem Gönner. Aber, aber, was ist das Resultat all meiner Anstrengungen und guten Worte? Kaum bin ich wieder hier, so ist auch Fips wieder da. Was sollt' ich am Ende machen? Ich hab ihn wohl oder übel mit hereingebracht und bitt um Entschuldigung für ihn und für mich.«

»Hat nichts auf sich«, sagte Schmidt, während er sich zugleich freundlich mit dem Hunde beschäftigte. »Reizendes Tier und so zutunlich und fidel. Sagen Sie, Friedeberg, wie schreibt er sich eigentlich? F oder ph? Phips mit Ph ist englisch, also vornehmer. Im übrigen ist er, wie seine Rechtschreibung auch sein möge, für heute abend mit eingeladen und ein durchaus willkommener Gast, vorausgesetzt, daß er nichts dagegen hat, in der Küche sozusagen am Trompetertisch* Platz zu nehmen. Für meine gute Schmolke bürge ich. Die hat eine Vorliebe für Pudel, und wenn sie nun gar von seiner Treue hört ...«

Nebentisch, u. a. für (Tafel-)Musiker

»... so wird sie«, warf Distelkamp ein, »ihm einen Extrazipfel schwerlich versagen.«

»Gewiß nicht. Und darin stimme ich meiner guten Schmolke von Herzen bei. Denn die Treue, von der heutzutage jeder red't, wird in Wahrheit immer rarer, und Fips predigt in seiner Stadtgegend, soviel ich weiß, umsonst.«

Diese von Schmidt anscheinend leicht und wie im Scherze hingesprochenen Worte richteten sich doch ziemlich ernsthaft an den sonst gerade von ihm protegierten* Friedeberg, dessen stadtkundig unglückliche Ehe, neben anderem, auch mit einem entschiedenen Mangel an Treue, besonders während seiner Mal- und Landschaftsstudien auf der Woltersdorfer Schleuse zusammenhing. Friedeberg fühlte den Stich auch sehr wohl heraus und wollte sich durch eine Verbindlichkeit gegen Schmidt aus der Affäre ziehen, kam aber nicht dazu, weil in ebendiesem Augenblicke die Schmolke eintrat und, unter einer Verbeugung gegen die anderen Herren, ihrem Professor ins Ohr flüsterte, »daß angerichtet sei«.

geförderten, geschützten

»Nun, liebe Freunde, dann bitt ich ...« Und Distelkamp an der Hand nehmend, schritt er, unter Passierung des Entrees*, auf das Gesellschaftszimmer zu, drin die Abendtafel gedeckt war. Ein eigentliches Eßzimmer hatte die Wohnung nicht. Friedeberg und Etienne folgten.

(franz.) Korridors

Siebentes Kapitel

Das Zimmer war dasselbe, in welchem Corinna am Tage zuvor den Besuch der Kommerzienrätin empfangen hatte.

Der mit Lichtern und Weinflaschen gut besetzte Tisch stand, zu vieren gedeckt, in der Mitte; darüber hing eine Hängelampe. Schmidt setzte sich mit dem Rücken gegen den Fensterpfeiler, seinem Freunde Friedeberg gegenüber, der seinerseits von seinem Platz aus zugleich den Blick in den Spiegel hatte. Zwischen den blanken Messingleuchtern standen ein paar auf einem Bazar gewonnene Porzellanvasen, aus deren halb gezahnter, halb wellenförmiger Öffnung – dentatus et undulatus*, sagte Schmidt – kleine Marktsträuße von Goldlack und Vergißmeinnicht hervorwuchsen. Quer vor den Weingläsern lagen lange Kümmelbrote, denen der Gastgeber, wie allem Kümmlichen*, eine ganz besondere Fülle gesundheitlicher Gaben zuschrieb.

Freie Übersetzung von ›gezahnt‹ u. ›wellenförmig‹ ins Lat.

Auch Bezeichnung für Gewürzlikör, z. B. Gilka (vgl. 64,12)

Das eigentliche Gericht fehlte noch, und Schmidt, nachdem er sich von dem statutarisch* festgesetzten Trarbacher bereits zweimal eingeschenkt, auch beide Knusperspitzen von seinem Kümmelbrötchen abgebrochen hatte, war ersichtlich auf dem Punkte, starke Spuren von Mißstimmung und Ungeduld zu zeigen, als sich endlich die zum Entree führende Tür auftat und die Schmolke, rot von Erregung und Herdfeuer, eintrat, eine mächtige Schüssel mit Oderkrebsen vor sich hertragend. »Gott sei Dank«, sagte Schmidt, »ich dachte schon, ⌜alles wäre den Krebsgang gegangen⌝«, eine unvorsichtige Bemerkung, die die Kongestionen* der Schmolke nur noch steigerte, das Maß ihrer guten Laune aber ebensosehr sinken ließ. Schmidt, seinen Fehler rasch erkennend, war kluger Feldherr genug, durch einige Verbindlichkeiten die Sache wieder auszugleichen. Freilich nur mit halbem Erfolg.

(lat.) satzungsgemäß

(lat.) Wallungen, Blutandrang

Als man wieder allein war, unterließ es Schmidt nicht, sofort den verbindlichen Wirt zu machen. Natürlich auf seine Weise. »Sieh, Distelkamp, dieser hier ist für dich. Er hat eine große und eine kleine Schere, und das sind immer die besten. Es gibt Spiele der Natur, die mehr sind als bloßes Spiel und dem Weisen als Wegweiser dienen; dahin gehören beispielsweise die Pontac-Apfelsinen* und die Borsdorfer* mit einer Pocke. Denn es steht fest, je pockenreicher, desto schöner …

Blutorangen

Renettenapfel mit kleinen Warzen aus Borsdorf bei Leipzig

Was wir hier vor uns haben, sind Oderbruchkrebse; wenn ich recht berichtet bin, aus der ⌜Küstriner Gegend. Es scheint, daß durch die Vermählung von Oder und Warthe besonders gute Resultate vermittelt werden. Übrigens, Friedeberg, sind Sie nicht eigentlich da zu Haus? Ein halber Neumärker oder Oderbrücher.«⌝ Friedeberg bestätigte. »Wußt' es; mein Gedächtnis täuscht mich selten. Und nun sagen sie, Freund, ist dies, nach Ihren persönlichen Erfahrungen, mutmaßlich als streng lokale Produktion anzusehen, oder ist es mit den Oderbruchkrebsen wie mit den Werderschen Kirschen*, deren Gewinnungsgebiet sich nächstens über die ganze Provinz Brandenburg erstrecken wird.«

Kirschen aus Werder bei Potsdam

»Ich glaube doch«, sagte Friedeberg, während er durch eine geschickte, durchaus den Virtuosen verratende Gabelwendung einen weiß und rosa schimmernden Krebsschwanz aus seiner Stachelschale hob, »ich glaube doch, daß hier ein Segeln unter zuständiger Flagge stattfindet und daß wir auf dieser Schüssel wirkliche Oderbruchkrebse vor uns haben, echteste Ware, nicht bloß dem Namen nach, sondern auch de facto*.«

(lat.) tatsächlich, wirklich

»De facto«, wiederholte der in Friedebergs Latinität* eingeweihte Schmidt, unter behaglichem Schmunzeln.

Lateinertum, Beherrschung der lat. Sprache

Friedeberg aber fuhr fort: »Es werden nämlich, um Küstrin herum, immer noch Massen gewonnen, trotzdem es nicht mehr das ist, was es war. Ich habe selbst noch Wunderdinge davon gesehen, aber freilich nichts in Vergleich zu dem, was die Leute von alten Zeiten her erzählten. Damals, vor hundert Jahren, oder vielleicht auch noch länger, gab es so viele Krebse, daß sie durchs ganze Bruch hin, wenn sich im Mai das Überschwemmungswasser wieder verlief, von den Bäumen geschüttelt wurden, zu vielen Hunderttausenden.«

»Dabei kann einem ja ordentlich das Herz lachen«, sagte Etienne, der ein Feinschmecker war.

»Ja, hier an diesem Tisch; aber dort in der Gegend lachte man nicht darüber. Die Krebse waren wie eine Plage, natürlich ganz entwertet, und bei der dienenden Bevölkerung, die damit geatzt werden sollte, so verhaßt und dem Magen der Leute so widerwärtig, daß es verboten war, dem Gesinde *mehr* als dreimal wöchentlich Krebse vorzusetzen. Ein Schock* Krebse kostete einen Pfennig.«

Altes Zählmaß: 60 Stück

»Ein Glück, daß das die Schmolke nicht hört«, warf Schmidt ein, »sonst würd' ihr ihre Laune zum zweiten Mal verdorben. Als richtige Berlinerin ist sie nämlich für ewiges Sparen, und ich glaube nicht, daß sie die Tatsache ruhig verwinden würde, die Epoche von ›ein Pfennig pro Schock‹ so total versäumt zu haben.«

»Darüber darfst du nicht spotten, Schmidt«, sagte Distelkamp. »Das ist eine Tugend, die der modernen Welt, neben vielem anderen, immer mehr verlorengeht.«

»Ja, da sollst du recht haben. Aber meine gute Schmolke hat doch auch in diesem Punkte les défauts de ses vertus*. So heißt es ja wohl, Etienne?«

(franz.) die Fehler ihrer Tugenden, die Kehrseite ihrer Vorzüge

»Gewiß«, sagte dieser. »Von der ⌜George Sand⌝. Und fast ließe sich sagen ›les défauts de ses vertus‹ und ⌜›comprendre c'est pardonner‹⌝ – das sind so recht eigentlich die Sätze, wegen deren sie gelebt hat.«

»Und dann vielleicht auch von wegen dem ⌜Alfred de Musset⌝«, ergänzte Schmidt, der nicht gern eine Gelegenheit vorübergehen ließ, sich, aller Klassizität unbeschadet, auch ein modern-literarisches Ansehen zu geben.

»Ja, wenn man will, auch von wegen dem Alfred de Musset. Aber das sind Dinge, daran die Literaturgeschichte glücklicherweise vorübergeht.«

»Sage das nicht, Etienne, nicht glücklicherweise, sage leider. Die Geschichte geht fast immer an dem vorüber, was sie vor allem festhalten sollte. Daß der alte Fritz am Ende seiner Tage ⌜dem damaligen Kammergerichtspräsidenten⌝, Namen hab ich vergessen, den Krückstock an den Kopf warf und, was mir noch wichtiger ist, daß er durchaus bei seinen Hunden begraben sein wollte, weil er die Menschen, diese ›mechante* Rasse‹, so gründlich verachtete – sieh, Freund, das ist mir mindestens ebensoviel wert wie Hohenfriedberg oder Leuthen*. Und die berühmte Torgauer Ansprache, ›Rackers, wollt ihr denn ewig leben‹, geht mir eigentlich noch über Torgau selbst.«

(franz.) niederträchtige

Orte siegreicher Schlachten Friedrichs des Großen

Distelkamp lächelte. »Das sind so Schmidtiana*. Du warst immer fürs Anekdotische, fürs Genrehafte*. Mir gilt in der Geschichte nur das Große, nicht das Kleine, das Nebensächliche.«

(iron.) Gesammelte Sprüche u. Redewendungen Prof. Schmidts

(franz.) Charakteristische, Typische

»Ja und nein, Distelkamp. Das Nebensächliche, soviel ist richtig, gilt nichts, wenn es bloß nebensächlich ist, wenn nichts drinsteckt. Steckt aber was drin, dann ist es die Hauptsache, denn es gibt einem dann immer das eigentlich Menschliche.«

»Poetisch magst du recht haben.«

»Das Poetische – vorausgesetzt, daß man etwas anderes darunter versteht als meine Freundin Jenny Treibel –, das Poetische hat immer recht; es wächst weit über das Historische hinaus …«

Es war dies ein Schmidtsches Lieblingsthema, drin der alte Romantiker, der er eigentlich mehr als alles andere war, jedesmal so recht zur Geltung kam; aber heute sein Steckenpferd zu reiten verbot sich ihm doch, denn ehe er noch zu wuchtiger Auseinandersetzung ausholen konnte, hörte man Stimmen vom Entree her, und im nächsten Augenblick traten Marcell und Corinna ein, Marcell befangen und fast verstimmt, Corinna nach wie vor in bester Laune. Sie ging zur Begrüßung auf Distelkamp zu, der ihr Pate war und ihr immer kleine Verbindlichkeiten sagte. Dann gab sie Friedeberg und Etienne die Hand und machte den Schluß bei ihrem Vater, dem sie, nachdem er sich auf ihre Ordre*

(franz.) Anweisung

mit der breit vorgebundenen Serviette den Mund abgewischt hatte, einen herzhaften Kuß gab.

»Nun, Kinder, was bringt ihr? Rückt hier ein. Platz die Hülle und Fülle. Rindfleisch hat abgeschrieben ... griechische Gesellschaft ... und die beiden anderen fehlen als Anhängsel natürlich von selbst. Aber kein anzügliches Wort mehr, ich habe ja Besserung geschworen und will's halten. Also Corinna, du drüben neben Distelkamp, Marcell hier zwischen Etienne und mir. Ein Besteck wird die Schmolke wohl gleich bringen ... So; so ist's recht ... Und wie sich das gleich anders ausnimmt! Wenn so Lücken klaffen, denk ich immer, ⌜Banquo steigt auf⌝. Nun, Gott sei Dank, Marcell, von Banquo hast du nicht viel, oder wenn doch vielleicht, so verstehst du's, deine Wunden zu verbergen. Und nun erzählt, Kinder. Was macht Treibel? Was macht meine Freundin Jenny? Hat sie gesungen? Ich wette das ewige Lied, *mein* Lied, die berühmte Stelle ›Wo sich Herzen finden‹, und Adolar Krola hat begleitet. Wenn ich dabei nur mal in Krolas Seele lesen könnte. Vielleicht aber steht er doch milder und menschlicher dazu. Wer jeden Tag zu zwei Diners geladen ist und mindestens anderthalb mitmacht ... Aber bitte, Corinna, klingle.«

»Nein, ich gehe lieber selbst, Papa. Die Schmolke läßt sich nicht gerne klingeln; sie hat so ihre Vorstellungen von dem, was sie sich und ihrem Verstorbenen schuldig ist. Und ob ich wiederkomme, die Herren wollen verzeihen, weiß ich auch nicht; ich glaube kaum. Wenn man solchen Treibelschen Tag hinter sich hat, ist es das Schönste, darüber nachzudenken, wie das alles so kam und was einem alles gesagt wurde. Marcell kann ja statt meiner berichten. Und nur noch so viel, ein höchst interessanter Engländer war mein Tischnachbar, und wer es von Ihnen vielleicht nicht glauben will, daß er so sehr interessant gewesen, dem brauche ich bloß den Namen zu nennen, er hieß nämlich Nelson. Und nun Gott befohlen.«

Und damit verabschiedete sich Corinna.
Das Besteck für Marcell kam, und als dieser, nur um des Onkels gute Laune nicht zu stören, um einen Kost- und Probekrebs gebeten hatte, sagte Schmidt: »Fange nur erst an. Artischocken und Krebse kann man immer essen, auch wenn man von einem Treibelschen Diner kommt. Ob sich vom Hummer dasselbe sagen läßt, mag dahingestellt bleiben. Mir persönlich ist allerdings auch der Hummer immer gut bekommen. Ein eigen Ding, daß man aus Fragen derart nie herauswächst, sie wechseln bloß ab im Leben. Ist man jung, so heißt es ›hübsch oder häßlich‹, ›brünett oder blond‹, und liegt dergleichen hinter einem, so steht man vor der vielleicht wichtigeren Frage ›Hummer oder Krebse‹. Wir könnten übrigens darüber abstimmen. Andererseits, soviel muß ich zugeben, hat Abstimmung immer was Totes, Schablonenhaftes und paßt mir außerdem nicht recht; ich möchte nämlich Marcell gern ins Gespräch ziehen, der eigentlich dasitzt, als sei ihm die Gerste verhagelt. Also lieber Erörterung der Frage, Debatte. Sage, Marcell, was ziehst du vor?«
»Versteht sich, Hummer.«
»⌜Schnell fertig ist die Jugend mit dem Wort.⌝ Auf den ersten Anlauf, mit ganz wenig Ausnahmen, ist jeder für Hummer, schon weil er sich auf Kaiser Wilhelm* berufen kann. Aber so schnell erledigt sich das nicht. Natürlich, wenn solch ein Hummer aufgeschnitten vor einem liegt und der wundervolle rote Rogen, ein Bild des Segens und der Fruchtbarkeit, einem zu allem anderen auch noch die Gewißheit gibt, ›es wird immer Hummer geben‹, auch nach Äonen* noch, geradeso wie heute ...«
Distelkamp sah seinen Freund Schmidt von der Seite her an.
»... Also einem die Gewißheit gibt, auch nach Äonen noch werden Menschenkinder sich dieser Himmelsgabe freuen – ja, Freunde, wenn man sich mit diesem Gefühl des Unend-

Wilhelm I. (1797–1888), 1861 König v. Preußen, 1871 dt. Kaiser

(griech.) Zeit-, Weltaltern

lichen durchdringt, so kommt das darin liegende Humanitäre dem Hummer und unserer Stellung zu ihm unzweifelhaft zugute. Denn jede philanthropische Regung, weshalb man die Philanthropie* schon aus Selbstsucht kultivieren sollte, bedeutet die Mehrung eines gesunden und zugleich verfeinerten Appetits. Alles Gute hat seinen Lohn in sich, soviel ist unbestreitbar.«

(griech.) Menschenliebe

»Aber …«

»Aber es ist trotzdem dafür gesorgt, auch hier, daß die Bäume nicht in den Himmel wachsen, und neben dem Großen hat das Kleine nicht bloß seine Berechtigung, sondern auch seine Vorzüge. Gewiß, dem Krebse fehlt dies und das, er hat sozusagen nicht das ›Maß‹*, was, in einem Militärstaate wie Preußen, immerhin etwas bedeutet, aber dem ohnerachtet, auch *er* darf sagen: Ich habe nicht umsonst gelebt. Und wenn er dann, er, der Krebs, in Petersilienbutter geschwenkt, im allerappetitlichsten Reize vor uns hintritt, so hat er Momente wirklicher Überlegenheit, vor allem auch darin, daß sein Bestes nicht eigentlich gegessen, sondern geschlürft, gesogen wird. Und daß gerade das, in der Welt des Genusses, seine besonderen Meriten* hat, wer wollte das bestreiten. Es ist, sozusagen, das natürlich Gegebene. Wir haben da in erster Reihe den Säugling, für den saugen zugleich leben heißt. Aber auch in den höheren Semestern …«

Hier: Gardemaß (vorgeschriebene Körpergröße für Leibgardisten)

(lat.) Verdienste

»Laß es gut sein, Schmidt«, unterbrach Distelkamp. »Mir ist nur immer merkwürdig, daß du, neben Homer und sogar neben Schliemann, mit solcher Vorliebe Kochbuchliches behandelst, reine Menufragen, als ob du zu den Bankiers und Geldfürsten gehörtest, von denen ich bis auf weiters annehme, daß sie gut essen …«

»Mir ganz unzweifelhaft.«

»Nun sieh, Schmidt, diese Herren von der hohen Finanz, darauf möcht ich mich verwetten, sprechen nicht mit halb soviel Lust und Eifer von einer Schildkrötensuppe wie du.«

»Das ist richtig, Distelkamp, und sehr natürlich. Sieh, ich habe die Frische, die macht's; auf die Frische kommt es an, in allem. Die Frische gibt einem die Lust, den Eifer, das Interesse, und wo die Frische nicht ist, da ist gar nichts. Das ärmste Leben, das ein Menschenkind führen kann, ist das des petit crevé*. Lauter Zappeleien; nichts dahinter. Hab ich recht, Etienne?«

(franz.) Weichling, abgeschlaffter Schwächling

Dieser, der in allem Parisischen regelmäßig als Autorität angerufen wurde, nickte zustimmend, und Distelkamp ließ die Streitfrage fallen oder war geschickt genug, ihr eine neue Richtung zu geben, indem er aus dem allgemein Kulinarischen auf einzelne berühmte kulinarische Persönlichkeiten überlenkte, zunächst auf den Freiherrn von Rumohr, und im raschen Anschluß an diesen auf den ihm persönlich befreundet gewesenen Fürsten Pückler-Muskau. Besonders dieser letztere war Distelkamps Schwärmerei. Wenn man dermaleinst das Wesen des modernen Aristokratismus an einer historischen Figur werde nachweisen wollen, so werde man immer den Fürsten Pückler als Musterbeispiel nehmen müssen. Dabei sei er durchaus liebenswürdig gewesen, allerdings etwas launenhaft, eitel und übermütig, aber immer grundgut. Es sei schade, daß solche Figuren ausstürben. Und nach diesen einleitenden Sätzen begann er speziell von Muskau und Branitz zu erzählen, wo er vordem oft tagelang zu Besuch gewesen war und sich mit der märchenhaften, von »Semilassos Weltfahrten« mit heimgebrachten Abessinierin über Nahes und Fernes unterhalten hatte.

Schmidt hörte nichts Lieberes als Erlebnisse der Art, und nun gar von Distelkamp, vor dessen Wissen und Charakter er überhaupt einen ungeheuchelten Respekt hatte.

Marcell teilte ganz und gar diese Vorliebe für den alten Direktor und verstand außerdem – obwohl geborener Berliner –, gut und mit Interesse zuzuhören; trotzdem tat er heute Fragen über Fragen, die seine volle Zerstreutheit bewiesen. Er war eben mit anderem beschäftigt.

So kam elf heran, und mit dem Glockenschlage – ein Satz von Schmidt wurde mitten durchgeschnitten – erhob man sich und trat aus dem Eßzimmer in das Entree, darin seitens der Schmolke die Sommerüberzieher samt Hut und Stock schon in Bereitschaft gelegt waren. Jeder griff nach dem seinen, und nur Marcell nahm den Oheim einen Augenblick beiseite und sagte: »Onkel, ich spräche gerne noch ein Wort mit dir«, ein Ansinnen, zu dem dieser, jovial* und herzlich wie immer, seine volle Zustimmung ausdrückte. Dann, unter Vorantritt der Schmolke, die mit der Linken den messingenen Leuchter über den Kopf hielt, stiegen Distelkamp, Friedeberg und Etienne zunächst treppab und traten gleich danach in die muffig schwüle Adlerstraße hinaus. Oben aber nahm Schmidt seines Neffen Arm und schritt mit ihm auf seine Studierstube zu.

wohlwollend, leutselig, gönnerhaft

»Nun, Marcell, was gibt es? Rauchen wirst du nicht, du siehst mir viel zu bewölkt aus; aber verzeih, *ich* muß mir erst eine Pfeife stopfen.« Und dabei ließ er sich, den Tabakskasten vor sich herschiebend, in eine Sofaecke nieder. »So! Marcell ... Und nun nimm einen Stuhl und setz dich und schieße los. Was gibt es?«

»Das alte Lied.«

»Corinna?«

»Ja.«

»Ja, Marcell, nimm mir's nicht übel, aber das ist ein schlechter Liebhaber, der immer väterlichen Vorspann braucht, um von der Stelle zu kommen. Du weißt, ich bin dafür. Ihr seid wie geschaffen füreinander. Sie übersieht dich und uns alle; das Schmidtsche strebt in ihr nicht bloß der Vollendung zu, sondern, ich muß das sagen, trotzdem ich ihr Vater bin, kommt auch ganz nah ans Ziel. Nicht jede Familie kann das ertragen. Aber das Schmidtsche setzt sich aus solchen Ingredienzien* zusammen, daß die Vollendung, von der ich spreche, nie bedrücklich wird. Und

(lat.) Bestandteilen

warum nicht? Weil die Selbstironie, in der wir, glaube ich, groß sind, immer wieder ein Fragezeichen hinter der Vollendung macht. Das ist recht eigentlich das, was ich das Schmidtsche nenne. Folgst du?«

»Gewiß, Onkel. Sprich nur weiter.«

»Nun sieh, Marcell, ihr paßt ganz vorzüglich zusammen. Sie hat die genialere Natur, hat so den letzten Knips von der Sache weg, aber das gibt keineswegs das Übergewicht im Leben. Fast im Gegenteil. Die Genialen bleiben immer halbe Kinder, in Eitelkeit befangen, und verlassen sich immer auf Intuition* und bon sens* und Sentiment* und wie all die französischen Worte heißen mögen. Oder wir können auch auf gut deutsch sagen, sie verlassen sich auf ihre guten Einfälle. Damit ist es nun aber so so; manchmal wetterleuchtet es freilich eine halbe Stunde lang oder auch noch länger, gewiß, das kommt vor; aber mit einem Mal ist das Elektrische wie verblitzt, und nun ⌜bleibt nicht bloß der Esprit* aus wie Röhrwasser⌝, sondern auch der gesunde Menschenverstand. Ja, der erst recht. Und so ist es auch mit Corinna. Sie bedarf einer verständigen Leitung, d.h., sie bedarf eines Mannes von Bildung und Charakter. Das bist du, das hast du. Du hast also meinen Segen; alles andere mußt du dir selber besorgen.«

(lat.) Eingebung

(franz.) gesunden Menschenverstand

(lat.-franz.) Empfindung, Gefühl

(franz.) Geist, Witz

»Ja, Onkel, das sagst du immer. Aber wie soll ich das anfangen? Eine lichterhohe Leidenschaft kann ich in ihr nicht entzünden. Vielleicht ist sie solcher Leidenschaft nicht einmal fähig; aber wenn auch, wie soll ein Vetter seine Cousine zur Leidenschaft anstacheln? Das kommt gar nicht vor. Die Leidenschaft ist etwas Plötzliches, und wenn man von seinem fünften Jahr an immer zusammen gespielt und sich, sagen wir, hinter den Sauerkrauttonnen eines Budikers* oder in einem Torf- und Holzkeller unzählige Male stundenlang versteckt hat, immer gemeinschaftlich und immer glückselig, daß Richard oder Arthur, trotzdem sie dicht um einen herum waren, einen doch nicht finden

Berlinisch eingedeutschte Form für Schank-, Kneipenwirt (franz. boutiquier)

konnten, ja, Onkel, da ist von Plötzlichkeit, dieser Vorbedingung der Leidenschaft, keine Rede mehr.«

Schmidt lachte. »Das hast du gut gesagt, Marcell, eigentlich über deine Mittel. Aber es steigert nur meine Liebe zu dir. Das Schmidtsche steckt doch auch in dir und ist nur unter dem steifen Wedderkoppschen etwas vergraben. Und *das* kann ich dir sagen, wenn du diesen Ton Corinna gegenüber festhältst, dann bist du durch, dann hast du sie sicher.«

»Ach, Onkel, glaube doch das nicht. Du verkennst Corinna. Nach der einen Seite hin kennst du sie ganz genau, aber nach der anderen Seite hin kennst du sie gar nicht. Alles, was klug und tüchtig und, vor allem, was espritvoll an ihr ist, das siehst du mit beiden Augen, aber was äußerlich und modern an ihr ist, das siehst du nicht. Ich kann nicht sagen, daß sie jene niedrigstehende Gefallsucht hat, die jeden erobern will, er sei, wer er sei; von dieser Koketterie hat sie nichts. Aber sie nimmt sich erbarmungslos *einen* aufs Korn, einen, an dessen Spezialeroberung ihr gelegen ist, und du glaubst gar nicht, mit welcher grausamen Konsequenz, mit welcher infernalen Virtuosität* sie dies von ihr erwählte Opfer in ihre Fäden einzuspinnen weiß.«

teuflischen Perfektion

»Meinst du?«

»Ja, Onkel. Heute bei Treibels hatten wir wieder ein Musterbeispiel davon. Sie saß zwischen Leopold Treibel und einem Engländer, dessen Namen sie dir ja schon genannt hat, einem Mr. Nelson, der, wie die meisten Engländer aus guten Häusern, einen gewissen Naivitäts-Charme hatte, sonst aber herzlich wenig bedeutete. Nun hättest du Corinna sehen sollen. Sie beschäftigte sich anscheinend mit niemand anderem als diesem Sohn Albions, und es gelang ihr auch, ihn in Staunen zu setzen. Aber glaube nur ja nicht, daß ihr an dem flachsblonden Mr. Nelson im geringsten gelegen gewesen wäre; gelegen war ihr bloß an Leopold Treibel, an den sie kein einziges Wort, oder wenigstens nicht viele, direkt richtete und dem zu Ehren sie doch eine Art von französischem Proverbe* aufführte, kleine Komödie, dramatische Szene. Und wie ich dir versichern kann, Onkel, mit vollständigstem Erfolg. Dieser unglückliche Leopold hängt schon lange an ihren Lippen und saugt das süße Gift ein, aber so wie heute habe ich ihn doch noch nicht gesehen. Er war von Kopf bis zu Fuß die helle Bewunderung, und jede Miene schien ausdrücken zu wollen: ›Ach, wie langweilig ist Helene‹ (das ist, wie du dich vielleicht erinnerst, die Frau seines Bruders), ›und wie wundervoll ist diese Corinna.‹«

(lat.-franz.) Hier: kurzes einaktiges Lustspiel

»Nun gut, Marcell, aber das alles kann ich so schlimm nicht finden. Warum soll sie nicht ihren Nachbar zur Rechten unterhalten, um auf ihren Nachbar zur Linken einen Eindruck zu machen? Das kommt alle Tage vor, das sind so kleine Capricen*, an denen die Frauennatur reich ist.«

(franz.) Launen

»Du nennst es Capricen, Onkel. Ja, wenn die Dinge so lägen! Es liegt aber anders. Alles ist Berechnung: Sie will den Leopold heiraten.«

»Unsinn, Leopold ist ein Junge.«

»Nein, er ist fünfundzwanzig, geradeso alt wie Corinna selbst. Aber wenn er auch noch ein bloßer Junge wäre, Corinna hat sich's in den Kopf gesetzt und wird es durchführen.«

»Nicht möglich.«

»Doch, doch. Und nicht bloß möglich, sondern ganz gewiß. Sie hat es mir, als ich sie zur Rede stellte, selber gesagt. Sie will Leopold Treibels Frau werden, und wenn der Alte das Zeitliche segnet, was doch, wie sie mir versicherte, höchstens noch zehn Jahre dauern könne, und wenn er in seinem Zossener Wahlkreise gewählt würde, keine fünfe mehr, so will sie die Villa beziehen, und wenn ich sie recht taxiere, so wird sie zu dem grauen Kakadu noch einen Pfauhahn anschaffen.«

»Ach, Marcell, das sind Visionen.«

»Vielleicht von ihr, wer will's sagen? Aber sicherlich nicht von mir. Denn all das waren ihre eigensten Worte. Du hättest sie hören sollen, Onkel, mit welcher Suffisance* sie von ›kleinen Verhältnissen‹ sprach und wie sie das dürftige Kleinleben ausmalte, für das sie nun mal nicht geschaffen sei; sie sei nicht für Speck und Wruken und all dergleichen … und du hättest nur hören sollen, *wie* sie das sagte, nicht bloß so drüberhin, nein, es klang geradezu was von Bitterkeit mit durch, und ich sah zu meinem Schmerz, wie veräußerlicht sie ist und wie die verdammte neue Zeit sie ganz in Banden hält.«

(franz.) Dünkel, Selbstgefälligkeit

»Hm«, sagte Schmidt, »das gefällt mir nicht, namentlich das mit den Wruken. Das ist bloß ein dummes Vornehmtun und ist auch kulinarisch eine Torheit; denn alle Gerichte, die Friedrich Wilhelm I.* liebte, so zum Beispiel Weißkohl mit Hammelfleisch oder Schlei mit Dill – ja, lieber Marcell, was will dagegen aufkommen? Und dagegen Front zu machen ist einfach Unverstand. Aber glaube mir, Corinna macht auch nicht Front dagegen, dazu ist sie viel zu sehr ihres Vaters Tochter, und wenn sie sich darin gefallen hat, dir von Modernität zu sprechen und dir vielleicht eine Pariser Hutnadel oder eine Sommerjacke, dran alles chic und wieder chic ist, zu beschreiben und so zu tun, als ob es in der ganzen Welt nichts gäbe, was an Wert und Schönheit damit verglichen werden könnte, so ist das alles bloß Feuerwerk, Phantasietätigkeit, jeu d'esprit*, und wenn es ihr morgen paßt, dir einen Pfarramtskandidaten in der Jasminlaube zu beschreiben, der selig in Lottchens Armen ruht, so leistet sie das mit demselben Aplomb* und mit derselben Virtuosität. Das ist, was ich das Schmidtsche nenne. Nein, Marcell, darüber darfst du dir keine grauen Haare wachsen lassen; das ist alles nicht ernstlich gemeint …«

Der »Soldatenkönig« (1688–1740), Vater Friedrichs des Großen

(franz.) geistreiches Spiel

(franz.) Sicherheit, Nachdruck

»Es *ist* ernstlich gemeint …«

»Und *wenn* es ernstlich gemeint ist – was ich vorläufig

noch nicht glaube, denn Corinna ist eine sonderbare Person –, so nutzt ihr dieser Ernst nichts, gar nichts, und es wird *doch* nichts draus. Darauf verlaß dich, Marcell. Denn zum Heiraten gehören zwei.«

»Gewiß, Onkel. Aber Leopold will womöglich noch mehr als Corinna …«

»Was gar keine Bedeutung hat. Denn laß dir sagen, und damit sprech ich ein großes Wort gelassen aus: Die Kommerzienrätin will *nicht.*«

»Bist du dessen so sicher?«

»Ganz sicher.«

»Und hast auch Zeichen dafür?«

»Zeichen und Beweise, Marcell. Und zwar Zeichen und Beweise, die du in deinem alten Onkel Wilibald Schmidt hier leibhaftig vor dir siehst …«

»Das wäre.«

»Ja, Freund, leibhaftig vor dir siehst. Denn ich habe das Glück gehabt, an mir selbst, und zwar als Objekt und Opfer, das Wesen meiner Freundin Jenny studieren zu können. Jenny Bürstenbinder, das ist ihr Vatersname, wie du vielleicht schon weißt, ist der Typus einer Bourgeoise*. Sie war talentiert dafür, von Kindesbeinen an, und in jenen Zeiten, wo sie noch drüben in ihres Vaters Laden, wenn der Alte gerade nicht hinsah, von den Traubenrosinen naschte, da war sie schon geradeso wie heut und deklamierte den ›Taucher‹ und den ›Gang nach dem Eisenhammer‹* und auch allerlei kleine Lieder, und wenn es recht was Rührendes war, so war ihr Auge schon damals immer in Tränen, und als ich eines Tages mein berühmtes Gedicht gedichtet hatte, du weißt schon, das Unglücksding, das sie seitdem immer singt und vielleicht auch heute wieder gesungen hat, da warf sie sich mir an die Brust und sagte: ›Wilibald, Einziger, das kommt von Gott.‹ Ich sagte halb verlegen etwas von meinem Gefühl und meiner Liebe, sie blieb aber dabei, es sei von Gott, und dabei schluchzte sie dermaßen, daß ich,

Vgl. Erl. zu 19,7.

Balladen Friedrich Schillers (1797)

so glücklich ich einerseits in meiner Eitelkeit war, doch auch wieder einen Schreck kriegte vor der Macht dieser Gefühle. Ja, Marcell, das war so unsere stille Verlobung, ganz still, aber doch immerhin eine Verlobung; wenigstens nahm ich's dafür und strengte mich riesig an, um so rasch wie möglich mit meinem Studium am Ende zu sein und mein Examen zu machen. Und ging auch alles vortrefflich. Als ich nun aber kam, um die Verlobung perfekt zu machen, da hielt sie mich hin, war abwechselnd vertraulich und dann wieder fremd, und während sie nach wie vor das Lied sang, *mein* Lied, liebäugelte sie mit jedem, der ins Haus kam, bis endlich Treibel erschien und dem Zauber ihrer kastanienbraunen Locken und mehr noch ihrer Sentimentalitäten erlag. Denn der Treibel von damals war noch nicht der Treibel von heut, und am andern Tag kriegte ich die Verlobungskarten. Alles in allem eine sonderbare Geschichte, daran, das glaub ich sagen zu dürfen, andere Freundschaften gescheitert wären; aber ich bin kein Übelnehmer und Spielverderber, und in dem Liede, drin sich, wie du weißt, ›die Herzen finden‹ – beiläufig eine himmlische Trivialität und ganz wie geschaffen für Jenny Treibel –, in dem Liede lebt unsre Freundschaft fort bis diesen Tag, ganz so, als sei nichts vorgefallen. Und am Ende, warum auch nicht? Ich persönlich bin drüber weg, und Jenny Treibel hat ein Talent, alles zu vergessen, was sie vergessen will. Es ist eine gefährliche Person und um so gefährlicher, als sie's selbst nicht recht weiß und sich aufrichtig einbildet, ein gefühlvolles Herz und vor allem ein Herz ›für das Höhere‹ zu haben. Aber sie hat nur ein Herz für das Ponderable*, für alles, was ins Gewicht fällt und Zins trägt, und für viel weniger als eine halbe Million gibt sie den Leopold nicht fort, die halbe Million mag herkommen, woher sie will. Und dieser arme Leopold selbst. So viel weißt du doch, der ist nicht der Mensch des Aufbäumens oder der Eskapade nach ⌜Gretna Green⌝. Ich sage dir,

(lat.) Wägbare, Materielle

Marcell, unter ⌜Brückner⌝ tun es Treibels nicht, und ⌜Kögel⌝ ist ihnen noch lieber. Denn je mehr es nach Hof schmeckt, desto besser. Sie liberalisieren und sentimentalisieren beständig, aber das alles ist Farce; wenn es gilt, Farbe zu bekennen, dann heißt es: ›Gold ist Trumpf‹, und weiter nichts.«

»Ich glaube, daß du Leopold unterschätzest.«

»Ich fürchte, daß ich ihn noch überschätze. Ich kenn ihn noch aus der Untersekunda her. Weiter kam er nicht; wozu auch? Guter Mensch, mittelgut, und als Charakter noch unter mittel.«

»Wenn du mit Corinna sprechen könntest.«

»Nicht nötig, Marcell. Durch Dreinreden stört man nur den natürlichen Gang der Dinge. Mag übrigens alles schwanken und unsicher sein, eines steht fest: der Charakter meiner Freundin Jenny. Da ruhen die Wurzeln deiner Kraft. Und wenn Corinna sich in Tollheiten überschlägt, laß sie; den Ausgang der Sache kenn ich. Du sollst sie haben, und du wirst sie haben, und vielleicht eher, als du denkst.«

Achtes Kapitel

Treibel war ein Frühauf, wenigstens für einen Kommerzienrat, und trat nie später als acht Uhr in sein Arbeitszimmer, immer gestiefelt und gespornt, immer in sauberster Toilette. Er sah dann die Privatbriefe durch, tat einen Blick in die Zeitungen und wartete, bis seine Frau kam, um mit dieser gemeinschaftlich das erste Frühstück zu nehmen. In der Regel erschien die Rätin sehr bald nach ihm, heut aber verspätete sie sich, und weil der eingegangenen Briefe nur ein paar waren, die Zeitungen aber, in denen schon der Sommer vorspukte, wenig Inhalt hatten, so geriet Treibel in einen leisen Zustand von Ungeduld und durchmaß, nachdem er sich rasch von seinem kleinen Ledersofa erhoben hatte, die beiden großen nebenan gelegenen Räume, darin sich die Gesellschaft vom Tage vorher abgespielt hatte. Das obere Schiebefenster des Garten- und Eßsaales war ganz heruntergelassen, so daß er, mit den Armen sich auflehnend, in bequemer Stellung in den unter ihm gelegenen Garten hinabsehen konnte. Die Szenerie war wie gestern, nur statt des Kakadu, der noch fehlte, sah man draußen die Honig, die, den Bologneser der Kommerzienrätin an einer Strippe führend, um das Bassin herumschritt. Dies geschah jeden Morgen und dauerte Mal für Mal, bis der Kakadu seinen Stangenplatz einnahm oder in seinem blanken Käfig ins Freie gestellt wurde, worauf sich dann die Honig mit dem Bologneser zurückzog, um einen Ausbruch von Feindseligkeiten zwischen den beiden gleichmäßig verwöhnten Lieblingen des Hauses zu vermeiden. Das alles indessen stand heute noch aus. Treibel, immer artig, erkundigte sich, von seiner Fensterstellung aus, erst nach dem Befinden des Fräuleins – was die Kommerzienrätin, wenn sie's hörte, jedesmal sehr überflüssig fand – und fragte dann, als er beruhigende Versicherungen darüber entgegengenommen hatte, wie sie Mr. Nelsons englische Aussprache gefunden habe, dabei von der mehr oder weniger überzeugten Ansicht ausgehend, daß es jeder von einem Berliner Schulrat examinierten* Erzieherin ein kleines sein müsse, dergleichen festzustellen. Die Honig, die diesen Glauben nicht gern zerstören wollte, beschränkte sich darauf, die Korrektheit von Mr. Nelsons A anzuzweifeln und diesem seinem A eine nicht ganz statthafte Mittelstellung zwischen der englischen und schottischen Aussprache dieses Vokals zuzuerkennen, eine Bemerkung, die Treibel ganz ernsthaft hinnahm und weiter ausgesponnen haben würde, wenn er nicht im selben Moment ein leises Ins-Schloß-Fallen einer der Vordertüren, also mutmaßlich das Eintreten der Kom-

geprüften

merzienrätin, erlauscht hätte. Treibel hielt es auf diese Wahrnehmung hin für angezeigt, sich von der Honig zu verabschieden, und schritt wieder auf sein Arbeitszimmer zu, in das in der Tat die Rätin eben eingetreten war. Das auf einem Tablett wohlarrangierte Frühstück stand schon da.

»Guten Morgen, Jenny ... Wie geruht?«

»Doch nur passabel*. Dieser furchtbare Vogelsang hat wie ein Alp* auf mir gelegen.«

»Ich würde gerade diese bildersprachliche Wendung doch zu vermeiden suchen. Aber wie du darüber denkst ... Im übrigen, wollen wir das Frühstück nicht lieber draußen nehmen?«

Und der Diener, nachdem Jenny zugestimmt und ihrerseits auf den Knopf der Klingel gedrückt hatte, erschien wieder, um das Tablett auf einen der kleinen, in der Veranda stehenden Tische hinauszutragen. »Es ist gut, Friedrich«, sagte Treibel und schob jetzt höchst eigenhändig eine Fußbank heran, um es dadurch zunächst seiner Frau, zugleich aber auch sich selber nach Möglichkeit bequem zu machen. Denn Jenny bedurfte solcher Huldigungen, um bei guter Laune zu bleiben.

Diese Wirkung blieb denn auch heute nicht aus. Sie lächelte, rückte die Zuckerschale näher zu sich heran und sagte, während sie die gepflegte weiße Hand über den großen Blockstücken hielt: »Eins oder zwei?«

»Zwei, Jenny, wenn ich bitten darf. Ich sehe nicht ein, warum ich, der ich zur Runkelrübe, Gott sei Dank, keine Beziehungen unterhalte, die billigen Zuckerzeiten nicht fröhlich mitmachen soll.«

Jenny war einverstanden, tat den Zucker ein und schob gleich danach die kleine, genau bis an den Goldstreifen gefüllte Tasse dem Gemahl mit dem Bemerken zu: »Du hast die Zeitungen schon durchgesehen? Wie steht es mit ⌜Gladstone⌝?«

Treibel lachte mit ganz ungewöhnlicher Herzlichkeit.

passabel: leidlich, annehmbar

Alp: Myth. Wesen, das sich im Schlaf auf die Brust legt u. den Alptraum hervorruft

»Wenn es dir recht ist, Jenny, bleiben wir vorläufig noch diesseits des Kanals, sagen wir in Hamburg oder doch in der Welt des Hamburgischen, und transponieren uns die Frage nach Gladstones Befinden in eine Frage nach unserer Schwiegertochter Helene. Sie war offenbar verstimmt, und ich schwanke nur noch, was in ihren Augen die Schuld trug. War es, daß sie selber nicht gut genug plaziert war, oder war es, daß wir Mr. Nelson, ihren uns gütigst überlassenen oder, um es berlinisch zu sagen, ihren uns aufgepuckelten* Ehrengast, so ganz einfach zwischen die Honig und Corinna gesetzt hatten?«

aufgeladenen (auf den Buckel)

»Du hast eben gelacht, Treibel, weil ich nach Gladstone fragte, was du nicht hättest tun sollen, denn wir Frauen dürfen so was fragen, wenn wir auch was ganz anderes meinen; aber ihr Männer dürft uns das nicht nachmachen wollen. Schon deshalb nicht, weil es euch nicht glückt oder doch jedenfalls noch weniger als uns. Denn so viel ist doch gewiß und kann dir nicht entgangen sein, ich habe niemals einen entzückteren Menschen gesehen als den guten Nelson; also wird Helene wohl nichts dagegen gehabt haben, daß wir ihren Protegé grade so plazierten, wie geschehen. Und wenn das auch eine ewige Eifersucht ist zwischen ihr und Corinna, die sich, ihrer Meinung nach, zuviel herausnimmt und …«

»… und unweiblich ist und unhamburgisch, was nach ihrer Meinung so ziemlich zusammenfällt …«

»… so wird sie's ihr gestern«, fuhr Jenny, der Unterbrechung nicht achtend, fort, »wohl zum ersten Male verziehen haben, weil es ihr selber zugute kam oder ihrer Gastlichkeit, von der sie persönlich freilich so mangelhafte Proben gegeben hat. Nein, Treibel, nichts von Verstimmung über Mr. Nelsons Platz. Helene schmollt mit uns beiden, weil wir alle Anspielungen nicht verstehen wollen und ihre Schwester Hildegard noch immer nicht eingeladen haben. Übrigens ist Hildegard ein lächerlicher Name für eine Hamburgerin. Hildegard heißt man in einem Schlosse mit Ahnenbildern oder wo eine weiße Frau spukt. Helene schmollt mit uns, weil wir hinsichtlich Hildegards so sehr schwerhörig sind.«

»Worin sie recht hat.«

»Und ich finde, daß sie darin unrecht hat. Es ist eine Anmaßung, die an Insolenz* grenzt. Was soll das heißen? Sind wir in einem fort dazu da, dem Holzhof und seinen Angehörigen Honneurs zu machen*? Sind wir dazu da, Helenens und ihrer Eltern Pläne zu begünstigen? Wenn unsre Frau Schwiegertochter durchaus die gastliche Schwester spielen will, so kann sie Hildegard ja jeden Tag von Hamburg her verschreiben und das verwöhnte Püppchen entscheiden lassen, ob die Alster bei der Uhlenhorst oder die Spree bei Treptow schöner ist. Aber was geht *uns* das alles an. Otto hat seinen Holzhof so gut wie du deinen Fabrikhof, und seine Villa finden viele Leute hübscher als die unsre, was auch zutrifft. Unsre ist beinah altmodisch und jedenfalls viel zu klein, so daß ich oft nicht aus noch ein weiß. Es bleibt dabei, mir fehlen wenigstens zwei Zimmer. Ich mag davon nicht viel Worte machen, aber wie kommen wir dazu, Hildegard einzuladen, als ob uns daran läge, die Beziehungen der beiden Häuser aufs eifrigste zu pflegen, und wie wenn wir nichts sehnlicher wünschten, als noch mehr Hamburger Blut in die Familie zu bringen …«

»Aber Jenny …«

»Nichts von ›aber‹, Treibel. Von solchen Sachen versteht ihr nichts, weil ihr kein Auge dafür habt. Ich sage dir, auf solche Pläne läuft es hinaus, und deshalb sollen wir die Einladenden sein. Wenn Helene Hildegarden einlädt, so bedeutet das so wenig, daß es nicht einmal die Trinkgelder wert ist, und die neuen Toiletten* nun schon gewiß nicht. Was hat es für eine Bedeutung, wenn sich zwei Schwestern wiedersehen? Gar keine, sie passen nicht mal zusammen und schrauben sich beständig*; aber wenn *wir* Hildegard

(lat.) Unverschämtheit, Anmaßung

(franz.) Aufmerksamkeiten zu erweisen

Hier: Kleider, Frauengarderobe

reiben sich aneinander

einladen, so heißt das, die Treibels sind unendlich entzückt über ihre erste Hamburger Schwiegertochter und würden es für ein Glück und eine Ehre ansehen, wenn sich das Glück erneuern und verdoppeln und Fräulein Hildegard Munk Frau Leopold Treibel werden wollte. Ja, Freund, darauf läuft es hinaus. Es ist eine abgekartete Sache. Leopold soll Hildegard oder eigentlich Hildegard soll Leopold heiraten; denn Leopold ist bloß passiv und hat zu gehorchen. Das ist das, was die Munks wollen, was Helene will und was unser armer Otto, der, Gott weiß es, nicht viel sagen darf, schließlich auch wird wollen müssen. Und weil wir zögern und mit der Einladung nicht recht heraus wollen, deshalb schmollt und grollt Helene mit uns und spielt die Zurückhaltende und Gekränkte und gibt die Rolle nicht einmal auf an einem Tage, wo ich ihr einen großen Gefallen getan und ihr den Mr. Nelson hierher eingeladen habe, bloß damit ihr die Plättbolzen nicht kalt werden.«

Treibel lehnte sich weiter zurück in den Stuhl und blies kunstvoll einen kleinen Ring in die Luft. »Ich glaube nicht, daß du recht hast. Aber wenn du recht hättest, was täte es? Otto lebt seit acht Jahren in einer glücklichen Ehe mit Helenen, was auch nur natürlich ist; ich kann mich nicht entsinnen, daß irgendwer aus meiner Bekanntschaft mit einer Hamburgerin in einer unglücklichen Ehe gelebt hätte. Sie sind alle so zweifelsohne, haben innerlich und äußerlich so was ungewöhnlich Gewaschenes und bezeugen in allem, was sie tun und nicht tun, die Richtigkeit der Lehre vom Einfluß der guten Kinderstube. Man hat sich ihrer nie zu schämen, und ihrem zwar bestrittenen, aber im stillen immer gehegten Herzenswunsche, ›für eine Engländerin gehalten zu werden‹, diesem Ideale kommen sie meistens sehr nah. Indessen das mag auf sich beruhen. So viel steht jedenfalls fest, und ich muß es wiederholen, Helene Munk hat unsern Otto glücklich gemacht, und es ist mir höchst wahrscheinlich, daß Hildegard Munk unsren Leopold auch glücklich machen würde, ja noch glücklicher. Und wär' auch keine Hexerei, denn einen besseren Menschen als unsren Leopold gibt es eigentlich überhaupt nicht; er ist schon beinah eine Suse* ...«

Mutter-söhnchen, Schlafmütze

»Beinah?« sagte Jenny. »Du kannst ihn dreist für voll nehmen. Ich weiß nicht, wo beide Jungen diese Milchsuppenschaft herhaben. Zwei geborene Berliner, und sind eigentlich, wie wenn sie von ⌜Herrnhut oder Gnadenfrei⌝ kämen. Sie haben doch beide was Schläfriges, und ich weiß wirklich nicht, Treibel, auf wen ich es schieben soll ...«

»Auf mich, Jenny, natürlich auf mich ...«

»Und wenn ich auch sehr wohl weiß«, fuhr Jenny fort, »wie nutzlos es ist, sich über diese Dinge den Kopf zu zerbrechen, und leider auch weiß, daß sich solche Charaktere nicht ändern lassen, so weiß ich doch auch, daß man die Pflicht hat, da zu helfen, wo noch geholfen werden kann. Bei Otto haben wir's versäumt und haben zu seiner eignen Temperamentlosigkeit diese temperamentlose Helene hinzugetan, und was dabei herauskommt, das siehst du nun an Lizzi, die doch die größte Puppe ist, die man nur sehen kann. Ich glaube, Helene wird sie noch, auf Vorderzähne-Zeigen hin, englisch abrichten. Nun, meinetwegen. Aber ich bekenne dir, Treibel, daß ich an *einer* solchen Schwiegertochter und *einer* solchen Enkelin gerade genug habe und daß ich den armen Jungen, den Leopold, etwas passender als in der Familie Munk unterbringen möchte.«

»Du möchtest einen forschen Menschen aus ihm machen, einen Kavalier, einen Sportsmann ...«

»Nein, einen forschen Menschen nicht, aber einen Menschen überhaupt. Zum Menschen gehört Leidenschaft, und wenn er eine Leidenschaft fassen könnte, sieh, das wäre was, das würd' ihn rausreißen, und sosehr ich allen Skandal hasse, ich könnte mich beinah freuen, wenn's irgend so was gäbe, natürlich nichts Schlimmes, aber doch wenigstens was Apartes*.«

Vgl. Erl. zu 63,3.

»Male den Teufel nicht an die Wand, Jenny. Daß er sich aufs Entführen einläßt, ist mir, ich weiß nicht, soll ich sagen leider oder glücklicherweise, nicht sehr wahrscheinlich; aber man hat Exempel von Beispielen, daß Personen, die zum Entführen durchaus nicht das Zeug hatten, gleichsam, wie zur Strafe dafür, entführt *wurden*. Es gibt ganz verflixte Weiber, und Leopold ist gerade schwach genug, um vielleicht einmal in den Sattel einer armen und etwas emanzipierten Edeldame, die natürlich auch Schmidt heißen kann, hineingehoben und über die Grenze geführt zu werden …«

»Ich glaub es nicht«, sagte die Kommerzienrätin, »er ist leider auch dafür zu stumpf.« Und sie war von der Ungefährlichkeit der Gesamtlage so fest überzeugt, daß sie nicht einmal der vielleicht bloß zufällig, aber vielleicht auch absichtlich gesprochene Name »Schmidt« stutzig gemacht hatte. »Schmidt«, das war nur so herkömmlich hingeworfen, weiter nichts, und in einem halb übermütigen Jugendanfluge gefiel sich die Rätin sogar in stiller Ausmalung einer Eskapade*: Leopold, mit aufgesetztem Schnurrbart, auf dem Wege nach Italien und mit ihm eine Freiin aus einer pommerschen oder schlesischen Verwogenheitsfamilie*, die Reiherfeder am Hut und den schottisch karierten Mantel über den etwas fröstelnden Liebhaber ausgebreitet. All das stand vor ihr, und beinah traurig sagte sie zu sich selbst: »Der arme Junge. Ja, wenn er *dazu* das Zeug hätte!«

(franz.) Abenteuer, Tollheit

Wortschöpfung Fontanes: verwegenes, kühnes Geschlecht

Es war um die neunte Stunde, daß die alten Treibels dies Gespräch führten, ohne jede Vorstellung davon, daß um ebendiese Zeit auch die auf ihrer Veranda das Frühstück nehmenden jungen Treibels der Gesellschaft vom Tage vorher gedachten. Helene sah sehr hübsch aus, wozu nicht nur die kleidsame Morgentoilette, sondern auch eine gewisse Belebtheit in ihren sonst matten und beinah vergißmeinnichtblauen Augen ein Erhebliches beitrug. Es war ganz ersichtlich, daß sie bis diese Minute mit ganz besonderem Eifer auf den halb verlegen vor sich hin sehenden Otto eingepredigt haben mußte; ja, wenn nicht alles täuschte, wollte sie mit diesem Ansturm eben fortfahren, als das Erscheinen Lizzis und ihrer Erzieherin, Fräulein Wulsten, dies Vorhaben unterbrach.

Lizzi, trotz früher Stunde, war schon in vollem Staate. Das etwas gewellte blonde Haar des Kindes hing bis auf die Hüften herab; im übrigen war alles weiß, das Kleid, die hohen Strümpfe, der Überfallkragen*, und nur um die Taille herum, wenn sich von einer solchen sprechen ließ, zog sich eine breite rote Schärpe, die von Helenen selbstverständlich nie »rote Schärpe«, sondern immer nur »pink-coloured scarf«* genannt wurde. Die Kleine, wie sie sich da präsentierte, hätte sofort als symbolische Figur auf den Wäscheschrank ihrer Mutter gestellt werden können, so sehr war sie der Ausdruck von Weißzeug mit einem roten Bändchen drum. Lizzi galt im ganzen Kreise der Bekannten als Musterkind, was das Herz Helenens einerseits mit Dank gegen Gott, andrerseits aber auch mit Dank gegen Hamburg erfüllte, denn zu den Gaben der Natur, die der Himmel hier so sichtlich verliehen, war auch noch eine Mustererziehung hinzugekommen, wie sie eben nur die Hamburger Tradition geben konnte. Diese Mustererziehung hatte gleich mit dem ersten Lebenstage des Kindes begonnen. Helene, »weil es unschön sei« – was übrigens von seiten des damals noch um sieben Jahre jüngeren Krola bestritten wurde –, war nicht zum Selbstnähren zu bewegen gewesen, und da bei den nun folgenden Verhandlungen eine seitens des alten Kommerzienrats in Vorschlag gebrachte Spreewälderamme mit dem Bemerken, es gehe bekanntlich soviel davon auf das unschuldige Kind über, abgelehnt worden war, war man zu dem einzig verbleibenden Auskunftsmittel übergegangen. Eine verheiratete, von dem Geistlichen der Thomasgemeinde warm empfohlene

Breite Kragenpartie, die über die Schulter auf den Rücken fällt

(engl.) rosafarbene Schärpe

Frau hatte das Aufpäppeln mit großer Gewissenhaftigkeit und mit der Uhr in der Hand übernommen, wobei Lizzi so gut gediehen war, daß sich eine Zeitlang sogar kleine Grübchen auf der Schulter gezeigt hatten. Alles normal und beinah über das Normale hinaus. Unser alter Kommerzienrat hatte denn auch der Sache nie so recht getraut, und erst um ein Erhebliches später, als sich Lizzi mit einem Trennmesser in den Finger geschnitten hatte (das Kindermädchen war dafür entlassen worden), hatte Treibel beruhigt ausgerufen: »Gott sei Dank, soviel ich sehen kann, es ist wirklich Blut.«

Ordnungsmäßig hatte Lizzis Leben begonnen, und ordnungsmäßig war es fortgesetzt worden. Die Wäsche, die sie trug, führte durch den Monat hin die genau korrespondierende Tageszahl, so daß man ihr, wie der Großvater sagte, das jedesmalige Datum vom Strumpf lesen konnte. »Heut ist der siebzehnte.« Der Puppenkleiderschrank war an den Riegeln numeriert, und als es geschah (und dieser schreckliche Tag lag noch nicht lange zurück), daß Lizzi, die sonst die Sorglichkeit selbst war, in ihrer, mit allerlei Kästen ausstaffierten Puppenküche Grieß in den Kasten getan hatte, der doch ganz deutlich die Aufschrift »Linsen« trug, hatte Helene Veranlassung genommen, ihrem Liebling die Tragweite solchen Fehlgriffs auseinanderzusetzen. »Das ist nichts Gleichgültiges, liebe Lizzi. Wer Großes hüten will, muß auch das Kleine zu hüten verstehen. Bedenke, wenn du ein Brüderchen hättest, und das Brüderchen wäre vielleicht schwach, und du willst es mit Eau de Cologne bespritzen, und du bespritzest es mit Eau de Javelle*, ja, meine liebe Lizzi, so kann dein Brüderchen blind werden, oder wenn es ins Blut geht, kann es sterben. Und doch wäre es noch eher zu entschuldigen, denn beides ist weiß und sieht aus wie Wasser; aber Grieß und Linsen, meine liebe Lizzi, das ist doch ein starkes Stück von Unaufmerksamkeit oder, was noch schlimmer wäre, von Gleichgültigkeit.«

(franz.) Bleich- und Desinfektionsmittel

So war Lizzi, die übrigens zu weiterer Genugtuung der Mutter einen Herzmund hatte. Freilich, die zwei blanken Vorderzähne waren immer noch nicht sichtbar genug, um Helenen eine recht volle Herzensfreude gewähren zu können, und so wandten sich ihre mütterlichen Sorgen auch in diesem Augenblicke wieder der ihr so wichtigen Zahnfrage zu, weil sie davon ausging, daß es hier dem von der Natur so glücklich gegebenen Material bis dahin nur an der rechten erziehlichen Aufmerksamkeit gefehlt habe. »Du kneifst wieder die Lippen so zusammen, Lizzi; das darf nicht sein. Es sieht besser aus, wenn der Mund sich halb öffnet, fast so wie zum Sprechen. Fräulein Wulsten, ich möchte Sie doch bitten, auf diese Kleinigkeit, die keine Kleinigkeit ist, mehr achten zu wollen ... Wie steht es denn mit dem Geburtstagsgedicht?«

»Lizzi gibt sich die größte Mühe.«

»Nun, dann will ich dir deinen Wunsch auch erfüllen, Lizzi. Lade dir die kleine Felgentreu zu heute nachmittag ein. Aber natürlich erst die Schularbeiten ... Und jetzt kannst du, wenn Fräulein Wulsten es erlaubt (diese verbeugte sich), im Garten spazierengehen, überall wo du willst, nur nicht nach dem Hof zu, wo die Bretter über der Kalkgrube liegen. Otto, du solltest das ändern; die Bretter sind ohnehin so morsch.«

Lizzi war glücklich, eine Stunde frei zu haben, und nachdem sie der Mama die Hand geküßt und noch die Warnung, sich vor der Wassertonne zu hüten, mit auf den Weg gekriegt hatte, brachen das Fräulein und Lizzi auf, und das Elternpaar blickte dem Kinde nach, das sich noch ein paarmal umsah und dankbar der Mutter zunickte.

»Eigentlich«, sagte diese, »hätte ich Lizzi gern hier behalten und eine Seite Englisch mit ihr gelesen; die Wulsten versteht es nicht und hat eine erbärmliche Aussprache, so low, so vulgar*. Aber ich bin gezwungen, es bis morgen zu lassen, denn wir müssen das Gespräch durchaus zu Ende

(engl.) so schwach, so gewöhnlich

bringen. Ich sage nicht gern etwas gegen deine Eltern, denn ich weiß, daß es sich nicht schickt, und weiß auch, daß es dich bei deinem eigentümlich starren Charakter (Otto lächelte) nur noch in dieser deiner Starrheit bestärken wird; aber man darf die Schicklichkeitsfragen, ebenso wie die Klugheitsfragen, nicht über alles stellen. Und das täte ich, wenn ich länger schwiege. Die Haltung deiner Eltern ist in dieser Frage geradezu kränkend für mich und fast mehr noch für meine Familie. Denn sei mir nicht böse, Otto, aber wer sind am Ende die Treibels? Es ist mißlich, solche Dinge zu berühren, und ich würde mich hüten, es zu tun, wenn du mich nicht geradezu zwängest, zwischen unsren Familien abzuwägen.«

Otto schwieg und ließ den Teelöffel auf seinem Zeigefinger balancieren, Helene aber fuhr fort: »Die Munks sind ursprünglich dänisch, und ein Zweig, wie du recht gut weißt, ist unter König Christian gegraft worden. Als Hamburgerin und Tochter einer Freien Stadt will ich nicht viel davon machen, aber es ist doch immerhin was. Und nun gar von meiner Mutter Seite! Die Thompsons sind eine Syndikatsfamilie*. Du tust, als ob das nichts sei. Gut, es mag auf sich beruhen, und nur so viel möcht ich dir noch sagen dürfen, unsre Schiffe gingen schon nach Messina, als deine Mutter noch in dem Apfelsinenladen spielte, draus dein Vater sie hervorgeholt hat. Material- und Kolonialwaren. Ihr nennt das hier auch Kaufmann ... ich sage nicht du ... aber Kaufmann und Kaufmann ist ein Unterschied.«

Vornehme Kaufmannsfamilie, aus der Senatoren der Hansestadt hervorgingen

Otto ließ alles über sich ergehen und sah den Garten hinunter, wo Lizzi Fangball spielte.

»Hast du noch überhaupt vor, Otto, auf das, was ich sagte, mir zu antworten?«

»Am liebsten nein, liebe Helene. Wozu auch? Du kannst doch nicht von mir verlangen, daß ich in dieser Sache deiner Meinung bin, und wenn ich es *nicht* bin und das ausspreche, so reize ich dich nur noch mehr. Ich finde, daß du doch mehr forderst, als du fordern solltest. Meine Mutter ist von großer Aufmerksamkeit gegen dich und hat dir noch gestern einen Beweis davon gegeben; denn ich bezweifle sehr, daß ihr das *unsrem* Gast zu Ehren gegebene Diner besonders zupaß kam. Du weißt außerdem, daß sie sparsam ist, wenn es nicht ihre Person gilt.«

»Sparsam«, lachte Helene.

»Nenn es Geiz; mir gleich. Sie läßt es aber trotzdem nie an Aufmerksamkeiten fehlen, und wenn die Geburtstage da sind, so sind auch ihre Geschenke da. Das stimmt dich aber alles nicht um, im Gegenteil, du wächst in deiner beständigen Auflehnung gegen die Mama und das alles nur, weil sie dir durch ihre Haltung zu verstehen gibt, daß das, was Papa die ›Hamburgerei‹ nennt, nicht das Höchste in der Welt ist und daß der liebe Gott seine Welt nicht um der Munks willen geschaffen hat ...«

»Sprichst du das deiner Mutter nach, oder tust du von deinem Eignen noch was hinzu? Fast klingt es so; deine Stimme zittert ja beinah.«

»Helene, wenn du willst, daß wir die Sache ruhig durchsprechen und alles in Billigkeit und mit Rücksicht für hüben und drüben abwägen, so darfst du nicht beständig Öl ins Feuer gießen. Du bist so gereizt gegen die Mama, weil sie deine Anspielungen nicht verstehen will und keine Miene macht, Hildegard einzuladen. Darin hast du aber unrecht. Soll das Ganze bloß etwas Geschwisterliches sein, so muß die Schwester die Schwester einladen; das ist dann eine Sache, mit der meine Mama herzlich wenig zu tun hat ...«

»Sehr schmeichelhaft für Hildegard und auch für mich ...«

»... soll aber ein andrer Plan damit verfolgt werden, und du hast mir zugestanden, daß dies der Fall ist, so muß das, so wünschenswert solche zweite Familienverbindung ganz unzweifelhaft auch für die Treibels sein würde, so muß das unter Verhältnissen geschehen, die den Charakter des Natürlichen und Ungezwungenen haben. Lädst *du* Hildegard ein und führt das, sagen wir einen Monat später oder zwei, zur Verlobung mit Leopold, so haben wir genau das, was ich den natürlichen und ungezwungenen Weg nenne; schreibt aber meine *Mama* den Einladungsbrief an Hildegard und spricht sie darin aus, wie glücklich sie sein würde, die Schwester ihrer lieben Helene recht, recht lange bei sich zu sehen und sich des Glücks der Geschwister mitfreuen zu können, so drückt sich darin ziemlich unverblümt eine Huldigung und ein aufrichtiges Sich-Bemühen um deine Schwester Hildegard aus, und das will die Firma Treibel vermeiden.«

»Und das billigst du?«

»Ja.«

»Nun, das ist wenigstens deutlich. Aber weil es deutlich ist, darum ist es noch nicht richtig. Alles, wenn ich dich recht verstehe, dreht sich also um die Frage, wer den ersten Schritt zu tun habe.«

Otto nickte.

»Nun, wenn dem so ist, warum wollen die Treibels sich sträuben, diesen ersten Schritt zu tun? Warum, frage ich. Solange die Welt steht, ist der Bräutigam oder der Liebhaber der, der wirbt ...«

»Gewiß, liebe Helene. Aber bis zum Werben sind wir noch nicht. Vorläufig handelt es sich noch um Einleitungen, um ein Brückenbauen, und dies Brückenbauen ist an denen, die das größere Interesse daran haben.«

»Ah«, lachte Helene. »Wir, die Munks ... und das größere Interesse! Otto, das hättest du nicht sagen sollen, nicht weil es mich und meine Familie herabsetzt, sondern weil es die ganze Treibelei und dich an der Spitze mit einem Ridikül* ausstattet, das dem Respekt, den die Männer doch beständig beanspruchen, nicht allzu vorteilhaft ist. Ja, Freund, du forderst mich heraus, und so will ich dir denn offen sagen,

(franz.) Eigentl. kleine Damenhandtasche; hier i. S. v. Lächerlichkeit auf eurer Seite liegt Interesse, Gewinn, Ehre. Und daß ihr das empfindet, das müßt ihr eben bezeugen, dem müßt ihr einen nicht mißzuverstehenden Ausdruck geben. Das ist der erste Schritt, von dem ich gesprochen. Und da ich mal bei Bekenntnissen bin, so laß mich dir sagen, Otto, daß diese Dinge, neben ihrer ernsten und geschäftlichen Seite, doch auch noch eine persönliche Seite haben und daß es dir, so nehm ich vorläufig an, nicht in den Sinn kommen kann, unsre Geschwister in ihrer äußeren Erscheinung miteinander vergleichen zu wollen. Hildegard ist eine Schönheit und gleicht ganz ihrer Großmutter Elisabeth Thompson (nach der wir ja auch unsere Lizzi getauft haben) und hat den Chic einer Lady; du hast mir das selber früher zugestanden. Und nun sieh deinen Bruder Leopold! Er ist ein guter Mensch, der sich ein Reitpferd angeschafft hat, weil er's durchaus zwingen will, und schnallt sich nun jeden Morgen die Steigbügel so hoch wie ein Engländer. Aber es nutzt ihm nichts. Er ist und bleibt doch unter Durchschnitt, jedenfalls weitab vom Kavalier, und wenn Hildegard ihn nähme (ich fürchte, sie nimmt ihn nicht), so wäre das wohl der einzige Weg, noch etwas wie einen perfekten Gentleman aus ihm zu machen. Und das kannst du deiner Mama sagen.«

»Ich würde vorziehen, *du* tätest es.«

»Wenn man aus einem guten Hause stammt, vermeidet man Aussprachen und Szenen ...«

»Und macht sie dafür dem Manne.«

»Das ist etwas anderes.«

»Ja«, lachte Otto. Aber in seinem Lachen war etwas Melancholisches.

Leopold Treibel, der im Geschäft seines älteren Bruders tätig war, während er im elterlichen Hause wohnte, hatte ⌜sein Jahr bei den Gardedragonern abdienen wollen⌝, war aber, wegen zu flacher Brust, nicht angenommen worden, was die ganze Familie schwer gekränkt hatte. Treibel selbst kam schließlich drüber weg, weniger die Kommerzienrätin, am wenigsten Leopold selbst, der – wie Helene bei jeder Gelegenheit und auch an diesem Morgen wieder zu betonen liebte – zur Auswetzung der Scharte wenigstens Reitstunde genommen hatte. Jeden Tag war er zwei Stunden im Sattel und machte dabei, weil er sich wirklich Mühe gab, eine ganz leidliche Figur.

Auch heute wieder, an demselben Morgen, an dem die alten und jungen Treibels ihren Streit über dasselbe gefährliche Thema führten, hatte Leopold, ohne die geringste Ahnung davon, sowohl Veranlassung wie Mittelpunkt derartiger heikler Gespräche zu sein, seinen wie gewöhnlich auf Treptow zu gerichteten Morgenausflug angetreten und ritt, von der elterlichen Wohnung aus, die zu so früher Stunde noch wenig belebte Köpnicker Straße hinunter, erst an seines Bruders Villa, dann an der alten Pionierkaserne vorüber. Die Kasernenuhr schlug eben sieben, als er das Schlesische Tor passierte. Wenn ihn dies Im-Sattel-Sein ohnehin schon an jedem Morgen erfreute, so besonders heut, wo die Vorgänge des voraufgegangenen Abends, am meisten aber die zwischen Mr. Nelson und Corinna geführten Gespräche noch stark in ihm nachwirkten, so stark, daß er mit dem ihm sonst wenig verwandten ⌜Ritter Karl von Eichenhorst⌝ wohl den gemeinschaftlichen Wunsch des »Sich-Ruhe-Reitens« in seinem Busen hegen durfte. Was ihm equestrisch* dabei zur Verfügung stand, war freilich nichts weniger als ein Dänenroß voll Kraft und Feuer, sondern nur ein schon lange Zeit in der Manege gehender Graditzer*, dem etwas Extravagantes nicht mehr zugemutet werden konnte. Leopold ritt denn auch Schritt, sosehr er sich wünschte, davonstürmen zu können. Erst ganz allmählich fiel er in einen leichten Trab und blieb darin, bis er den Schafgraben und gleich danach den in geringer Entfernung gelegenen »Schlesischen Busch« erreicht hatte, drin

(lat.) reiterlich

Reitpferd aus dem Staatsgestüt Graditz bei Torgau

am Abend vorher, wie ihm Johann noch im Momente des Abreitens erzählt hatte, wieder zwei Frauenzimmer und ein Uhrmacher beraubt worden waren. »Daß dieser Unfug auch gar kein Ende nehmen will! Schwäche, Polizeiversäumnis.« Indessen bei hellem Tageslichte bedeutete das alles nicht allzu viel, weshalb Leopold in der angenehmen Lage war, sich der ringsumher schlagenden Amseln und Finken unbehindert freuen zu können. Und kaum minder genoß er, als er aus dem »Schlesischen Busche« wieder heraus war, der freien Straße, zu deren Rechten sich Saat und Kornfelder dehnten, während zur Linken die Spree mit ihren nebenher laufenden Parkanlagen den Weg begrenzte. Das alles war so schön, so morgenfrisch, daß er das Pferd wieder in Schritt fallen hieß. Aber freilich, so langsam er ritt, bald war er trotzdem an der Stelle, wo, vom andern Ufer her, das kleine Fährboot herüberkam, und als er anhielt, um dem Schauspiele besser zusehen zu können, trabten von der Stadt her auch schon einige Reiter auf der Chaussee heran, und ein Pferdebahnwagen* glitt vorüber, drin, soviel er sehen konnte, keine Morgengäste für Treptow saßen. Das war so recht, was ihm paßte, denn sein Frühstück im Freien, was ihn dort regelmäßig erquickte, war nur noch die halbe Freude, wenn ein halb Dutzend echte Berliner um ihn herumsaßen und ihren mitgebrachten Affenpinscher über die Stühle springen oder vom Steg aus apportieren hießen. Das alles, wenn dieser leere Wagen nicht schon einen vollbesetzten Vorläufer gehabt hatte, war für heute nicht zu befürchten.

Ein von Pferden gezogenes Schienenfahrzeug (seit 1865 in Berlin)

Gegen halb acht war er draußen, und einen halbwachsenen Jungen mit nur einem Arm und dem entsprechenden losen Ärmel (den er beständig in der Luft schwenkte) heranwinkend, stieg er jetzt ab und sagte, während er dem Einarmigen die Zügel gab: »Führ es unter die Linde, Fritz. Die Morgensonne sticht hier so.« Der Junge tat auch, wie ihm geheißen, und Leopold seinerseits ging nun an einem von

Lattenzaun

(lat.) freigebig, großzügig

(ital.) Vornehmheit, Höflichkeit

Liguster überwachsenen Staketenzaun* auf den Eingang des Treptower Etablissements zu. Gott sei Dank, hier war alles wie gewünscht, sämtliche Tische leer, die Stühle umgekippt und auch von Kellnern niemand da als sein Freund Mützell, ein auf sich haltender Mann von Mitte der Vierzig, der schon in den Vormittagsstunden einen beinahe fleckenlosen Frack trug und die Trinkgelderfrage mit einer erstaunlichen, übrigens von Leopold (der immer sehr splendid* war) nie herausgeforderten Gentilezza* behandelte. »Sehen Sie, Herr Treibel«, so waren, als das Gespräch einmal in dieser Richtung lief, seine Worte gewesen, »die meisten wollen nicht recht und streiten einem auch noch was ab, besonders die Damens, aber viele sind auch wieder gut und manche sogar sehr gut und wissen, daß man von einer Zigarre nicht leben kann und die Frau zu Hause mit ihren drei Kindern erst recht nicht. Und sehen Sie, Herr Treibel, die geben und besonders die kleinen Leute. Da war erst gestern wieder einer hier, der schob mir aus Versehen ein Fünfzig-Pfennig-Stück zu, weil er's für einen Zehner hielt, und als ich's ihm sagte, nahm er's nicht wieder und sagte bloß: ›Das hat so sein sollen, Freund und Kupferstecher; mitunter fällt Ostern und Pfingsten auf einen Dag.‹«

Das war vor Wochen gewesen, daß Mützell so zu Leopold Treibel gesprochen hatte. Beide standen überhaupt auf einem Plauderfuß, was aber für Leopold noch angenehmer als diese Plauderei war, war, daß er über Dinge, die sich von selbst verstanden, gar nicht erst zu sprechen brauchte. Mützell, wenn er den jungen Treibel in das Lokal eintreten und über den frischgeharkten Kies hin auf seinen Platz in unmittelbarer Nähe des Wassers zuschreiten sah, salutierte bloß von fern und zog sich dann ohne weiteres in die Küche zurück, von der aus er nach drei Minuten mit einem Tablett, auf dem eine Tasse Kaffee mit ein paar englischen Biskuits und ein großes Glas Milch stand, wieder unter den

Frontbäumen erschien. Das große Glas Milch war Hauptsache, denn Sanitätsrat Lohmeyer hatte noch nach der letzten Auskultation* zur Kommerzienrätin gesagt: »Meine gnädigste Frau, noch hat es nichts zu bedeuten, aber man muß vorbeugen, dazu sind wir da; im übrigen ist unser Wissen Stückwerk. Also wenn ich bitten darf, so wenig Kaffee wie möglich und jeden Morgen ein Liter Milch.«

(lat.) Abhorchen der Lunge

Auch heute hatte bei Leopolds Erscheinen die sich täglich wiederholende Begegnungsszene gespielt: Mützell war auf die Küche zu verschwunden und tauchte jetzt in Front des Hauses wieder auf, das Tablett auf den fünf Fingerspitzen seiner linken Hand mit beinahe zirkushafter Virtuosität balancierend.

»Guten Morgen, Herr Treibel. Schöner Morgen heute morgen.«

»Ja, lieber Mützell. Sehr schön. Aber ein bißchen frisch. Besonders hier am Wasser. Mich schuddert* ordentlich, und ich bin schon auf und ab gegangen. Lassen Sie sehen, Mützell, ob der Kaffee warm ist.«

schaudert vor Kälte

Und ehe der so freundlich Angesprochene das Tablett auf den Tisch setzen konnte, hatte Leopold die kleine Tasse schon herabgenommen und sie mit einem Zuge geleert.

»Ah, brillant. Das tut einem alten Menschen wohl. Und nun will ich die Milch trinken, Mützell; aber mit Andacht. Und wenn ich damit fertig bin – die Milch ist immer ein bißchen labbrig, was aber kein Tadel sein soll, gute Milch muß eigentlich immer ein bißchen labbrig sein –, wenn ich damit fertig bin, bitt ich noch um eine …«

»Kaffee?«

»Freilich, Mützell.«

»Ja, Herr Treibel …«

»Nun, was ist? Sie machen ja ein ganz verlegenes Gesicht, Mützell, als ob ich was ganz Besonderes gesagt hätte.«

»Ja, Herr Treibel …«

»Nun, zum Donnerwetter, was ist denn los?«

»Ja, Herr Treibel, als die Frau Mama vorgestern hier waren und der Herr Kommerzienrat auch und auch das Gesellschaftsfräulein, und Sie, Herr Leopold, eben nach dem Sperl* und dem Karussell gegangen waren, da hat mir die Frau Mama gesagt: ›Hören Sie, Mützell, ich weiß, er kommt beinahe jeden Morgen, und ich mache Sie verantwortlich … *eine* Tasse; nie mehr … Sanitätsrat Lohmeyer, der ja auch mal Ihre Frau behandelt hat, hat es mir im Vertrauen, aber doch mit allem Ernste gesagt: *Zwei* sind Gift …‹«

Ehemalige Gastwirtschaft in Treptow

»So … Und hat meine Mama vielleicht noch mehr gesagt?«

»Die Frau Kommerzienrätin sagten auch noch: ›Ihr Schade soll es nicht sein, Mützell … Ich kann nicht sagen, daß mein Sohn ein passionierter* Mensch ist, er ist ein guter Mensch, ein lieber Mensch …‹ Sie verzeihen, Herr Treibel, daß ich Ihnen das alles, was Ihre Frau Mama gesagt hat, hier so ganz simplement* wiederhole … ›aber er hat die Kaffeepassion. Und das ist immer das Schlimme, daß die Menschen grade *die* Passion haben, die sie nicht haben sollen. Also Mützell, eine Tasse mag gehen, aber nicht zwei.‹«

leidenschaftlicher

(franz.) einfach

Leopold hatte mit sehr geteilten Empfindungen zugehört und nicht gewußt, ob er lachen oder verdrießlich werden solle. »Nun, Mützell, dann also lassen wir's; keine zweite.« Und damit nahm er seinen Platz wieder ein, während sich Mützell in seine Wartestellung an der Hausecke zurückzog.

»Da hab ich nun mein Leben auf einen Schlag«, sagte Leopold, als er wieder allein war. »Ich habe mal von einem gehört, der bei Josty*, weil er so gewettet hatte, zwölf Tassen Kaffee hintereinander trank und dann tot umfiel. Aber was beweist das? Wenn ich zwölf Käsestullen esse, fall ich auch tot um; alles Verzwölffachte tötet einen Menschen. Aber welcher vernünftige Mensch verzwölffacht auch sein

Altberliner Konditorei u. Lesecafé

Speis und Trank. Von jedem vernünftigen Menschen muß man annehmen, daß er Unsinnigkeiten unterlassen und seine Gesundheit befragen und seinen Körper nicht zerstören wird. Wenigstens für mich kann ich einstehen. Und die gute Mama sollte wissen, daß ich dieser Kontrolle nicht bedarf, und sollte mir diesen meinen Freund Mützell nicht so naiv zum Hüter bestellen. Aber sie muß immer die Fäden in der Hand haben, sie muß alles bestimmen, alles anordnen, und wenn ich eine baumwollene Jacke will, so muß es eine wollene sein.«

Er machte sich nun an die Milch und mußte lächeln, als er die lange Stange mit dem schon niedergesunkenen Milchschaum in die Hand nahm. »Mein eigentliches Getränk. ⌜›Milch der frommen Denkungsart‹⌝ würde Papa sagen. Ach, es ist zum Ärgern, alles zum Ärgern. Bevormundung, wohin ich sehe, schlimmer als ob ich gestern meinen Einsegnungstag* gehabt hätte. Helene weiß alles besser, Otto weiß alles besser und nun gar erst die Mama. Sie möchte mir am liebsten vorschreiben, ob ich einen blauen oder grünen Schlips und einen graden oder schrägen Scheitel tragen soll. Aber ich will mich nicht ärgern. Die Holländer haben ein Sprichwort: ›Ärgere dich nicht, wundere dich bloß.‹ Und auch *das* werd ich mir schließlich noch abgewöhnen.«

Tag der Konfirmation

Er sprach noch so weiter in sich hinein, abwechselnd die Menschen und die Verhältnisse verklagend, bis er mit einem Mal all seinen Unmut gegen sich selber richtete: »Torheit. Die Menschen, die Verhältnisse, das alles ist es nicht; nein, nein. Andere haben auch eine auf ihr Hausregiment eifersüchtige Mama und tun doch, was sie wollen; es liegt an mir. ›Pluck, dear Leopold, that's it.‹* Das hat mir der gute Nelson noch gestern abend zum Abschied gesagt, und er hat ganz recht. Da liegt es; nirgend anders. Mir fehlt es an Energie und Mut, und das Aufbäumen hab ich nun schon gewiß nicht gelernt.«

(engl.) ›Mut, lieber Leopold, das ist es (worauf es ankommt).‹

Er blickte, während er so sprach, vor sich hin, knipste mit seiner Reitgerte kleine Kiesstücke fort und malte Buchstaben in den frischgestreuten Sand. Und als er nach einer Weile wieder aufblickte, sah er zahlreiche Boote, die vom Stralauer Ufer her herüberkamen, und dazwischen einen mit großem Segel flußabwärts fahrenden Spreekahn. Wie sehnsüchtig richtete sich sein Blick darauf.

»Ach, ich muß aus diesem elenden Zustande heraus, und wenn es wahr ist, daß einem die Liebe Mut und Entschlossenheit gibt, so muß noch alles gut werden. Und nicht bloß gut, es muß mir auch leicht werden und mich gradezu zwingen und drängen, den Kampf aufzunehmen und ihnen allen zu zeigen, und der Mama voran, daß sie mich denn doch verkannt und unterschätzt haben. Und wenn ich in Unentschlossenheit zurückfalle, was Gott verhüte, so wird *sie* mir die nötige Kraft geben. Denn sie hat all das, was mir fehlt, und weiß alles und kann alles. Aber bin ich ihrer sicher? Da steh ich wieder vor der Hauptfrage. Mitunter ist es mir freilich, als kümmere sie sich um mich und als spräche sie eigentlich nur zu mir, wenn sie zu anderen spricht. So war es noch gestern abend wieder, und ich sah auch, wie Marcell sich verfärbte, weil er eifersüchtig war. Etwas anderes konnte es nicht sein. Und das alles ...«

Er unterbrach sich, weil eben jetzt die sich um ihn her sammelnden Sperlinge mit jedem Augenblicke zudringlicher wurden. Einige kamen bis auf den Tisch und mahnten ihn durch Picken und dreistes Ansehen, daß er ihnen noch immer ihr Frühstück schulde. Lächelnd zerbrach er ein Biskuit und warf ihnen die Stücke hin, mit denen zunächst die Sieger und, alsbald auch ihnen folgend, die anderen in die Lindenbäume zurückflogen. Aber kaum daß die Störenfriede fort waren, so waren für ihn auch die alten Betrachtungen wieder da. »Ja, das mit Marcell, das darf ich mir zum Guten deuten und manches andere noch. Aber es kann auch alles bloß Spiel und Laune gewesen sein. Corinna nimmt nichts ernsthaft und will eigentlich immer nur glänzen und die Bewunderung oder das Verwundertsein ihrer Zuhörer auf sich ziehen. Und wenn ich mir diesen ihren Charakter überlege, so muß ich an die Möglichkeit denken, daß ich schließlich auch noch heimgeschickt und ausgelacht werde. Das ist hart. Und doch muß ich es wagen ... Wenn ich nur wen hätte, dem ich mich anvertrauen könnte, der mir riete. Leider hab ich niemanden, keinen Freund; dafür hat Mama auch gesorgt, und so muß ich mir, ohne Rat und Beistand, allerpersönlichst ein doppeltes ›Ja‹ holen. Erst bei Corinna. Und wenn ich dies erste ›Ja‹ habe, so hab ich noch lange nicht das zweite. Das seh ich nur zu klar. Aber das zweite kann ich mir wenigstens erkämpfen und will es auch ... Es gibt ihrer genug, für die das alles eine Kleinigkeit wäre, für mich aber ist es schwer; ich weiß, ich bin kein Held, und das Heldische läßt sich nicht lernen. ›Jeder nach seinen Kräften‹, sagte Direktor Hilgenhahn immer. Ach, ich finde doch beinahe, daß mir mehr aufgelegt wird, als meine Schultern tragen können.«

Ein mit Personen besetzter Dampfer kam in diesem Augenblicke den Fluß herauf und fuhr, ohne an dem Wassersteg anzulegen, auf den »Neuen Krug« und »Sadowa«* zu; Musik war an Bord, und dazwischen wurden allerlei Lieder gesungen. Als das Schiff erst den Steg und bald auch die »Liebesinsel«* passiert hatte, fuhr auch Leopold aus seinen Träumereien auf und sah, nach der Uhr blickend, daß es höchste Zeit sei, wenn er noch pünktlich auf dem Kontor eintreffen und sich eine Reprimande* oder, was schlimmer, eine spöttische Bemerkung von seiten seines Bruders Otto ersparen wollte. So schritt er denn unter freundlichem Gruß an dem immer noch an seiner Ecke stehenden Mützell vorüber und auf die Stelle zu, wo der Einarmige sein Pferd hielt. »Da, Fritz!« Und nun hob er sich in den Sattel, machte den Rückweg in einem guten Trab und bog, als er das Tor und gleich danach die Pionierkaserne wieder pas-

Beliebte Berliner Ausflugsziele

Spreeinsel östl. von Stralau

(franz.) Zurechtweisung

siert hatte, nach rechts hin in einen neben dem Otto Treibelschen Holzhofe sich hinziehenden, schmalen Gang ein, über dessen Heckenzaun fort man auf den Vorgarten und die zwischen den Bäumen gelegene Villa sah. Bruder und Schwägerin saßen noch beim Frühstück. Leopold grüßte hinüber: »Guten Morgen, Otto; guten Morgen, Helene!« Beide erwiderten den Gruß, lächelten aber, weil sie diese tägliche Reiterei ziemlich lächerlich fanden. Und gerade Leopold! Was er sich eigentlich dabei denken mochte!
Leopold selbst war inzwischen abgestiegen und gab das Pferd einem an der Hintertreppe der Villa schon wartenden Diener, der es, die Köpnicker Straße hinauf, nach dem elterlichen Fabrikhof und dem dazugehörigen Stallgebäude führte – Stable-yard* sagte Helene.

(engl.) Stallung

Neuntes Kapitel

Eine Woche war vergangen, und über dem Schmidtschen Hause lag eine starke Verstimmung; Corinna grollte mit Marcell, weil er mit ihr grollte (so wenigstens mußte sie sein Ausbleiben deuten), und die gute Schmolke wiederum grollte mit Corinna wegen ihres Grollens auf Marcell. »Das tut nicht gut, Corinna, so sein Glück von sich zu stoßen. Glaube mir, das Glück wird ärgerlich, wenn man es wegjagt, und kommt dann nicht wieder. Marcell ist, was man einen Schatz nennt oder auch ein Juwel, Marcell ist ganz so, wie Schmolke war.« So hieß es jeden Abend. Nur Schmidt selbst merkte nichts von der über seinem Hause lagernden Wolke, studierte sich vielmehr immer tiefer in die Goldmasken hinein und entschied sich, in einem mit Distelkamp immer heftiger geführten Streite, auf das bestimmteste hinsichtlich der einen für Ägisth. Ägisth sei doch immerhin sieben Jahre lang Klytämnestras Gemahl gewesen, außerdem naher Anverwandter des Hauses, und wenn er, Schmidt, auch seinerseits zugeben müsse, daß der Mord Agamemnons einigermaßen gegen seine Ägisth-Hypothese spreche, so sei doch andererseits nicht zu vergessen, daß die ganze Mordaffäre mehr oder weniger etwas Internes, sozusagen eine reine Familienangelegenheit, gewesen sei, wodurch die nach außen hin auf Volk und Staat berechnete Beisetzungs- und Zeremonialfrage nicht eigentlich berührt werden könne. Distelkamp schwieg und zog sich unter Lächeln aus der Debatte zurück.

Auch bei den alten und jungen Treibels herrschte eine gewisse schlechte Laune vor: Helene war unzufrieden mit Otto, Otto mit Helenen, und die Mama wiederum mit beiden. Am unzufriedensten, wenn auch nur mit sich selber, war Leopold, und nur der alte Treibel merkte von der ihn umgebenden Verstimmung herzlich wenig oder wollte nichts davon merken, erfreute sich vielmehr einer ungewöhnlich guten Laune. Daß dem so war, hatte, wie bei Wilibald Schmidt, darin seinen Grund, daß er all die Zeit über sein Steckenpferd tummeln und sich einiger schon erzielter Triumphe rühmen durfte. Vogelsang war nämlich, unmittelbar nach dem zu seinen und Mr. Nelsons Ehren stattgehabten Diner, in den für Treibel zu erobernden Wahlkreis abgegangen, und zwar um hier in einer Art Vorkampagne die Herzen und Nieren der Teupitz-Zossener und ihre mutmaßliche Haltung in der entscheidenden Stunde zu prüfen. Es muß gesagt werden, daß er, bei Durchführung dieser seiner Aufgabe, nicht bloß eine bemerkenswerte Tätigkeit entfaltet, sondern auch beinahe täglich etliche Telegramme geschickt hatte, darin er über die Resultate seines Wahlfeldzuges, je nach der Bedeutung der Aktion, länger oder kürzer berichtete. Daß diese Telegramme mit denen des ehemaligen ⌜Bernauer Kriegskorrespondenten⌝ eine verzweifelte Ähnlichkeit hatten, war Treibel nicht entgangen, aber von diesem, weil er schließlich nur auf das achtete, was ihm persönlich gefiel, ohne sonderliche Beanstandung hingenommen worden. In einem dieser Telegramme hieß es: »Alles geht gut. Bitte, Geldanweisung nach Teupitz hin. Ihr V.« Und dann: »Die Dörfer am Schermützelsee sind unser. Gott sei Dank. Überall dieselbe Gesinnung wie am Teupitzsee. Anweisung noch nicht eingetroffen. Bitte dringend. Ihr V.« … »Morgen nach Storkow! Dort muß es sich entscheiden. Anweisung inzwischen empfangen. Aber deckt nur gerade das schon Verausgabte. ⌜Montecuculis Wort über Kriegführung gilt auch für Wahlfeldzüge.⌝ Bitte Weiteres nach Groß-Rietz hin. Ihr V.« Treibel, in geschmeichelter Eitelkeit, betrachtete hiernach den Wahlkreis als für ihn gesichert, und in den Becher seiner Freude fiel eigentlich nur ein Wermutstropfen: Er wußte, wie kritisch ablehnend Jenny zu dieser Sache stand, und sah sich dadurch gezwungen, sein Glück allein zu genießen. Friedrich, überhaupt sein Vertrauter, war ihm auch jetzt wieder »unter Larven die einzig fühlende Brust«*, ein Zitat, das er nicht müde wurde, sich zu wiederholen. Aber eine gewisse Leere blieb doch. Auffallend war ihm außerdem, daß die Berliner Zeitungen gar nichts brachten, und zwar war ihm dies um so auffallender, als von scharfer Gegnerschaft, allen Vogelsangschen Berichten nach, eigentlich keine Rede sein konnte. Die Konservativen und Nationalliberalen, und vielleicht auch ein paar Parlamentarier von Fach, mochten gegen ihn sein, aber was bedeutete das? Nach einer ohngefähren Schätzung, die Vogelsang angestellt und in einem eingeschriebenen Briefe nach Villa Treibel hin adressiert hatte, besaß der ganze Kreis nur sieben Nationalliberale: drei Oberlehrer, einen Kreisrichter, einen rationalistischen Superintendenten und zwei studierte Bauergutsbesitzer, während die Zahl der Orthodox-Konservativen noch hinter diesem bescheidenen Häuflein zurückblieb. »Ernst zu nehmende Gegnerschaft, vacat*.« So schloß Vogelsangs Brief, und

Zitat aus Schillers Ballade »Der Taucher« (1797)

(lat.) fehlt, nicht vorhanden

»vacat« war unterstrichen. Das klang hoffnungsreich genug, ließ aber, inmitten aufrichtiger Freude, doch einen Rest von Unruhe fortbestehen, und als eine runde Woche seit Vogelsangs Abreise vergangen war, brach denn auch wirklich der große Tag an, der die Berechtigung der instinktiv immer wieder sich einstellenden Ängstlichkeit und Sorge dartun sollte. Nicht unmittelbar, nicht gleich im ersten Moment, aber die Frist war nur eine nach Minuten ganz kurz bemessene.

Treibel saß in seinem Zimmer und frühstückte. Jenny hatte sich mit Kopfweh und einem schweren Traum entschuldigen lassen. »Sollte sie wieder von Vogelsang geträumt haben?« Er ahnte nicht, daß dieser Spott sich in derselben Stunde noch an ihm rächen würde. Friedrich brachte die Postsachen, unter denen diesmal wenig Karten und Briefe, dafür aber desto mehr Zeitungen unter Kreuzband waren, einige, soviel sich äußerlich erkennen ließ, mit merkwürdigen Emblemen und Stadtwappen ausgerüstet.

All dies (zunächst nur Vermutung) sollte sich, bei schärferem Zusehen, rasch bestätigen, und als Treibel die Kreuzbänder entfernt und das weiche Löschpapier über den Tisch hin ausgebreitet hatte, las er mit einer gewissen heiteren Andacht: »Der Wächter an der wendischen Spree«, »Wehrlos, ehrlos«, »Alltied Vorupp« und »Der Storkower Bote«* – zwei davon waren cis-, zwei transspreeanischen* Ursprungs. Treibel, sonst ein Feind alles überstürzten Lesens, weil er von jedem blinden Eifer nur Unheil erwartete, machte sich diesmal mit bemerkenswerter Raschheit über die Blätter und überflog die blau angestrichenen Stellen. Leutnant Vogelsang (so hieß es in jedem in wörtlicher Wiederholung), ein Mann, der schon Anno 48 gegen die Revolution gestanden und der Hydra* das Haupt zertreten, hätte sich an drei hintereinander folgenden Tagen dem Kreise vorgestellt, nicht um seiner selbst, sondern um seines politischen Freundes, des Kommerzienrats Treibel wil-

Die genannten Zeitungsnamen sind von Fontane erfunden.

Dies- und jenseits der Spree

Hier: die demokr. u. revolut. Kräfte des Jahres 1848

len, der später den Kreis besuchen und bei der Gelegenheit die von Leutnant Vogelsang ausgesprochenen Grundsätze wiederholen werde, was, soviel lasse sich schon heute sagen, als die wärmste Empfehlung des eigentlichen Kandidaten anzusehen sei. Denn das Vogelsangsche Programm laufe darauf hinaus, daß zuviel und namentlich unter zu starker Wahrnehmung persönlicher Interessen regiert werde, daß also demgemäß alle kostspieligen »Zwischenstufen« fallen müßten (was wiederum gleichbedeutend sei mit Herabsetzung der Steuern) und daß von den gegenwärtigen, zum Teil unverständlichen Kompliziertheiten nichts übrigbleiben dürfe als ein freier Fürst und ein freies Volk. Damit seien freilich *zwei* Dreh- oder Mittelpunkte gegeben, aber nicht zum Schaden der Sache. Denn wer die Tiefe des Lebens ergründet oder ihr auch nur nachgespürt habe, der wisse, daß die Sache mit dem einfachen Mittelpunkt – er vermeide mit Vorbedacht das Wort Zentrum* – falsch sei und daß sich das Leben nicht im Kreise, wohl aber in der Ellipse bewege. Weshalb zwei Drehpunkte das natürlich Gegebene seien.

Anspielung auf die 1871 gegründete kath. Volkspartei

»Nicht übel«, sagte Treibel, als er gelesen, »nicht übel. Es hat so was Logisches; ein bißchen verrückt, aber doch logisch. Das einzige, was mich stutzig macht, ist, daß es alles klingt, als ob es Vogelsang selber geschrieben hätte. Die zertretene Hydra, die herabgesetzten Steuern, das gräßliche Wortspiel mit dem Zentrum und zuletzt der Unsinn mit dem Kreis und der Ellipse, das alles ist Vogelsang. Und der Einsender an die vier Spreeblätter ist natürlich wiederum Vogelsang. Ich kenne meinen Pappenheimer*.« Und dabei schob Treibel den »Wächter an der wendischen Spree« samt dem ganzen Rest vom Tisch auf das Sofa hinunter und nahm eine halbe »Nationalzeitung«* zur Hand, die gleichfalls mit den anderen Blättern unter Kreuzband eingegangen war, aber der Handschrift und ganzen Adresse nach, von jemand anderem als Vogelsang aufgegeben sein

Sinngemäße Übernahme aus Schillers *Wallensteins Tod* (III,15)

1848 gegründete liberale, dann Bismarck-freundliche Berliner Tageszeitung mußte. Früher war der Kommerzienrat Abonnent und eifriger Leser der »Nationalzeitung« gewesen, und es kamen ihm auch jetzt noch tagtäglich Viertelstunden, in denen er den Wechsel in seiner Lektüre bedauerte.

»Nun laß sehn«, sagte er schließlich und ging, das Blatt aufschlagend, mit lesegewandtem Auge die drei Spalten hinunter und richtig, da war es: »Parlamentarische Nachrichten. Aus dem Kreise Teupitz-Zossen.« Als er den Kopftitel gelesen, unterbrach er sich. »Ich weiß nicht, es klingt so sonderbar. Und doch auch wieder, wie soll es am Ende anders klingen? Es ist der natürlichste Anfang von der Welt; also nur vorwärts.«

Und so las er denn weiter: »Seit drei Tagen haben in unserem stillen und durch politische Kämpfe sonst wenig gestörten Kreise die Wahlvorbereitungen begonnen, und zwar seitens einer Partei, die sich augenscheinlich vorgesetzt hat, das, was ihr an historischer Kenntnis und politischer Erfahrung, ja, man darf füglich sagen an gesundem Menschenverstande fehlt, durch ›Fixigkeit‹* zu ersetzen. Ebendiese Partei, die sonst nichts weiß und kennt, kennt augenscheinlich das Märchen vom ›Swinegel und siner Fru‹ und scheint gewillt, an dem Tage, wo der Wettbewerb mit den wirklichen Parteien zu beginnen hat, eine jede derselben mit dem aus jenem Märchen wohlbekannten Swinegelzurufe: ›Ick bin all hier‹, empfangen zu wollen. Nur so vermögen wir uns dies überfrühe Zurstellesein zu erklären. Alle Plätze scheinen, wie bei Theaterpremieren, von Leutnant Vogelsang und den Seinen im voraus belegt werden zu sollen. Aber man wird sich täuschen. Es fehlt dieser Partei nicht an Stirn, wohl aber an dem, was noch mit dazugehört; der Kasten ist da, nicht der Inhalt …«

Schnelligkeit, heikle Konstruktionen

»Alle Wetter«, sagte Treibel, »der setzt scharf ein … Was davon auf mein Teil kommt, ist mir nicht eben angenehm, aber dem Vogelsang gönn ich es. Etwas ist in seinem Programm, das blendet, und damit hat er mich eingefangen.

Indessen, je mehr ich mir's ansehe, desto fraglicher erscheint es mir. Unter diesen Knickstiebeln*, die sich einbilden, schon vor vierzig Jahren die Hydra zertreten zu haben, sind immer etliche Zirkelquadratur- und Perpetuummobile-Sucher*, immer solche, die das Unmögliche, das sich in sich Widersprechende zustande bringen wollen. Vogelsang gehört dazu. Vielleicht ist es auch bloß Geschäft; wenn ich mir zusammenrechne, was ich in diesen acht Tagen ... Aber ich bin erst bis an den ersten Absatz der Korrespondenz gekommen; die zweite Hälfte wird ihm wohl noch schärfer zu Leibe gehen oder vielleicht auch mir.«

Stiefelträgern

Bislang ungelöste Probleme in der Mathematik u. Physik

Und Treibel las weiter:

»Es ist kaum möglich, den Herrn, der uns gestern und vorgestern – seiner in unserem Kreise voraufgegangenen Taten zu geschweigen – zunächst in Markgraf-Pieske, dann aber in Storkow und Groß-Rietz beglückt hat, ernsthaft zu nehmen, und zwar um so weniger, je ernsthafter das Gesicht ist, das er macht. Er gehört in die Klasse der Malvolios*, der feierlichen Narren, deren Zahl leider größer ist, als man gewöhnlich annimmt. Wenn sein Galimathias* noch keinen Namen hat, so könnte man ihn das Lied vom dreigestrichenen C nennen, denn Cabinet, Churbrandenburg und Cantonale-Freiheit, das sind die drei großen C, womit dieser Kurpfuscher die Welt oder doch wenigstens den preußischen Staat retten will. Eine gewisse Methode läßt sich darin nicht verkennen, indessen ⌜Methode hat auch der Wahnsinn⌝. Leutnant Vogelsangs Sang hat uns aufs äußerste mißfallen. Alles in seinem Programm ist gemeingefährlich. Aber was wir am meisten beklagen, ist das, daß er nicht für sich und in seinem Namen sprach, sondern im Namen eines unserer geachtetsten Berliner Industriellen, des Kommerzienrats Treibel (Berliner-Blau-Fabrik, Köpnicker Straße), von dem wir uns eines Besseren versehen hätten. Ein neuer Beweis dafür, ⌜daß man ein guter Mensch und doch ein schlechter Musikant sein kann⌝, und desglei-

Tragikomische Gestalt in Shakespeares *Was Ihr wollt* (1599)

(franz.) sinnloses, verworrenes Geschwätz

chen ein Beweis, wohin der politische Dilettantismus führt.«

Treibel klappte das Blatt wieder zusammen, schlug mit der Hand darauf und sagte: »Nun, soviel ist gewiß, in Teupitz-Zossen ist das nicht geschrieben. Das ist Tells Geschoß*. Das kommt aus nächster Nähe. Das ist von dem nationalliberalen Oberlehrer, der uns neulich bei Buggenhagen nicht bloß Opposition machte, sondern uns zu verhöhnen suchte. Drang aber nicht durch. Alles in allem, ich mag ihm nicht unrecht geben, und jedenfalls gefällt er mir besser als Vogelsang. Außerdem sind sie jetzt bei der ›Nationalzeitung‹ halbe Hofpartei, gehen mit den Frei-Konservativen zusammen. Es war eine Dummheit von mir, mindestens eine Übereilung, daß ich abschwenkte. Wenn ich gewartet hätte, könnt' ich jetzt, in viel besserer Gesellschaft, auf seiten der Regierung stehen. Statt dessen bin ich auf den dummen Kerl und Prinzipienreiter eingeschworen. Ich werde mich aber aus der ganzen Geschichte herausziehen, und zwar für immer; der Gebrannte scheut das Feuer ... Eigentlich könnt' ich mich noch beglückwünschen, so mit tausend Mark, oder doch nicht viel mehr, davongekommen zu sein, wenn nur nicht mein Name genannt wäre. Mein Name. Das ist fatal ...« Und dabei schlug er das Blatt wieder auf. »Ich will die Stelle noch einmal lesen: ›einer unserer geachtetsten Berliner Industriellen, der Kommerzienrat Treibel‹ – ja, das laß ich mir gefallen, das klingt gut. Und nun lächerliche Figur von Vogelsangs Gnaden.«

Und unter diesen Worten stand er auf, um sich draußen im Garten zu ergehen und in der frischen Luft seinen Ärger nach Möglichkeit loszuwerden.

Es schien aber nicht recht glücken zu sollen, denn im selben Augenblick, wo er, um den Giebel des Hauses herum, in den Hintergarten einbog, sah er die Honig, die, wie jeden Morgen, so auch heute wieder das Bologneser Hündchen um das Bassin führte. Treibel prallte zurück, denn nach

Ausruf des Landvogts Geßler in Schillers *Wilhelm Tell* (IV,3)

einer Unterhaltung mit dem aufgesteiften Fräulein stand ihm durchaus nicht der Sinn. Er war aber schon gesehen und begrüßt worden, und da große Höflichkeit und mehr noch große Herzensgüte zu seinen Tugenden zählte, so gab er sich einen Ruck und ging guten Muts auf die Honig zu, zu deren Kenntnissen und Urteilen er übrigens ein aufrichtiges Vertrauen hegte.

»Sehr erfreut, mein liebes Fräulein, Sie mal allein und zu so guter Stunde zu treffen ... Ich habe seit lange so dies und das auf dem Herzen, mit dem ich gern herunter möchte ...«

Die Honig errötete, weil sie, trotz des guten Rufes, dessen sich Treibel erfreute, doch von einem ängstlich-süßen Gefühl überrieselt wurde, dessen äußerste Nichtberechtigung ihr freilich im nächsten Momente schon in beinah grausamer Weise klarwerden sollte.

»... Mich beschäftigt nämlich meiner lieben kleinen Enkelin Erziehung, an der ich denn doch das Hamburgische sich in einem Grade vollstrecken sehe – ich wähle diesen Schafottausdruck absichtlich –, der mich von meinem einfacheren Berliner Standpunkt aus mit einiger Sorge erfüllt.«

Das Bologneser Hündchen, das Czicka hieß, zog in diesem Augenblick an der Schnur und schien einem Perlhuhn nachlaufen zu wollen, das sich, vom Hof her, in den Garten verirrt hatte; die Honig verstand aber keinen Spaß und gab dem Hündchen einen Klaps. Czicka seinerseits tat einen Blaff und warf den Kopf hin und her, so daß die seinem Röckchen (eigentlich bloß eine Leibbinde) dicht aufgenähten Glöckchen in ein Klingen kamen. Dann aber beruhigte sich das Tierchen wieder, und die Promenade um das Bassin herum begann aufs neue.

»Sehen Sie, Fräulein Honig, so wird auch das Lizzichen erzogen. Immer an einer Strippe, die die Mutter in Händen hält, und wenn mal ein Perlhuhn kommt und das Lizzichen fort will, dann gibt es auch einen Klaps, aber einen ganz, ganz kleinen, und der Unterschied ist bloß, daß Lizzi keinen Blaff tut und nicht den Kopf wirft und natürlich auch kein Schellengeläut hat, das ins Klingen kommen kann.«

»Lizzichen ist ein Engel«, sagte die Honig, die während einer sechzehnjährigen Erzieherinnenlaufbahn Vorsicht im Ausdruck gelernt hatte.

»Glauben Sie das wirklich?«

»Ich glaub es wirklich, Herr Kommerzienrat, vorausgesetzt, daß wir uns über ›Engel‹ einigen.«

»Sehr gut, Fräulein Honig, das kommt mir zupaß. Ich wollte nur über Lizzi mit Ihnen sprechen und höre nun auch noch was über Engel. Im ganzen genommen ist die Gelegenheit, sich über Engel ein festes Urteil zu bilden, nicht groß. Nun sagen Sie, was verstehen Sie unter Engel? Aber kommen Sie mir nicht mit Flügel.«

Die Honig lächelte. »Nein, Herr Kommerzienrat, nichts von Flügel, aber ich möchte doch sagen dürfen ›Unberührtheit vom Irdischen‹, das ist ein Engel.«

»Das läßt sich hören. Unberührtheit vom Irdischen – nicht übel. Ja, noch mehr, ich will es ohne weiteres gelten lassen und will es schön finden, und wenn Otto und meine Schwiegertochter Helene sich klar und zielbewußt vorsetzen würden, eine richtige kleine Genoveva auszubilden oder eine kleine keusche Susanna, Pardon, ich kann im Augenblicke kein besseres Beispiel finden, oder wenn alles ganz ernsthaft darauf hinausliefe, sagen wir für irgendeinen Thüringer Landgrafen oder meinetwegen auch für ein geringeres Geschöpf Gottes einen Abklatsch der heiligen Elisabeth herzustellen, so hätte ich nichts dagegen. Ich halte die Lösung solcher Aufgabe für sehr schwierig, aber nicht für unmöglich, und wie so schön gesagt worden ist und immer noch gesagt wird, solche Dinge auch bloß gewollt zu haben ist schon etwas Großes.«

Die Honig nickte, weil sie der eigenen, nach dieser Seite hin liegenden Anstrengungen gedenken mochte.

»Sie stimmen mir zu«, fuhr Treibel fort. »Nun, das freut mich. Und ich denke, wir sollen auch in dem zweiten einig bleiben. Sehen Sie, liebes Fräulein, ich begreife vollkommen, trotzdem es meinem persönlichen Geschmack widerspricht, daß eine Mutter ihr Kind auf einen richtigen Engel hin erzieht; man kann nie ganz genau wissen, wie diese Dinge liegen, und wenn es zum Letzten kommt, so ganz zweifelsohne vor seinem Richter zu stehen, wer sollte sich das nicht wünschen? Ich möchte beinah sagen, ich wünsch es mir selber. Aber, mein liebes Fräulein, Engel und Engel ist ein Unterschied, und wenn der Engel weiter nichts ist als ein Wasch-Engel und die Fleckenlosigkeit der Seele nach dem Seifenkonsum berechnet und die ganze Reinheit des werdenden Menschen auf die Weißheit seiner Strümpfe gestellt wird, so erfüllt mich dies mit einem leisen Grauen. Und wenn es nun gar das eigene Enkelkind ist, dessen flachsene Haare, Sie werden es auch bemerkt haben, vor lauter Pflege schon halb ins Kakerlakige* fallen, so wird einem alten Großvater himmelangst dabei. Könnten Sie sich nicht hinter die Wulsten stecken? Die Wulsten ist eine verständige Person und bäumt, glaub ich, innerlich gegen diese Hamburgereien auf. Ich würde mich freuen, wenn Sie Gelegenheit nähmen …« In diesem Augenblicke wurde Czicka wieder unruhig und blaffte lauter als zuvor. Treibel, der sich in Auseinandersetzungen der Art nicht gern unterbrochen sah, wollte verdrießlich werden, aber ehe er noch recht dazu kommen konnte, wurden drei junge Damen von der Villa her sichtbar, zwei von ihnen ganz gleichartig in bastfarbene Sommerstoffe gekleidet. Es waren die beiden Felgentreus, denen Helene folgte.

Wortschöpfung Fontanes: Weißliche, Albinohafte

»Gott sei Dank, Helene«, sagte Treibel, der sich – vielleicht weil er ein schlechtes Gewissen hatte – zunächst an die Schwiegertochter wandte, »Gott sei Dank, daß ich dich einmal wiedersehe. Du warst eben der Gegenstand unseres Gesprächs, oder mehr noch dein liebes Lizzichen, und

Fräulein Honig stellte fest, daß Lizzichen ein Engel sei. Du kannst dir denken, daß ich nicht widersprochen habe. Wer ist nicht gern der Großvater eines Engels? Aber, meine Damen, was verschafft mir so früh diese Ehre? Oder gilt es meiner Frau? Sie hat ihre Migräne. Soll ich sie rufen lassen? ...«

»O nein, Papa«, sagte Helene mit einer Freundlichkeit, die nicht immer ihre Sache war. »Wir kommen zu *dir*. Felgentreus haben nämlich vor, heute nachmittag eine Partie nach Halensee* zu machen, aber nur wenn alle Treibels, von Otto und mir ganz abgesehen, daran teilnehmen.« Die Felgentreuschen Schwestern bestätigten dies alles durch Schwenken ihrer Sonnenschirme, während Helene fortfuhr: »Und nicht später als drei. Wir müssen also versuchen, unserem Lunch einen kleinen Dinnercharakter zu geben oder aber unser Dinner bis auf acht Uhr abends hinausschieben. Elfriede und Blanca wollen noch in die Adlerstraße, um auch Schmidts aufzufordern, zum mindesten Corinna; der Professor kommt dann vielleicht nach. Krola hat schon zugesagt und will ein Quartett mitbringen, darunter zwei Referendare von der Potsdamer Regierung ...«

Villenkolonie u. See, an dem der Grunewald beginnt

»Und Reserveoffiziere«, ergänzte Blanca, die jüngere Felgentreu ...

»Reserveoffiziere«, wiederholte Treibel ernsthaft. »Ja, meine Damen, *das* gibt den Ausschlag. Ich glaube nicht, daß ein hierlandes lebender Familienvater, auch wenn ihm ein grausames Schicksal eigene Töchter versagte, den Mut haben wird, eine Landpartie mit zwei Reserveleutnants auszuschlagen. Also bestens akzeptiert. Und drei Uhr. Meine Frau wird zwar verstimmt sein, daß, über ihr Haupt hinweg, endgültige Beschlüsse gefaßt worden sind, und ich fürchte beinah ein momentanes Wachsen des Tic douloureux*. Trotzdem bin ich ihrer sicher. Landpartie mit Quartett und von solcher gesellschaftlichen Zusammensetzung –

(franz.) Nervöser Gesichtsschmerz, auch: Migräne

(lat.) vorherrschendes, überwiegendes

die Freude darüber bleibt prädominierendes* Gefühl. Dem ist keine Migräne gewachsen. Darf ich Ihnen übrigens meine Melonenbeete zeigen? Oder nehmen wir lieber einen leichten Imbiß, ganz leicht, ohne jede ernste Gefährdung des Lunch?«

Alle drei dankten, die Felgentreus, weil sie sich direkt zu Corinna begeben wollten, Helene, weil sie Lizzis halber wieder nach Hause müsse. Die Wulsten sei nicht achtsam genug und lasse Dinge durchgehen, von denen sie nur sagen könne, daß sie »shocking« seien. Zum Glück sei Lizzichen ein so gutes Kind, sonst würde sie sich ernstlicher Sorge darüber hingeben müssen.

»Lizzichen ist ein Engel, die ganze Mutter«, sagte Treibel und wechselte, während er das sagte, Blicke mit der Honig, welche die ganze Zeit über in einer gewissen reservierten Haltung seitab gestanden hatte.

Zehntes Kapitel

Auch Schmidts hatten zugesagt, Corinna mit besonderer Freudigkeit, weil sie sich seit dem Dinnertage bei Treibels in ihrer häuslichen Einsamkeit herzlich gelangweilt hatte; die großen Sätze des Alten kannte sie längst auswendig, und von den Erzählungen der guten Schmolke galt dasselbe. So klang denn »ein Nachmittag in Halensee« fast so poetisch wie »vier Wochen auf Capri«, und Corinna beschloß daraufhin, ihr Bestes zu tun, um sich bei dieser Gelegenheit auch äußerlich neben den Felgentreus behaupten zu können. Denn in ihrer Seele dämmerte eine unklare Vorstellung davon, daß diese Landpartie nicht gewöhnlich verlaufen, sondern etwas Großes bringen werde. Marcell war zur Teilnahme nicht aufgefordert worden, womit seine Cousine, nach der eine ganze Woche lang von ihm beobachteten Haltung, durchaus einverstanden war. Alles versprach einen frohen Tag, besonders auch mit Rücksicht auf die Zusammensetzung der Gesellschaft. Unter dem, was man im voraus vereinbart hatte, war, nach Verwerfung eines von Treibel in Vorschlag gebrachten Kremsers*, »der immer das Eigentliche sei«, *das* die Hauptsache gewesen, daß man auf gemeinschaftliche Fahrt verzichten, dafür aber männiglich sich verpflichten wolle, Punkt vier Uhr und jedenfalls nicht mit Überschreitung des akademischen Viertels in Halensee zu sein.

Von Pferden gezogener mehrsitziger Mietwagen

Und wirklich um vier Uhr war alles versammelt oder doch fast alles. Alte und junge Treibels, desgleichen die Felgentreus, hatten sich in eigenen Equipagen* eingefunden, während Krola, von seinem Quartett begleitet, aus nicht aufgeklärten Gründen die neue Dampfbahn*, Corinna aber mutterwindallein* – der Alte wollte nachkommen – die Stadtbahn benutzt hatte. Von den Treibels fehlte nur Leopold, der sich, weil er durchaus an Mr. Nelson zu schreiben habe, wegen einer halben Stunde Verspätung im voraus entschuldigen ließ. Corinna war momentan verstimmt darüber, bis ihr der Gedanke kam, es sei wohl eigentlich besser so; kurze Begegnungen seien inhaltreicher als lange.

(franz.) Ausstattung u. Aufmachung einer Kutsche

Dampfbahn vom Zoo zum Halensee (1888)

mutterseelenallein

»Nun, liebe Freunde«, nahm Treibel das Wort, »alles nach der Ordnung. Erste Frage, wo bringen wir uns unter? Wir haben verschiedenes zur Wahl. Bleiben wir hier parterre, zwischen diesen formidablen* Tischreihen, oder rücken wir auf die benachbarte Veranda hinauf, die Sie, wenn Sie Gewicht darauf legen, auch als Altan oder als Söller* bezeichnen können? Oder bevorzugen Sie vielleicht die Verschwiegenheit der inneren Gemächer, irgendeiner Kemenate* von Halensee? Oder endlich, viertens und letztens, sind Sie für Turmbesteigung und treibt es Sie, diese Wunderwelt, in der keines Menschen Auge bisher einen frischen Grashalm entdecken konnte, treibt es Sie, sag ich, dieses von Spargelbeeten und Eisenbahndämmen durchsetzte Wüstenpanorama zu Ihren Füßen ausgebreitet zu sehen?«

(franz.) eindrucksvollen

Von Pfeilern gestützter offener Vorbau in oberen Stockwerken eines Hauses

Urspr. Frauengemach einer Burg

»Ich denke«, sagte Frau Felgentreu, die, trotzdem sie kaum ausgangs Vierzig war, schon das Embonpoint* und das Asthma einer Sechzigerin hatte, »ich denke, lieber Treibel, wir bleiben, wo wir sind. Ich bin nicht für Steigen, und dann mein ich auch immer, man muß mit dem zufrieden sein, was man gerade hat.«

Vgl. Erl. zu 21,29.

»Eine merkwürdig bescheidene Frau«, sagte Corinna zu Krola, der seinerseits mit einfacher Zahlennennung antwortete, leise hinzusetzend, »aber Taler!«

»Gut denn«, fuhr Treibel fort, »wir bleiben also in der Tiefe. Wozu dem Höheren zustreben? Man muß zufrieden sein mit dem durch Schicksalsbeschluß Gegebenen, wie meine Freundin Felgentreu soeben versichert hat. Mit anderen Worten: ⌜›Genieße fröhlich, was du hast.‹⌝ Aber, liebe Festgenossen, was tun wir, um unsere Fröhlichkeit zu beleben oder, richtiger und artiger, um ihr Dauer zu geben? Denn von Belebung unserer Fröhlichkeit sprechen hieße das augenblickliche Vorhandensein derselben in Zweifel ziehen – eine Blasphemie*, deren ich mich nicht schuldig machen werde. Landpartien sind immer fröhlich. Nicht wahr, Krola?«

(griech.) Gotteslästerung, verletzende Äußerung

Krola bestätigte mit einem verschmitzten Lächeln, das für den Eingeweihten eine stille Sehnsucht nach Siechen* oder dem schweren Wagner ausdrücken sollte.

Bierrestaurant mit bekanntem Künstlerstammtisch

Treibel verstand es auch so. »Landpartien also sind immer fröhlich, und dann haben wir das Quartett in Bereitschaft und haben Professor Schmidt in Sicht, und Leopold auch. Ich finde, daß dies allein schon ein Programm ausdrückt.« Und nach diesen Einleitungsworten einen in der Nähe stehenden mittelalterlichen Kellner heranwinkend, fuhr er in einer anscheinend an diesen, in Wahrheit aber an seine Freunde gerichteten Rede fort: »Ich denke, Kellner, wir rücken zunächst einige Tische zusammen, hier zwischen Brunnen und Fliederbosquet*; da haben wir frische Luft und etwas Schatten. Und dann, Freund, sobald die Lokal-

Fliedergebüsch

frage geregelt und das Aktionsfeld abgesteckt ist, dann etwelche Portionen Kaffee, sagen wir vorläufig fünf, Zucker doppelt, und etwas Kuchiges, gleichviel was, mit Ausnahme von altdeutschem Napfkuchen, der mir immer eine Mahnung ist, es mit dem neuen Deutschland ernst und ehrlich zu versuchen. Die Bierfrage können wir später regeln, wenn unser Zuzug eingetroffen ist.«

Dieser Zuzug war nun in der Tat näher, als die ganze Gesellschaft zu hoffen gewagt hatte. Schmidt, in einer ihn begleitenden Wolke herankommend, war müllergrau von Chausseestaub und mußte es sich gefallen lassen, von den jungen, dabei nicht wenig kokettierenden Damen abgeklopft zu werden, und kaum daß er instand gesetzt und in den Kreis der übrigen eingereiht war, so ward auch schon Leopold in einer langsam herantrottenden Droschke sichtbar, und beide Felgentreus (Corinna hielt sich zurück) liefen auch ihm bis auf die Chaussee hinaus entgegen und schwenkten dieselben kleinen Batisttücher zu seiner Begrüßung, mit denen sie eben den alten Schmidt restituiert* und wieder leidlich gesellschaftsfähig gemacht hatten.

(lat.) wiederhergestellt

Auch Treibel hatte sich erhoben und sah der Anfahrt seines Jüngsten zu. »Sonderbar«, sagte er zu Schmidt und Felgentreu, zwischen denen er saß, »sonderbar; es heißt immer, der Apfel fällt nicht weit vom Stamm. Aber mitunter tut er's doch. Alle Naturgesetze schwanken heutzutage. Die Wissenschaft setzt ihnen zu arg zu. Sehen Sie, Schmidt, wenn *ich* Leopold Treibel wäre (mit *meinem* Vater war das etwas anderes, der war noch aus der alten Zeit), so hätte mich doch kein Deubel davon abgehalten, hier heute hoch zu Roß vorzureiten, und hätte mich graziös – denn, Schmidt, wir haben doch auch unsere Zeit gehabt –, hätte mich graziös, sag ich, aus dem Sattel geschwungen und mir mit der Badine* die Stiefel und die Unaussprechlichen abgeklopft und wäre hier, schlecht gerechnet, wie ein junger Gott erschienen, mit einer roten Nelke im Knopfloch, ganz

(franz.) Reitgerte

wie Ehrenlegion oder ein ähnlicher Unsinn. Und nun sehen Sie sich den Jungen an. Kommt er nicht an, als ob er hingerichtet werden sollte? Denn das ist ja gar keine Droschke, das ist ein Karren, eine Schleife*. Weiß der Himmel, wo's nicht drinsteckt, da kommt es auch nicht.«

Schlittenförmiges, in der Landwirtschaft verwendetes Fahrzeug

Unter diesen Worten war Leopold herangekommen, untergefaßt von den beiden Felgentreus, die sich vorgesetzt zu haben schienen, à tout prix* für das »Landpartieliche« zu sorgen. Corinna, wie sich denken läßt, gefiel sich in Mißbilligung dieser Vertraulichkeit und sagte vor sich hin: »Dumme Dinger!« Dann aber erhob auch sie sich, um Leopold gemeinschaftlich mit den andern zu begrüßen.

(franz.) um jeden Preis

Die Droschke draußen hielt noch immer, was dem alten Treibel schließlich auffiel. »Sage, Leopold, warum hält er noch? Rechnet er auf Rückfahrt?«

»Ich glaube, Papa, daß er futtern will.«

»Wohl und weise. Freilich mit seinem Häckselsack wird er nicht weit kommen. Hier müssen energischere Belebungsmittel angewandt werden, sonst passiert was. Bitte, Kellner, geben Sie dem Schimmel ein Seidel*. Aber Löwenbräu. Dessen ist er am bedürftigsten.«

Gefäß bzw. Flüssigkeitsmaß; ca. ein halber Liter

»Ich wette«, sagte Krola, »der Kranke wird von Ihrer Arznei nichts wissen wollen.«

»Ich verbürge mich für das Gegenteil. In dem Schimmel steckt was; bloß heruntergekommen.«

Und während das Gespräch noch andauerte, folgte man dem Vorgange draußen und sah, wie das arme verschmachtete Tier mit Gier das Seidel austrank und in schwaches Freudengewieher ausbrach.

»Da haben wir's«, triumphierte Treibel. »Ich bin ein Menschenkenner; *der* hat bessere Tage gesehen, und mit diesem Seidel zogen alte Zeiten in ihm herauf. Und Erinnerungen sind immer das Beste. Nicht wahr, Jenny?«

Die Kommerzienrätin antwortete mit einem langgedehnten »ja, Treibel« und deutete durch den Ton an, daß er besser täte, sie mit solchen Betrachtungen zu verschonen.

Eine Stunde verging unter allerhand Plaudereien, und wer gerade schwieg, der versäumte nicht, das Bild auf sich wirken zu lassen, das sich um ihn her ausbreitete. Da stieg zunächst eine Terrasse nach dem See hinunter, von dessen anderm Ufer hier man den schwachen Knall einiger Teschings* hörte, mit denen in einer dort etablierten Schießbude nach der Scheibe geschossen wurde, während man aus verhältnismäßiger Nähe das Kugelrollen einer am diesseitigen Ufer sich hinziehenden Doppelkegelbahn und dazwischen die Rufe des Kegeljungen vernahm. Den See selbst aber sah man nicht recht, was die Felgentreuschen Mädchen zuletzt ungeduldig machte. »Wir müssen doch den See sehen. Wir können doch nicht in Halensee gewesen sein, ohne den Halensee gesehen zu haben!« Und dabei schoben sie zwei Stühle mit den Lehnen zusammen und kletterten hinauf, um so den Wasserspiegel vielleicht entdecken zu können. »Ach, da ist er. Etwas klein.«

Kleinkalibrige Handfeuerwaffen

»Das ›Auge der Landschaft‹ muß klein sein«, sagte Treibel. »Ein Ozean ist kein Auge mehr.«

»Und wo nur die Schwäne sind?« fragte die ältere Felgentreu neugierig. »Ich sehe doch zwei Schwanenhäuser.«

»Ja, liebe Elfriede«, sagte Treibel. »Sie verlangen zuviel. Das ist immer so; wo Schwäne sind, sind keine Schwanenhäuser, und wo Schwanenhäuser sind, sind keine Schwäne. Der eine hat den Beutel, der andre hat das Geld. Diese Wahrnehmung, meine junge Freundin, werden Sie noch verschiedentlich im Leben machen. Lassen Sie mich annehmen, nicht zu sehr zu Ihrem Schaden.«

Elfriede sah ihn groß an. Worauf bezog sich das und auf wen? Auf Leopold? Oder auf den früheren Hauslehrer, mit dem sie sich noch schrieb, aber doch nur so, daß es nicht völlig einschlief. Oder auf den Pionierleutnant? Es konnte sich auf alle drei beziehen. Leopold hatte das Geld ... Hm.

»Im übrigen«, fuhr Treibel an die Gesamtheit gewendet

fort, »ich habe mal wo gelesen, daß es immer das geratenste sei, das Schönste nicht auszukosten, sondern mitten im Genusse dem Genuß Valet* zu sagen. Und dieser Gedanke kommt mir auch jetzt wieder. Es ist kein Zweifel, daß dieser Fleck Erde mit zu dem Schönsten zählt, was die Norddeutsche Tiefebene besitzt, durchaus angetan, durch Sang und Bild verherrlicht zu werden, wenn es nicht schon geschehen ist – denn wir haben jetzt eine märkische Schule, vor der nichts sicher ist, Beleuchtungskünstler ersten Ranges, wobei Wort oder Farbe keinen Unterschied macht. Aber eben *weil* es so schön ist, gedenken wir jenes vorzitierten Satzes, der von einem letzten Auskosten nichts wissen will, mit andern Worten beschäftigen wir uns mit dem Gedanken an Aufbruch. Ich sage wohlüberlegt ›Aufbruch‹, nicht Rückfahrt, nicht vorzeitige Rückkehr in die alten Geleise, das sei ferne von mir; dieser Tag hat sein letztes Wort noch nicht gesprochen. Nur ein Scheiden speziell aus diesem Idyll, eh' es uns ganz umstrickt! Ich proponiere* Waldpromenade bis Paulsborn oder, wenn dies zu kühn erscheinen sollte, bis Hundekehle. Die Prosa des Namens wird ausgeglichen durch die Poesie der größeren Nähe. Vielleicht, daß ich mir den besonderen Dank meiner Freundin Felgentreu durch diese Modifikation verdiene.«

(lat.) Lebewohl

(lat.) schlage vor

Frau Felgentreu, der nichts ärgerlicher war als Anspielungen auf ihre Wohlbeleibtheit und Kurzatmigkeit, begnügte sich, ihrem Freunde Treibel den Rücken zu kehren.

»Dank vom Hause Österreich.* Aber es ist immer so, der Gerechte muß viel leiden*. Ich werde mich auf einem verschwiegenen Waldwege bemühen, Ihrem schönen Unmut die Spitze abzubrechen. Darf ich um Ihren Arm bitten, liebe Freundin?«

Zitat aus Schillers Drama *Wallensteins Tod* (II,6)

Zitat aus dem AT (Psalm 34,20)

Und alles erhob sich, um in Gruppen zu zweien und dreien die Terrasse hinabzusteigen und zu beiden Seiten des Sees auf den schon im halben Dämmer liegenden Grunewald zuzuschreiten.

Die Hauptkolonne hielt sich links. Sie bestand, unter Vorantritt des Felgentreuschen Ehepaares (Treibel hatte sich von seiner Freundin wieder frei gemacht), aus dem Krolaschen Quartett, in das sich Elfriede und Blanca Felgentreu derart eingereiht hatten, daß sie zwischen den beiden Referendarien und zwei jungen Kaufleuten gingen. Einer der jungen Kaufleute war ein berühmter Jodler und trug auch den entsprechenden Hut. Dann kamen Otto und Helene, während Treibel und Krola abschlossen.

»Es geht doch nichts über eine richtige Ehe«, sagte Krola zu Treibel und wies auf das junge Paar vor ihnen. »Sie müssen sich doch aufrichtig freuen, Kommerzienrat, wenn Sie Ihren Ältesten so glücklich und so zärtlich neben dieser hübschen und immer blink und blanken Frau einherschreiten sehen. Schon oben saßen sie dicht beisammen, und nun gehen sie Arm in Arm. Ich glaube beinah, sie drücken sich leise.«

»Mir ein sichrer Beweis, daß sie sich vormittags gezankt haben. Otto, der arme Kerl, muß nun Reugeld zahlen.«

»Ach, Treibel, Sie sind ewig ein Spötter. Ihnen kann es keiner recht machen und am wenigsten die Kinder. Glücklicherweise sagen Sie das so hin, ohne recht dran zu glauben. Mit einer Dame, die so gut erzogen wurde, kann man sich überhaupt nicht zanken.«

In diesem Augenblicke hörte man den Jodler einige Juchzer ausstoßen, so tirolerhaft echt, daß sich das Echo der Pichelsberge nicht veranlaßt sah, darauf zu antworten.

Krola lachte. »Das ist der junge Metzner. Er hat eine merkwürdig gute Stimme, wenigstens für einen Dilettanten, und hält eigentlich das Quartett zusammen. Aber sowie er eine Prise frische Luft wittert, ist es mit ihm vorbei. Dann faßt ihn das Schicksal mit rasender Gewalt, und er muß jodeln ... Aber wir wollen von den Kindern nicht abkommen. Sie werden mir doch nicht weismachen wollen« –

Krola war neugierig und hörte gern Intimitäten – »Sie werden mir doch nicht weismachen wollen, daß die beiden da vor uns in einer unglücklichen Ehe leben. Und was das Zanken angeht, so kann ich nur wiederholen, Hamburgerinnen stehen auf einer Bildungsstufe, die den Zank ausschließt.«

Treibel wiegte den Kopf. »Ja, sehen Sie, Krola, Sie sind nun ein so gescheiter Kerl und kennen die Weiber, ja, wie soll ich sagen, Sie kennen sie, wie sie nur ein Tenor kennen kann. Denn ein Tenor geht noch weit übern Leutnant. Und doch offenbaren Sie hier in dem speziell Ehelichen, was noch wieder ein Gebiet für sich ist, ein furchtbares Manquement*. Und warum? Weil Sie's in Ihrer eigenen Ehe, gleichviel nun, ob durch Ihr oder Ihrer Frau Verdienst, ausnahmsweise gut getroffen haben. Natürlich, wie Ihr Fall beweist, kommt auch *das* vor. Aber die Folge davon ist einfach die, daß Sie – auch das Beste hat seine Kehrseite –, daß Sie, sag ich, kein richtiger Ehemann sind, daß Sie keine volle Kenntnis von der Sache haben; Sie kennen den Ausnahmefall, aber nicht die Regel. Über Ehe kann nur sprechen, wer sie durchgefochten hat, nur der Veteran, der auf Wundenmale zeigt … Wie heißt es doch? ›Nach Frankreich zogen zwei Grenadier', die ließen die Köpfe hangen …‹ Da haben Sie's.«

(franz.) Mangel, Unkenntnis

»Ach, das sind Redensarten, Treibel …«

»… Und die schlimmsten Ehen sind die, lieber Krola, wo furchtbar ›gebildet‹ gestritten wird, wo, wenn Sie mir den Ausdruck gestatten wollen, eine Kriegsführung mit Sammethandschuhen stattfindet oder, richtiger noch, wo man sich, wie beim römischen Karneval, Konfetti ins Gesicht wirft. Es sieht hübsch aus, aber verwundet doch. Und in dieser Kunst anscheinend gefälligen Konfettiwerfens ist meine Schwiegertochter eine Meisterin. Ich wette, daß mein armer Otto schon oft bei sich gedacht hat, wenn sie dich doch kratzte, wenn sie doch mal außer sich wäre, wenn sie doch mal sagte: Scheusal oder Lügner oder elender Verführer …«

»Aber, Treibel, das kann sie doch nicht sagen. Das wäre ja Unsinn. Otto ist ja doch kein Verführer, also auch kein Scheusal …«

»Ach, Krola, darauf kommt es ja gar nicht an. Worauf es ankommt, ist, sie muß sich dergleichen wenigstens denken können, sie muß eine eifersüchtige Regung haben und in solchem Momente muß es afrikanisch aus ihr losbrechen. Aber alles, was Helene hat, hat höchstens die Temperatur der Uhlenhorst. Sie hat nichts als einen unerschütterlichen Glauben an Tugend und Windsorsoap*.«

Gewöhnliche Seife des täglichen Gebrauchs

»Nun meinetwegen. Aber wenn es so ist, wo kommt dann der Zank her?«

»Der kommt doch. Er tritt nur anders auf, anders, aber nicht besser. Kein Donnerwetter, nur kleine Worte mit dem Giftgehalt eines halben Mückenstichs, oder aber Schweigen, Stummheit, Muffeln, ⌜das innere Düppel⌝ der Ehe, während nach außen hin das Gesicht keine Falte schlägt. Das sind so die Formen. Und ich fürchte, die ganze Zärtlichkeit, die wir da vor uns wandeln sehen und die sich augenscheinlich sehr einseitig gibt, ist nichts als ein Bußetun – Otto Treibel im ⌜Schloßhof zu Canossa⌝ und mit Schnee unter den Füßen. Sehen Sie nun den armen Kerl; er biegt den Kopf in einem fort nach rechts, und Helene rührt sich nicht und kommt aus der graden Hamburger Linie nicht heraus … Aber jetzt müssen wir schweigen. Ihr Quartett hebt eben an. Was ist es denn?«

»Es ist das bekannte: ⌜›Ich weiß nicht, was soll es bedeuten?‹⌝«

»Ah, das ist recht. Eine jederzeit wohl aufzuwerfende Frage, besonders auf Landpartien.«

Rechts um den See hin gingen nur zwei Paare, vorauf der alte Schmidt und seine Jugendfreundin Jenny und in einiger Entfernung hinter ihnen Leopold und Corinna.

(franz.) Leichter modischer Damenmantel

Schmidt hatte seiner Dame den Arm gereicht und zugleich gebeten, ihr die Mantille* tragen zu dürfen, denn es war etwas schwül unter den Bäumen. Jenny hatte das Anerbieten auch dankbar angenommen; als sie aber wahrnahm, daß der gute Professor den Spitzenbesatz immer nachschleppen und sich abwechselnd in Wacholder und Heidekraut verfangen ließ, bat sie sich die Mantille wieder aus. »Sie sind noch geradeso wie vor vierzig Jahren, lieber Schmidt. Galant, aber mit keinem rechten Erfolge.«

»Ja, gnädigste Frau, diese Schuld kann ich nicht von mir abwälzen, und sie war zugleich mein Schicksal. Wenn ich mit meinen Huldigungen erfolgreicher gewesen wäre, denken Sie, wie ganz anders sich mein Leben und auch das Ihrige gestaltet hätte ...«

Jenny seufzte leise.

»Ja, gnädigste Frau, dann hätten Sie das Märchen Ihres Lebens nie begonnen. Denn alles große Glück ist ein Märchen.«

»Alles große Glück ist ein Märchen«, wiederholte Jenny langsam und gefühlvoll. »Wie wahr, wie schön! Und sehen Sie, Wilibald, daß das beneidete Leben, das ich jetzt führe, meinem Ohr und meinem Herzen solche Worte versagt, daß lange Zeiten vergehen, ehe Aussprüche von solcher poetischen Tiefe zu mir sprechen, das ist für eine Natur, wie sie mir nun mal geworden, ein ewig zehrender Schmerz. Und Sie sprechen dabei von Glück, Wilibald, sogar von großem Glück! Glauben Sie mir, mir, die ich dies alles durchlebt habe, diese soviel begehrten Dinge sind wertlos für den, der sie hat. Oft, wenn ich nicht schlafen kann und mein Leben überdenke, wird es mir klar, daß das Glück, das anscheinend soviel für mich tat, mich nicht *die* Wege geführt hat, die für mich paßten, und daß ich in einfacheren Verhältnissen und als Gattin eines in der Welt der Ideen und vor allem auch des Idealen stehenden Mannes wahrscheinlich glücklicher geworden wäre. Sie wissen, wie gut Treibel ist und daß ich ein dankbares Gefühl für seine Güte habe. Trotzdem muß ich es leider aussprechen, es fehlt mir, meinem Manne gegenüber, jene hohe Freude der Unterordnung, die doch unser schönstes Glück ausmacht und so recht gleichbedeutend ist mit echter Liebe. Niemandem darf ich dergleichen sagen; aber vor Ihnen, Wilibald, mein Herz auszuschütten ist, glaub ich, mein schön menschliches Recht und vielleicht sogar meine Pflicht ...«

Schmidt nickte zustimmend und sprach dann ein einfaches: »Ach, Jenny ...« mit einem Tone, drin er den ganzen Schmerz eines verfehlten Lebens zum Ausdruck zu bringen trachtete. Was ihm auch gelang. Er lauschte selber dem Klang und beglückwünschte sich im stillen, daß er sein Spiel so gut gespielt habe. Jenny, trotz aller Klugheit, war doch eitel genug, an das »Ach« ihres ehemaligen Anbeters zu glauben.

So gingen sie, schweigend und anscheinend ihren Gefühlen hingegeben, nebeneinander her, bis Schmidt die Notwendigkeit fühlte, mit irgendeiner Frage das Schweigen zu brechen. Er entschied sich dabei für das alte Rettungsmittel und lenkte das Gespräch auf die Kinder. »Ja, Jenny«, hob er mit immer noch verschleierter Stimme an, »was versäumt ist, ist versäumt. Und wer fühlte das tiefer, als ich selbst. Aber eine Frau wie Sie, die das Leben begreift, findet auch im Leben selbst ihren Trost, vor allem in der Freude täglicher Pflichterfüllung. Da sind in erster Reihe die Kinder, ja, schon ein Enkelkind ist da, wie Milch und Blut, das liebe Lizzichen, und das sind dann, mein ich, die Hülfen, daran Frauenherzen sich aufrichten müssen. Und wenn ich auch Ihnen gegenüber, teure Freundin, von einem eigentlichen Eheglücke nicht sprechen will, denn wir sind wohl einig in dem, was Treibel ist und nicht ist, so darf ich doch sagen, Sie sind eine glückliche Mutter. Zwei Söhne sind Ihnen herangewachsen, gesund oder doch was man so gesund zu nennen pflegt, von guter Bildung und guten Sitten.

Und bedenken Sie, was allein dies letzte heutzutage bedeuten will. Otto hat sich nach Neigung verheiratet und sein Herz einer schönen und reichen Dame geschenkt, die, soviel ich weiß, der Gegenstand allgemeiner Verehrung ist, und wenn ich recht berichtet bin, so bereitet sich im Hause Treibel ein zweites Verlöbnis vor, und Helenes Schwester steht auf dem Punkte, Leopolds Braut zu werden …«

»Wer sagt das?« fuhr jetzt Jenny heraus, plötzlich aus dem sentimental Schwärmerischen in den Ton ausgesprochenster Wirklichkeit verfallend. »Wer sagt das?«

Schmidt geriet, diesem erregten Tone gegenüber, in eine kleine Verlegenheit. Er hatte sich das so gedacht oder vielleicht auch mal etwas Ähnliches gehört und stand nun ziemlich ratlos vor der Frage »wer sagt das?«. Zum Glück war es damit nicht sonderlich ernsthaft gemeint, so wenig, daß Jenny, ohne eine Antwort abgewartet zu haben, mit großer Lebhaftigkeit fortfuhr: »Sie können gar nicht ahnen, Freund, wie mich das alles reizt. Das ist so die seitens des Holzhofs beliebte Art, mir die Dinge über den Kopf weg zu nehmen. Sie, lieber Schmidt, sprechen nach, was Sie hören, aber die, die solche Dinge wie von ungefähr unter die Leute bringen, mit denen hab ich ernstlich ein Hühnchen zu pflücken. Es ist eine Insolenz*. Und Helene mag sich vorsehen.«

Vgl. Erl. zu 97,7.

»Aber, Jenny, liebe Freundin, Sie dürfen sich nicht so erregen. Ich habe das so hingesagt, weil ich es als selbstverständlich annahm.«

»Als selbstverständlich«, wiederholte Jenny spöttisch, die, während sie das sagte, die Mantille wieder abriß und dem Professor über den Arm warf. »Als selbstverständlich. So weit also hat es der Holzhof schon gebracht, daß die nächsten Freunde solche Verlobung als eine Selbstverständlichkeit ansehen. Es ist aber keine Selbstverständlichkeit, ganz im Gegenteil, und wenn ich mir vergegenwärtige, daß Ottos alles besser wissende Frau neben ihrer Schwester Hildegard ein bloßer Schatten sein soll – und ich glaub es gern, denn sie war schon als Backfisch von einer geradezu ridikülen* Überheblichkeit –, so muß ich sagen, ich habe an einer Hamburger Schwiegertochter aus dem Hause Munk gerade genug.«

(franz.) lächerlichen, lachhaften

»Aber, teuerste Freundin, ich begreife Sie nicht. Sie setzen mich in das aufrichtigste Erstaunen. Es ist doch kein Zweifel, daß Helene eine schöne Frau ist und von einer, wenn ich mich so ausdrücken darf, ganz aparten Appetitlichkeit ...«

Jenny lachte.

»... Zum Anbeißen, wenn sie mir das Wort gestatten«, fuhr Schmidt fort, »und von jenem eigentümlichen Charme, den schon von alters her alles besitzt, was mit dem flüssigen Element in eine konstante Berührung kommt. Vor allem aber ist mir kein Zweifel darüber, daß Otto seine Frau liebt, um nicht zu sagen in sie verliebt ist. Und *Sie*, Freundin, Ottos leibliche Mutter, fechten gegen dies Glück an und sind empört, dies Glück in Ihrem Hause vielleicht verdoppelt zu sehen. Alle Männer sind abhängig von weiblicher Schönheit; ich war es auch, und ich möchte beinah sagen dürfen, ich bin es noch, und wenn nun diese Hildegard, wie mir durchaus wahrscheinlich – denn die Nestkücken sehen immer am besten aus –, wenn diese Hildegard noch über Helenen hinauswächst, so weiß ich nicht, was Sie gegen sie haben können. Leopold ist ein guter Junge, von vielleicht nicht allzu feurigem Temperament; aber ich denke mir, daß er doch nichts dagegen haben kann, eine sehr hübsche Frau zu heiraten. Sehr hübsch und reich dazu.«

»Leopold ist ein Kind und darf sich überhaupt nicht nach eigenem Willen verheiraten, am wenigsten aber nach dem Willen seiner Schwägerin Helene. Das fehlte noch, das hieße denn doch abdanken und mich ins Altenteil setzen. Und wenn es sich noch um eine junge Dame handelte, der gegenüber einen allenfalls die Lust anwandeln könnte, sich unterzuordnen, also eine Freiin oder eine wirkliche, ich meine eine richtige Geheimratstochter oder die Tochter eines Oberhofpredigers ... Aber ein unbedeutendes Ding, das nichts kennt, als mit Ponys nach Blankenese fahren, und sich einbildet, mit einem Goldfaden in der Plattstichnadel eine Wirtschaft führen oder wohl gar Kinder erziehen zu können, und ganz ernsthaft glaubt, daß wir hierzulande nicht einmal eine Seezunge von einem Steinbutt unterscheiden können, und immer von Lobster spricht, wo wir Hummer sagen, und Curry-Powder und Soja wie höhere Geheimnisse behandelt – ein solcher eingebildeter Quack*, lieber Wilibald, das ist nichts für meinen Leopold. Leopold, trotz allem, was ihm fehlt, soll höher hinaus. Er ist nur einfach, aber er ist gut, was doch auch einen Anspruch gibt. Und deshalb soll er eine kluge Frau haben, eine wirklich kluge; Wissen und Klugheit und überhaupt das Höhere – darauf kommt es an. Alles andere wiegt keinen Pfifferling. Es ist ein Elend mit den Äußerlichkeiten. Glück, Glück! Ach Wilibald, daß ich es in solcher Stunde gerade vor Ihnen bekennen muß, das Glück, es ruht *hier* allein.« Und dabei legte sie die Hand aufs Herz.

Hier: dumme Gans

Leopold und Corinna waren in einer Entfernung von etwa fünfzig Schritt gefolgt und hatten ihr Gespräch in herkömmlicher Art geführt, d. h., Corinna hatte gesprochen. Leopold war aber fest entschlossen, auch zu Worte zu kommen, wohl oder übel. Der quälende Druck der letzten Tage machte, daß er vor dem, was er vorhatte, nicht mehr so geängstigt stand wie früher; – er mußte sich eben Ruhe schaffen. Ein paarmal schon war er nahe daran gewesen, eine wenigstens auf sein Ziel überleitende Frage zu tun; wenn er dann aber der Gestalt seiner stattlich vor ihm dahinschreitenden Mutter ansichtig wurde, gab er's wieder auf, so daß er schließlich den Vorschlag machte, eine gerade vor ihnen liegende Waldlichtung in schräger Linie zu passieren, damit sie, statt immer zu folgen, auch mal an die Tete* kämen. Er wußte zwar, daß er infolge dieses Manövers den Blick der Mama vom Rücken oder von der Seite her haben würde, aber etwas auf den Vogel Strauß hin angelegt, fand er doch eine Beruhigung in dem Gefühl, die seinen Mut beständig lähmende Mama nicht immer gerade vor Augen haben zu müssen. Er konnte sich über diesen eigentümlichen Nervenzustand keine rechte Rechenschaft geben und entschied sich einfach für das, was ihm von zwei Übeln als das kleinere erschien.

(franz.) Spitze

Die Benutzung der Schräglinie war geglückt, sie waren jetzt um ebensoviel voraus, als sie vorher zurück gewesen waren, und ein Gleichgültigkeitsgespräch fallenlassend, das sich, ziemlich gezwungen, um die Spargelbeete von Halensee samt ihrer Kultur und ihrer sanitären Bedeutung* gedreht hatte, nahm Leopold einen plötzlichen Anlauf und sagte: »Wissen Sie, Corinna, daß ich Grüße für Sie habe?«

Die Spargelfelder wurden mit den Abwässern der Stadt gedüngt.

»Von wem?«

»Raten Sie.«

»Nun, sagen wir von Mr. Nelson.«

»Aber das geht doch nicht mit rechten Dingen zu, das ist ja wie Hellseherei; nun können Sie auch noch Briefe lesen, von denen Sie nicht einmal wissen, daß sie geschrieben wurden.«

»Ja, Leopold, dabei könnt' ich Sie nun belassen und mich vor Ihnen als Seherin etablieren. Aber ich werde mich hüten. Denn vor allem, was so mystisch und hypnotisch und geisterseherig ist, haben gesunde Menschen bloß ein Grauen. Und ein Grauen einzuflößen ist nicht das, was ich liebe. Mir ist es lieber, daß mir die Herzen guter Menschen zufallen.«

»Ach, Corinna, das brauchen Sie sich doch nicht erst zu wünschen. Ich kann mir keinen Menschen denken, dessen Herz Ihnen nicht zufiele. Sie sollten nur lesen, was Mr.

(engl.) unterhaltsam, anregend
(engl.) entzückend, reizend
(engl.) übermütig
(engl.) bezaubernd

Nelson über Sie geschrieben hat; mit amusing* fängt er an, und dann kommt charming* und highspirited*, und mit fascinating* schließt er ab. Und dann erst kommen die Grüße, die sich, nach allem, was voraufgegangen, beinahe nüchtern und alltäglich ausnehmen. Aber wie wußten Sie, daß die Grüße von Mr. Nelson kämen?«

»Ein leichteres Rätsel ist mir nicht bald vorgekommen. Ihr Papa teilte mit, Sie kämen erst später, weil Sie nach Liverpool zu schreiben hätten. Nun, Liverpool heißt Mr. Nelson. Und hat man erst Mr. Nelson, so gibt sich das andere von selbst. Ich glaube, daß es mit aller Hellseherei ganz ähnlich liegt. Und sehen Sie, Leopold, mit derselben Leichtigkeit, mit der ich in Mr. Nelsons Brief gelesen habe, mit derselben Sicherheit lese ich zum Beispiel Ihre Zukunft.«

Ein tiefes Aufatmen Leopolds war die Antwort, und sein Herz hätte jubeln mögen in einem Gefühl von Glück und Erlösung. Denn wenn Corinna richtig las, und sie mußte richtig lesen, so war er allem Anfragen und allen damit verknüpften Ängsten überhoben, und *sie* sprach dann aus, was er zu sagen noch immer nicht den Mut finden konnte. Wie beseligt nahm er ihre Hand und sagte: »Das können Sie nicht.«

»Ist es so schwer?«

»Nein. Es ist eigentlich leicht. Aber leicht oder schwer, Corinna, lassen Sie mich's hören. Und ich will auch ehrlich sagen, ob Sie's getroffen haben oder nicht. Nur keine ferne Zukunft, bloß die nächste, allernächste.«

»Nun denn«, hob Corinna schelmisch und hier und da mit besonderer Betonung an, »was ich sehe, ist das: zunächst ein schöner Septembertag, und vor einem schönen Hause halten viele schöne Kutschen, und die vorderste, mit einem Perückenkutscher auf dem Bock und zwei Bedienten hinten, das ist eine Brautkutsche. Der Straßendamm aber steht voller Menschen, die die Braut sehen wollen, und nun kommt die Braut, und neben ihr schreitet ihr Bräutigam, und dieser Bräutigam ist mein Freund Leopold Treibel. Und nun fährt die Brautkutsche, während die anderen Wagen folgen, an einem breiten, breiten Wasser hin ...«

»Aber Corinna, Sie werden doch unsere Spree zwischen Schleuse und Jungfernbrücke nicht ein breites Wasser nennen wollen ...«

»... an einem breiten Wasser hin und hält endlich vor einer gotischen Kirche.«

»Zwölf Apostel* ...«

Im neugotischen Stil erbaute Berliner Kirche (1871–74)

»Und der Bräutigam steigt aus und bietet der Braut seinen Arm, und so schreitet das junge Paar der Kirche zu, drin schon die Orgel spielt und die Lichter brennen.«

»Und nun ...«

»Und nun stehen sie vor dem Altar, und nach dem Ringewechsel wird der Segen gesprochen und ein Lied gesungen oder doch der letzte Vers. Und nun geht es wieder zurück, an demselben breiten Wasser entlang, aber nicht dem Stadthause zu, von dem sie ausgefahren waren, sondern immer weiter ins Freie, bis sie vor einer Cottage-Villa* halten ...«

(engl.) Landhaus

»Ja, Corinna, so soll es sein ...«

»Bis sie vor einer Cottage-Villa halten und vor einem Triumphbogen, an dessen oberster Wölbung ein Riesenkranz hängt, und in dem Kranze leuchten die beiden Anfangsbuchstaben: L und H.«

»L und H?«

»Ja, Leopold, L und H. Und wie könnte es auch anders sein? Denn die Brautkutsche kam ja von der Uhlenhorst her und fuhr die Alster entlang und nachher die Elbe hinunter, und nun halten sie vor der Munkschen Villa draußen in Blankenese, und L heißt Leopold und H heißt Hildegard.«

Einen Augenblick überkam es Leopold wie wirkliche Verstimmung. Aber sich rasch besinnend, gab er der vorgeblichen Seherin einen kleinen Liebesklaps und sagte: »Sie sind immer dieselbe, Corinna. Und wenn der gute Nelson, der der beste Mensch und mein einziger Vertrauter ist, wenn er dies alles gehört hätte, so würd' er begeistert sein und von ›capital fun‹* sprechen, weil Sie mir so gnädig die Schwester meiner Schwägerin zuwenden wollen.«

(engl.) großartigem Scherz

»Ich bin eben eine Prophetin«, sagte Corinna. »Prophetin«, wiederholte Leopold. »Aber diesmal eine falsche. Hildegard ist ein schönes Mädchen, und Hunderte würden sich glücklich schätzen. Aber Sie wissen, wie meine Mama zu dieser Frage steht; sie leidet unter dem beständigen Sich-Besserdünken der dortigen Anverwandten und hat es wohl hundertmal geschworen, daß ihr *eine* Hamburger Schwiegertochter, *eine* Repräsentantin aus dem großen Hause Thompson-Munk, gerade genug sei. Sie hat ganz ehrlich einen halben Haß gegen die Munks, und wenn ich mit Hildegard so vor sie hinträte, so weiß ich nicht, was geschähe; sie würde ›nein‹ sagen, und wir hätten eine furchtbare Szene.«

»Wer weiß«, sagte Corinna, die jetzt das entscheidende Wort ganz nahe wußte.

»... Sie würde ›nein‹ sagen und immer wieder ›nein‹, das ist so sicher wie Amen in der Kirche«, fuhr Leopold mit gehobener Stimme fort. »Aber dieser Fall kann sich gar nicht ereignen. Ich werde nicht mit Hildegard vor sie hintreten und werde statt dessen näher und besser wählen ... Ich weiß, und Sie wissen es auch, das Bild, das Sie da gemalt haben, es war nur Scherz und Übermut, und vor allem wissen Sie, wenn mir Armen überhaupt noch eine Triumphpforte gebaut werden soll, daß der Kranz, der dann zu Häupten hängt, einen ganz anderen Buchstaben als das Hildegard-H in hundert und tausend Blumen tragen müßte. Brauch ich zu sagen, welchen? Ach, Corinna, ich kann ohne Sie nicht leben, und diese Stunde muß über mich entscheiden. Und nun sagen Sie ja oder nein.« Und unter diesen Worten nahm er ihre Hand und bedeckte sie mit Küssen. Denn sie gingen im Schutz einer Haselnußhecke.

Corinna – nach Confessions* wie diese die Verlobung mit gutem Recht als ein Fait accompli* betrachtend – nahm klugerweise von jeder weiteren Auseinandersetzung Abstand und sagte nur kurzerhand: »Aber eines, Leopold, dürfen wir uns nicht verhehlen, uns stehen noch schwere Kämpfe bevor. Deine Mama hat an einer Munk genug, das leuchtet mir ein; aber ob ihr eine Schmidt recht ist, ist noch sehr die Frage. Sie hat zwar mitunter Andeutungen gemacht, als ob ich ein Ideal in ihren Augen wäre, vielleicht weil ich das habe, was dir fehlt, und vielleicht auch was Hildegard fehlt. Ich sage ›vielleicht‹ und kann dies einschränkende Wort nicht genug betonen. Denn die Liebe, das seh ich klar, ist demütig, und ich fühle, wie meine Fehler von mir abfallen. Es soll dies ja ein Kennzeichen sein. Ja, Leopold, ein Leben voll Glück und Liebe liegt vor uns, aber es hat deinen Mut und deine Festigkeit zur Voraussetzung, und hier unter diesem Waldesdom, drin es geheimnisvoll rauscht und dämmert, hier, Leopold, mußt du mir schwören, ausharren zu wollen in deiner Liebe.«

(engl./franz.) Bekenntnissen, Geständnissen

(franz.) vollendete Tatsache

Leopold beteuerte, daß er nicht bloß wolle, daß er es auch werde. Denn wenn die Liebe demütig und bescheiden mache, was gewiß richtig sei, so mache sie sicherlich auch stark. Wenn Corinna sich geändert habe, *er* fühle sich auch ein anderer. »Und«, so schloß er, »das eine darf ich sagen, ich habe nie große Worte gemacht, und Prahlereien werden mir auch meine Feinde nicht nachsagen; aber glaube mir, mir schlägt das Herz so hoch, so glücklich, daß ich mir Schwierigkeiten und Kämpfe beinah herbeiwünsche. Mich drängt es, dir zu zeigen, daß ich deiner wert bin ...«

In diesem Augenblick wurde die Mondsichel zwischen den Baumkronen sichtbar, und von Schloß Grunewald her, vor dem das Quartett eben angekommen war, klang es über den See herüber:

⌜Wenn nach *dir* ich oft vergebens
In die Nacht gesehn,
Scheint der dunkle Strom des Lebens
Trauernd still zu stehn …⌝

Und nun schwieg es, oder der Abendwind, der sich aufmachte, trug die Töne nach der anderen Seite hin. Eine Viertelstunde später hielt alles vor Paulsborn, und nachdem man sich daselbst wieder begrüßt und bei herumgereichtem Crême de Cacao* (Treibel selbst machte die Honneurs*) eine kurze Rast genommen hatte, brach man – die Wagen waren von Halensee her gefolgt – nach einigen Minuten endgültig auf, um die Rückfahrt anzutreten. Die Felgentreus nahmen bewegten Abschied von dem Quartett, jetzt lebhaft beklagend, den von Treibel vorgeschlagenen Kremser abgelehnt zu haben.

(franz.) Süßer Kakaolikör

Hier: schenkte ein

Auch Leopold und Corinna trennten sich, aber doch nicht eher, als bis sie sich, im Schatten des hochstehenden Schilfes, noch einmal fest und verschwiegen die Hände gedrückt hatten.

Elftes Kapitel

Leopold, als man zur Abfahrt sich anschickte, mußte sich mit einem Platz vorn auf dem Bock des elterlichen Landauers begnügen, was ihm, alles in allem, immer noch lieber war als innerhalb des Wagens selbst, en vue* seiner Mutter zu sitzen, die doch vielleicht, sei's im Wald, sei's bei der kurzen Rast in Paulsborn, etwas bemerkt haben mochte; Schmidt benutzte wieder den Vorortszug, während Corinna bei den Felgentreus mit einstieg. Man plazierte sie, so gut es ging, zwischen das den Fond des Wagens redlich ausfüllende Ehepaar, und weil sie nach all dem Voraufgegangenen eine geringere Neigung zum Plaudern als sonst

(franz.) gegenüber, im Sichtfeld

wohl hatte, so kam es ihr außerordentlich zupaß, sowohl Elfriede wie Blanca doppelt redelustig und noch ganz voll und beglückt von dem Quartett zu finden. Der Jodler, eine sehr gute Partie, schien über die freilich nur in Zivil erschienenen Sommerleutnants* einen entschiedenen Sieg davongetragen zu haben. Im übrigen ließen es sich die Felgentreus nicht nehmen, in der Adlerstraße vorzufahren und ihren Gast daselbst abzusetzen. Corinna bedankte sich herzlich und stieg, noch einmal grüßend, erst die drei Steinstufen und gleich danach vom Flur aus die alte Holztreppe hinauf.

Spött. Bez. für Reserveoffiziere, die nur zum sommerlichen Manöver antreten mussten

Sie hatte den Drücker zum Entree nicht mitgenommen, und so blieb ihr nichts anderes übrig, als zu klingeln, was sie nicht gerne tat. Alsbald erschien denn auch die Schmolke, die die Abwesenheit der »Herrschaft«, wie sie mitunter mit Betonung sagte, dazu benutzt hatte, sich ein bißchen sonntäglich herauszuputzen. Das Auffallendste war wieder die Haube, deren Rüschen eben aus dem Tolleisen* zu kommen schienen.

Eine Art Brennschere zum Kräuseln von Stoffen

»Aber liebe Schmolke«, sagte Corinna, während sie die Tür wieder ins Schloß zog, »was ist denn los? Ist Geburtstag? Aber nein, den kenn ich ja. Oder seiner?«

»Nein«, sagte die Schmolke, »seiner is auch nich. Und da werd ich auch nicht solchen Schlips umbinden und solch Band.«

»Aber wenn kein Geburtstag ist, was ist dann?«

»Nichts, Corinna. Muß denn immer etwas sein, wenn man sich mal ordentlich macht? Sieh, du hast gut reden; du sitzt jeden Tag, den Gott werden läßt, eine halbe Stunde vorm Spiegel, und mitunter auch noch länger und brennst dir dein Wuschelhaar ...«

»Aber, liebe Schmolke ...«

»Ja, Corinna, du denkst, ich seh es nicht. Aber ich sehe alles und seh noch viel mehr ... Und ich kann dir auch sagen, Schmolke sagte mal, er fänd' es eigentlich hübsch, solch Wuschelhaar ...«

»Aber war denn Schmolke so?«

»Nein, Corinna, Schmolke war *nich* so. Schmolke war ein sehr anständiger Mann, und wenn man so was Sonderbares und eigentlich Unrechtes sagen darf, er war beinah *zu* anständig. Aber nun gib erst deinen Hut und deine Mantille. Gott, Kind, wie sieht denn das alles aus? Is denn solch furchtbarer Staub? Un noch ein Glück, daß es nich gedrippelt* hat, denn is der Samt hin. Un so viel hat ein Professor auch nich, un wenn er auch nich geradezu klagt, Seide spinnen kann er nich.«

(berlin.) geregnet

»Nein, nein«, lachte Corinna.

»Nu höre, Corinna, da lachst du nu wieder. Das ist aber gar nicht zum Lachen. Der Alte quält sich genug, und wenn er so die Bündel* ins Haus kriegt und die Strippe mitunter nich ausreicht, so viele sind es, denn tut es mir mitunter ordentlich weh hier. Denn Papa is ein sehr guter Mann, und seine Sechzig drücken ihn nu doch auch schon ein bißchen. Er will es freilich nich wahrhaben und tut immer noch so, wie wenn er Zwanzig wäre. Ja, hat sich was. Un neulich ist er von der Pferdebahn runtergesprungen, un ich muß auch gerade dazukommen; na, ich dachte doch gleich, der Schlag soll mich rühren … Aber nun sage, Corinna, was soll ich dir bringen? Oder hast du schon gegessen und bist froh, wenn du nichts siehst …«

die Stapel Schülerhefte, die er korrigieren muss

»Nein, ich habe nichts gegessen. Oder doch so gut wie nichts; die Zwiebacke, die man kriegt, sind immer so alt. Und dann in Paulsborn einen kleinen süßen Likör. Das kann man doch nicht rechnen. Aber ich habe auch keinen rechten Appetit, und der Kopf ist mir so benommen; ich werde am Ende krank …«

»Ach, dummes Zeug, Corinna. Das ist auch eine von deinen Nücken*; wenn du mal Ohrensausen hast oder ein bißchen heiße Stirn, dann redest du immer gleich von Nervenfieber. Un das is eigentlich gottlos, denn man muß den Teufel nich an die Wand malen. Es wird wohl ein bißchen

Schrullen, Marotten

feucht gewesen sein, ein bißchen neblig und Abenddunst.«

»Ja, neblig war es gerade, wie wir neben dem Schilf standen, und der See war eigentlich gar nicht mehr zu sehen. Davon wird es wohl sein. Aber der Kopf ist mir wirklich benommen, und ich möchte zu Bett gehen und mich einmummeln. Und dann mag ich auch nicht mehr sprechen, wenn Papa nach Hause kommt. Und wer weiß, wann, und ob es nicht zu spät wird.«

»Warum ist er denn nich gleich mitgekommen?«

»Er wollte nicht und hat ja auch seinen ›Abend‹ heut. Ich glaube bei Kuhs. Und da sitzen sie meist lange, weil sich die Kälber* mit einmischen. Aber mit Ihnen, liebe, gute Schmolke, möchte ich wohl noch eine halbe Stunde plaudern. Sie haben ja immer so was Herzliches ...«

Abwertende Anspielung auf die Töchter Hannibal Kuhs

»Ach, rede doch nicht, Corinna. Wovon soll ich denn was Herzliches haben? Oder eigentlich, wovon soll ich denn was Herzliches *nich* haben. Du warst ja noch so, als ich ins Haus kam.«

»Nun also, was Herzliches oder auch nicht was Herzliches«, sagte Corinna, »gefallen wird es mir schon. Und wenn ich liege, liebe Schmolke, dann bringen Sie mir meinen Tee ans Bett, die kleine Meißner Kanne, und die andere kleine Kanne, die nehmen Sie sich; und bloß ein paar Teebrötchen, recht dünn geschnitten und nicht zuviel Butter. Denn ich muß mich mit meinem Magen in acht nehmen, sonst wird es gastrisch*, und man liegt sechs Wochen.«

den Magen betreffend; hier Umschreibung für: fieberhafter Magenkatarrh

»Is schon gut«, lachte die Schmolke und ging in die Küche, um den Kessel noch wieder in die Glut zu setzen. Denn heißes Wasser war immer da, und es bullerte* nur noch nicht.

kochte

Eine Viertelstunde später trat die Schmolke wieder ein und fand ihren Liebling schon im Bette. Corinna saß mehr auf als sie lag und empfing die Schmolke mit der trostreichen

Versicherung, »es sei ihr schon viel besser«; was man so immer zum Lobe der Bettwärme sage, das sei doch wahr, und sie glaube jetzt beinahe, daß sie noch mal durchkommen und alles glücklich überstehen werde.

»Glaub ich auch«, sagte die Schmolke, während sie das Tablett auf den kleinen, am Kopfende stehenden Tisch setzte. »Nun, Corinna, von welchem soll ich dir einschenken? Der hier, mit der abgebrochenen Tülle*, hat länger gezogen, und ich weiß, du hast ihn gern stark und bitterlich, so daß er schon ein bißchen nach Tinte schmeckt ...«

Ausgussröhre

»Versteht sich, ich will von dem starken. Und dann ordentlich Zucker; aber ganz wenig Milch, Milch macht immer gastrisch.«

»Gott, Corinna, laß doch das Gastrische. Du liegst da wie ein Borsdorfer Apfel* und redst immer, als ob dir der Tod schon um die Nase säße. Nein, Corinnchen, so schnell geht es nich. Un nu nimm dir ein Teebrötchen. Ich habe sie so dünn geschnitten, wie's nur gehen wollte ...«

Vgl. Erl. zu 79,1.

»Das ist recht. Aber da haben Sie ja eine Schinkenstulle mit reingebracht.«

»Für mich, Corinnchen. Ich will doch auch was essen.«

»Ach, liebe Schmolke, da möcht ich mich aber doch zu Gaste laden. Die Teebrötchen sehen ja nach gar nichts aus, und die Schinkenstulle lacht einen ordentlich an. Und alles schon so appetitlich durchgeschnitten. Nun merk ich erst, daß ich eigentlich hungrig bin. Geben Sie mir ein Schnittchen ab, wenn es Ihnen nicht sauer wird.«

»Wie du nur redest, Corinna. Wie kann es mir denn sauer werden. Ich führe ja bloß die Wirtschaft und bin bloß eine Dienerin.«

»Ein Glück, daß Papa das nicht hört. Sie wissen doch, das kann er nicht leiden, daß Sie so von Dienerin reden, und er nennt es eine falsche Bescheidenheit ...«

»Ja, ja, so sagt er. Aber Schmolke, der auch ein ganz kluger Mann war, wenn er auch nicht studiert hatte, der sagte immer, ›höre, Rosalie, Bescheidenheit ist gut, und eine falsche Bescheidenheit (denn die Bescheidenheit ist eigentlich immer falsch) ist immer noch besser als gar keine‹.«

»Hm«, sagte Corinna, die sich etwas getroffen fühlte, »das läßt sich hören. Überhaupt, liebe Schmolke, Ihr Schmolke muß eigentlich ein ausgezeichneter Mann gewesen sein. Und Sie sagten ja auch vorhin schon, er habe so etwas Anständiges gehabt und beinah *zu* anständig. Sehen Sie, so was höre ich gern, und ich möchte mir wohl etwas dabei denken können. Worin war er denn nun eigentlich so sehr anständig ... Und dann, er war doch bei der Polizei. Nun, offen gestanden, ich bin zwar froh, daß wir eine Polizei haben, und freue mich immer über jeden Schutzmann, an den ich herantreten und den ich nach dem Weg fragen und um Auskunft bitten kann, und das muß wahr sein, alle sind artig und manierlich, wenigstens hab ich es immer so gefunden. Aber das von der Anständigkeit und von *zu* anständig ...«

»Ja, liebe Corinna, das is schon richtig. Aber da sind ja Unterschiedlichkeiten und was sie Abteilungen nennen. Und Schmolke war bei solcher Abteilung.«

»Natürlich. Er kann doch nicht überall gewesen sein.«

»Nein, nicht überall. Und er war gerade bei der allerschwersten, die für den Anstand und die gute Sitte* zu sorgen hat.« Sittenpolizei

»Und so was gibt es?«

»Ja, Corinna, so was gibt es und muß es auch geben. Und wenn nu – was ja doch vorkommt, und auch bei Frauen und Mädchen vorkommt, wie du ja wohl gesehen und gehört haben wirst, denn Berliner Kinder sehen und hören alles –, wenn nu solch armes und unglückliches Geschöpf (denn manche sind wirklich bloß arm und unglücklich) etwas gegen den Anstand und die gute Sitte tut, dann wird sie vernommen und bestraft. Und da, wo die Vernehmung is, da gerade saß Schmolke ...«

»Merkwürdig. Aber davon haben Sie mir ja noch nie was erzählt. Und Schmolke, sagen Sie, war mit dabei? Wirklich, sehr sonderbar. Und Sie meinen, daß er gerade deshalb so sehr anständig und so solide war?«

»Ja, Corinna, das mein ich.«

»Nun, wenn Sie's sagen, liebe Schmolke, so will ich es glauben. Aber ist es nicht eigentlich zum Verwundern? Denn Ihr Schmolke war ja damals noch jung oder so ein Mann in seinen besten Jahren. Und viele von unserem Geschlecht, und gerade solche, sind ja doch oft bildhübsch. Und da sitzt nun einer, wie Schmolke da gesessen, und muß immer streng und ehrbar aussehen, bloß weil er da zufällig sitzt. Ich kann mir nicht helfen, ich finde das schwer. Denn das ist ja gerade so ⌜wie der Versucher in der Wüste: ›Dies alles schenke ich dir.‹⌝«

Die Schmolke seufzte. »Ja, Corinna, daß ich es dir offen gestehe, ich habe auch manchmal geweint, und mein furchtbares Reißen, hier gerad im Nacken, das is noch von der Zeit her. Und zwischen das zweite und dritte Jahr, daß wir verheiratet waren, da hab ich beinah elf Pfund abgenommen, und wenn wir damals schon die vielen Wiegewaagen gehabt hätten, da wär' es wohl eigentlich noch mehr gewesen, denn als ich zu's Wiegen kam, da setzte ich schon wieder an.«

»Arme Frau«, sagte Corinna. »Ja, das müssen schwere Tage gewesen sein. Aber wie kamen Sie denn darüber hin? Und wenn Sie wieder ansetzten, so muß doch so was von Trost und Beruhigung gewesen sein.«

»War auch, Corinnchen. Und weil du ja nu alles weißt, will ich dir auch erzählen, wie's kam un wie ich meine Ruhe wieder kriegte. Denn ich kann dir sagen, es war schlimm, und ich habe mitunter viele Wochen lang kein Auge zugetan. Na, zuletzt schläft man doch ein bißchen; die Natur will es un is auch zuletzt noch stärker als die Eifersucht. Aber Eifersucht ist sehr stark, viel stärker als die Liebe. Mit

Liebe is es nich so schlimm. Aber was ich sagen wollte, wie ich nu so ganz runter war und man bloß noch so hing un bloß noch so viel Kraft hatte, daß ich ihm doch sein Hammelfleisch un seine Bohnen vorsetzen konnte, das heißt, geschnitzelte mocht' er nich un sagte immer, sie schmeckten nach Messer, da sah er doch wohl, daß er mal mit mir reden müsse. Denn *ich* red'te nich, dazu war ich viel zu stolz. Also er wollte reden mit mir, und als es nu soweit war und er die Gelegenheit auch ganz gut abgepaßt hatte, nahm er einen kleinen vierbeinigen Schemel, der sonst immer in der Küche stand, un is mir, als ob es gestern gewesen wäre, un rückte den Schemel zu mir ran und sagte: ›Rosalie, nu sage mal, was hast du denn eigentlich.‹«

Um Corinnas Mund verlor sich jeder Ausdruck von Spott; sie schob das Tablett etwas beiseite, stützte sich, während sie sich aufrichtete, mit dem rechten Arm auf den Tisch und sagte: »Nun weiter, liebe Schmolke.«

»Also, was hast du eigentlich? sagte er zu mir. Na, da stürzten mir denn die Tränen man so pimperlings* raus, und ich sagte: ›Schmolke, Schmolke‹, und dabei sah ich ihn an, als ob ich ihn ergründen wollte. Un ich kann wohl sagen, es war ein scharfer Blick, aber doch immer noch freundlich. Denn ich liebte ihn. Und da sah ich, daß er ganz ruhig blieb un sich gar nicht verfärbte. Un dann nahm er meine Hand, streichelte sie ganz zärtlich un sagte: ›Rosalie, das is alles Unsinn. Davon verstehst du nichts. Davon verstehst du nichts, weil du nicht in der ›Sitte‹ bist. Denn ich sage dir, wer da so tagaus, tagein in der Sitte sitzen muß, dem vergeht es, dem stehen die Haare zu Berge über all das Elend und all den Jammer, und wenn dann welche kommen, die nebenher auch noch ganz verhungert sind, was auch vorkommt, und wo wir ganz genau wissen, da sitzen nu die Eltern zu Hause un grämen sich Tag und Nacht über die Schande, weil sie das arme Wurm, das mitunter sehr merkwürdig dazu gekommen ist, immer noch liebhaben und

in Strömen

helfen und retten möchten, wenn zu helfen und zu retten noch menschenmöglich wäre – ich sage dir, Rosalie, wenn man das jeden Tag sehen muß, un man hat ein Herz im Leibe un hat bei's erste Garderegiment gedient un is für Proppertät* und Strammheit und Gesundheit, na, ich sage dir, denn is es mit Verführung un all so was vorbei, un man möchte rausgehn und weinen, un ein paarmal hab ich's auch, alter Kerl, der ich bin, und von Karessieren* und ›Fräuleinchen‹ steht nichts mehr drin, un man geht nach Hause und is froh, wenn man sein Hammelfleisch kriegt und eine ordentliche Frau hat, die Rosalie heißt. Bist du nu zufrieden, Rosalie?‹ Und dabei gab er mir einen Kuß ...«

Anständigkeit, Ordentlichkeit

Eine Liebschaft haben, Schmeicheln, Liebkosen

Die Schmolke, der bei der Erzählung wieder ganz weh ums Herz geworden war, ging an Corinnas Schrank, um sich ein Taschentuch zu holen. Und als sie sich nun wieder zurechtgemacht hatte, so daß ihr die Worte nicht mehr in der Kehle blieben, nahm sie Corinnas Hand und sagte: »Sieh, so war Schmolke. Was sagst du dazu?«

»Ein sehr anständiger Mann.«

»Na ob.«

In diesem Augenblicke hörte man die Klingel. »Der Papa«, sagte Corinna, und die Schmolke stand auf, um dem Herrn Professor zu öffnen. Sie war auch bald wieder zurück und erzählte, daß sich der Papa nur gewundert habe, Corinnchen nicht mehr zu finden; was denn passiert sei? Wegen ein bißchen Kopfweh gehe man doch nicht gleich zu Bett. Und dann habe er sich seine Pfeife angesteckt und die Zeitung in die Hand genommen und habe dabei gesagt: »Gott sei Dank, liebe Schmolke, daß ich wieder da bin, alle Gesellschaften sind Unsinn; diesen Satz vermache ich Ihnen auf Lebenszeit.« Er habe aber ganz fidel dabei ausgesehen, und sie sei überzeugt, daß er sich eigentlich sehr gut amüsiert habe. Denn er habe den Fehler, den so viele hätten, und die Schmidts voran: sie red'ten über alles und wüßten alles besser. »Ja, Corinnchen, in diesem Belange bist du auch ganz Schmidtsch.«

Corinna gab der guten Alten die Hand und sagte: »Sie werden wohl recht haben, liebe Schmolke, und es ist ganz gut, daß Sie mir's sagen. Wenn *Sie* nicht gewesen wären, wer hätte mir denn überhaupt was gesagt? Keiner. Ich bin ja wie wild aufgewachsen, und ist eigentlich zu verwundern, daß ich nicht noch schlimmer geworden bin, als ich bin. Papa ist ein guter Professor, aber kein guter Erzieher, und dann war er immer zu sehr von mir eingenommen und sagte: ›Das Schmidtsche hilft sich selbst‹ oder ›Es wird schon zum Durchbruch kommen‹.«

»Ja, so was sagt er immer. Aber mitunter ist eine Maulschelle besser.«

»Um Gottes willen, liebe Schmolke, sagen Sie doch so was nicht. Das ängstigt mich.«

»Ach, du bist närrisch, Corinna. Was soll dich denn ängstigen? Du bist ja nun eine große, forsche Person und hast die Kinderschuhe längst ausgetreten und könntest schon sechs Jahre verheiratet sein.«

»Ja«, sagte Corinna, »das könnt' ich, wenn mich wer gewollt hätte. Aber dummerweise hat mich noch keiner gewollt. Und da habe ich denn für mich selber sorgen müssen …«

Die Schmolke glaubte nicht recht gehört zu haben und sagte: »Du hast für dich selber sorgen müssen? Was meinst du damit, was soll das heißen?«

»Es soll heißen, liebe Schmolke, daß ich mich heut abend verlobt habe.«

»Himmlischer Vater, is es möglich. Aber sei nich böse, daß ich mich so verfiere* … Denn es is ja doch eigentlich was Gutes. Na, mit wem denn?«

erschrecke

»Rate.«

»Mit Marcell.«

»Nein, mit Marcell nicht.«

»Mit Marcell nich? Ja, Corinna, dann weiß ich es nich und will es auch nich wissen. Bloß wissen muß ich es am Ende doch. Wer is es denn?«

»Leopold Treibel.«

»Herr, du meine Güte ...«

»Findest du's so schlimm? Hast du was dagegen?«

»I bewahre, wie werd ich denn. Un würde sich auch gar nich vor mir passen. Un denn die Treibels, die sind alle gut un sehr proppre Leute, der alte Kommerzienrat voran, der immer so spaßig is und immer sagt: ›Je später der Abend, je schöner die Leute‹ un ›Noch fuffzig Jahre so wie heut‹ und so was. Und der älteste Sohn is auch sehr gut und Leopold auch. Ein bißchen spitzer, das is wahr, aber heiraten is ja nich bei Renz in'n Zirkus*. Und Schmolke sagte oft: ›Höre, Rosalie, das laß gut sein, *so* was täuscht, da kann man sich irren; die Dünnen un die so schwach aussehen, die sind oft gar nich so schwach.‹ Ja, Corinna, die Treibels sind gut, un bloß die Mama, die Kommerzienrätin, ja höre, da kann ich mir nich helfen, die Rätin, die hat so was, was mir nich recht paßt, un ziert sich immer un tut so, un wenn was Weinerliches erzählt wird von einem Pudel, der ein Kind aus dem Kanal gezogen, oder wenn der Professor was vorpredigt un mit seiner Baßstimme so vor sich hin brummelt: ›wie der Unsterbliche sagt‹ ... un dann kommt immer ein Name, den kein Christenmensch kennt un die Kommerzienrätin woll auch nich – dann hat sie gleich immer ihre Träne un sind immer wie Stehtränen, die gar nich runter woll'n.«

Berühmter Zirkus mit festem Haus in Berlin

»Daß sie so weinen kann, ist aber doch eigentlich was Gutes, liebe Schmolke.«

»Ja, bei manchem is es was Gutes un zeigt ein weiches Herz. Un ich will auch weiter nichts sagen un lieber an meine eigne Brust schlagen, un muß auch, denn mir sitzen sie auch man lose ... Gott, wenn ich daran denke, wie Schmolke noch lebte, na, da war vieles anders, un Billetter*

(franz.) Eintrittskarten, Theaterkarten

für den dritten Rang hatte Schmolke jeden Tag un mitunter auch für den zweiten. Un da machte ich mich denn fein, Corinna, denn ich war damals noch keine Dreißig un noch ganz gut im Stande. Gott, Kind, wenn ich daran denke! Da war damals eine, die hieß die ⌜Erharten, die nachher einen Grafen geheiratet⌝. Ach, Corinnchen, da hab ich auch manche schöne Träne vergossen. Ich sage schöne Träne, denn es erleichtert einen. Un in Maria Stuart war es am meisten. Da war denn doch eine Schnauberei, daß man gar nichts mehr verstehn konnte, das heißt aber bloß ganz zuletzt, wie sie von all ihre Dienerinnen und von ihrer alten Amme Abschied nimmt, alle ganz schwarz, un sie selber immer mit's Kreuz, ganz wie 'ne Katholische. Aber die Erharten war keine. Un wenn ich mir das alles wieder so denke, un wie ich da aus der Träne gar nich rausgekommen bin, da kann ich auch gegen die Kommerzienrätin eigentlich nichts sagen.«

Corinna seufzte, halb im Scherz und halb im Ernst.

»Warum seufzt du, Corinna?«

»Ja, warum seufzte ich, liebe Schmolke? Ich seufze, weil ich glaube, daß Sie recht haben und daß sich gegen die Rätin eigentlich nichts sagen läßt, bloß weil sie so leicht weint oder immer einen Flimmer im Auge hat. Gott, den hat mancher. Aber die Rätin ist freilich eine ganz eigene Frau, und ich trau ihr nicht, und der arme Leopold hat eigentlich eine große Furcht vor ihr und weiß auch noch nicht, wie er da heraus will. Es wird eben noch allerlei harte Kämpfe geben. Aber ich laß es darauf ankommen und halt ihn fest, und wenn meine Schwiegermutter gegen mich ist, so schad't es am Ende nicht allzuviel. Die Schwiegermütter sind eigentlich immer dagegen, und jede denkt, ihr Püppchen ist zu schade. Na, wir werden ja sehn; ich habe sein Wort, und das andere muß sich finden.«

»Das ist recht, Corinna, halt ihn fest. Eigentlich hab ich ja einen Schreck gekriegt, und glaube mir, Marcell wäre bes-

(ugs.) Da hilft nichts!

ser gewesen, denn ihr paßt zusammen. Aber das sag ich so bloß zu dir. Un da du nu mal den Treibelschen hast, na, so hast du'n, un da hilft kein Prätzelbacken*, un er muß stillhalten und die Alte auch. Ja, die Alte erst recht. Der gönn ich's.«

Corinna nickte.

»Un nu schlafe, Kind. Ausschlafen is immer gut, denn man kann nie wissen, wie's kommt, un wie man den andern Tag seine Kräfte braucht.«

Zwölftes Kapitel

Ziemlich um dieselbe Zeit, wo der Felgentreusche Wagen in der Adlerstraße hielt, um Corinna daselbst abzusetzen, hielt auch der Treibelsche Wagen vor der kommerzienrätlichen Wohnung, und die Rätin samt ihrem Sohne Leopold stiegen aus, während der alte Treibel auf seinem Platze blieb und das junge Paar – das wieder die Pferde geschont hatte – die Köpnicker Straße hinunter bis an den »Holzhof« begleitete. Von dort aus, nach einem herzhaften Schmatz (denn er spielte gern den zärtlichen Schwiegervater), ließ er sich zu Buggenhagens fahren, wo Parteiversammlung war. Er wollte doch mal wieder sehen, wie's stünde, und, wenn nötig, auch zeigen, daß ihn die Korrespondenz in der »Nationalzeitung« nicht niedergeschmettert habe.

Die Kommerzienrätin, die für gewöhnlich die politischen Gänge Treibels belächelte, wenn nicht beargwohnte – was auch vorkam –, heute segnete sie Buggenhagen und war froh, ein paar Stunden allein sein zu können. Der Gang mit Wilibald hatte so vieles wieder in ihr angeregt. Die Gewißheit, sich verstanden zu sehen – es war doch eigentlich das Höhere. »Viele beneiden mich, aber was hab ich am Ende?

Stuck und Goldleisten und die Honig mit ihrem sauersüßen Gesicht. Treibel ist gut, besonders auch gegen mich; aber die Prosa lastet bleischwer auf ihm, und wenn *er* es nicht empfindet, *ich* empfinde es … Und dabei Kommerzienrätin und immer wieder Kommerzienrätin. Es geht nun schon in das zehnte Jahr, und er rückt nicht höher hinauf, trotz aller Anstrengungen. Und wenn es so bleibt, und es wird so bleiben, so weiß ich wirklich nicht, ob nicht das andere, das auf Kunst und Wissenschaft deutet, doch einen feineren Klang hat. Ja, den hat es … Und mit den ewigen guten Verhältnissen! Ich kann doch auch nur eine Tasse Kaffee trinken, und wenn ich mich zu Bett lege, so kommt es darauf an, daß ich schlafe. Birkenmaser oder Nußbaum macht keinen Unterschied, aber Schlaf oder Nichtschlaf, das macht einen, und mitunter flieht mich der Schlaf, der des Lebens Bestes ist, weil er uns das Leben vergessen läßt … Und auch die Kinder wären anders. Wenn ich die Corinna ansehe, das sprüht alles von Lust und Leben, und wenn sie bloß *so* macht, so steckt sie meine beiden Jungen in die Tasche. Mit Otto ist nicht viel, und mit Leopold ist gar nichts.«

Jenny, während sie sich in süße Selbsttäuschungen wie diese versenkte, trat ans Fenster und sah abwechselnd auf den Vorgarten und die Straße. Drüben, im Hause gegenüber, hoch oben in der offenen Mansarde, stand, wie ein Schattenriß in hellem Licht, eine Plätterin, die mit sicherer Hand über das Plättbrett hinfuhr – ja, es war ihr, als höre sie das Mädchen singen. Der Kommerzienrätin Auge mochte von dem anmutigen Bilde nicht lassen, und etwas wie wirklicher Neid überkam sie. Sie sah erst fort, als sie bemerkte, daß hinter ihr die Tür ging. Es war Friedrich, der den Tee brachte. »Setzen Sie hin, Friedrich, und sagen Sie Fräulein Honig, es wäre nicht nötig.«

»Sehr wohl, Frau Kommerzienrätin. Aber hier ist ein Brief.«

»Ein Brief?« fuhr die Rätin heraus. »Von wem?«

»Vom jungen Herrn.«

»Von Leopold?«

»Ja, Frau Kommerzienrätin ... Und es wäre Antwort ...«

»Brief ... Antwort ... Er ist nicht recht gescheit«, und die Kommerzienrätin riß das Kuvert auf und überflog den Inhalt. »Liebe Mama! Wenn es Dir irgend paßt, ich möchte heute noch eine kurze Unterredung mit Dir haben. Laß mich durch Friedrich wissen, ja oder nein. Dein Leopold.«

Jenny war derart betroffen, daß ihre sentimentalen Anwandlungen auf der Stelle hinschwanden. Soviel stand fest, daß das alles nur etwas sehr Fatales bedeuten konnte. Sie raffte sich aber zusammen und sagte: »Sagen Sie Leopold, daß ich ihn erwarte.«

Das Zimmer Leopolds lag über dem ihrigen; sie hörte deutlich, daß er rasch hin und her ging und ein paar Schubkästen, mit einer ihm sonst nicht eigenen Lautheit, zuschob. Und gleich danach, wenn nicht alles täuschte, vernahm sie seinen Schritt auf der Treppe.

Sie hatte recht gehört, und nun trat er ein und wollte (sie stand noch in der Nähe des Fensters) durch die ganze Länge des Zimmers auf sie zuschreiten, um ihr die Hand zu küssen; der Blick aber, mit dem sie ihm begegnete, hatte etwas so Abwehrendes, daß er stehenblieb und sich verbeugte.

»Was bedeutet das, Leopold? Es ist jetzt zehn, also nachtschlafende Zeit, und da schreibst du mir ein Billett und willst mich sprechen. Es ist mir neu, daß du was auf der Seele hast, was keinen Aufschub bis morgen früh duldet. Was hast du vor? Was willst du?«

»Mich verheiraten, Mutter. Ich habe mich verlobt.«

Die Kommerzienrätin fuhr zurück, und ein Glück war es, daß das Fenster, an dem sie stand, ihr eine Lehne gab. Auf viel Gutes hatte sie nicht gerechnet, aber eine Verlobung über ihren Kopf hinweg, das war doch mehr, als sie gefürchtet. War es eine der Felgentreus? Sie hielt beide für dumme Dinger und die ganze Felgentreuerei für erheblich unterm Stand; er, der Alte, war Lageraufseher in einem großen Ledergeschäft gewesen und hatte schließlich die hübsche Wirtschaftsmamsell des Prinzipals*, eines mit seiner weiblichen Umgebung oft wechselnden Witwers, geheiratet. So hatte die Sache begonnen und ließ in ihren Augen viel zu wünschen übrig. Aber verglichen mit den Munks war es noch lange das Schlimmste nicht, und so sagte sie denn: »Elfriede oder Blanca?«

(lat.) Geschäftsinhabers

»Keine von beiden.«

»Also ...«

»Corinna.«

Das war zuviel. Jenny kam in ein halb ohnmächtiges Schwanken, und sie wäre, angesichts ihres Sohnes, zu Boden gefallen, wenn sie der schnell Herzuspringende nicht aufgefangen hätte. Sie war nicht leicht zu halten und noch weniger leicht zu tragen; aber der arme Leopold, den die ganze Situation über sich selbst hinaus hob, bewährte sich auch physisch und trug die Mama bis ans Sofa. Danach wollte er auf den Knopf der elektrischen Klingel drücken, Jenny war aber, wie die meisten ohnmächtigen Frauen, doch nicht ohnmächtig genug, um nicht genau zu wissen, was um sie her vorging, und so faßte sie denn seine Hand, zum Zeichen, daß das Klingeln zu unterbleiben habe.

Sie erholte sich auch rasch wieder, griff nach dem vor ihr stehenden Flacon mit Kölnischem Wasser und sagte, nachdem sie sich die Stirn damit betupft hatte:

»Also mit Corinna.«

»Ja, Mutter.«

»Und alles nicht bloß zum Spaß. Sondern um euch wirklich zu heiraten.«

»Ja, Mutter.«

»Und hier in Berlin und in der Luisenstädtschen Kirche, darin dein guter, braver Vater und ich getraut wurden?«

»Ja, Mutter.«

»Ja, Mutter, und immer wieder ja, Mutter. Es klingt, als ob du nach Kommando sprächst und als ob dir Corinna gesagt hätte, sage nur immer: Ja, Mutter. Nun, Leopold, wenn es so ist, so können wir beide unsere Rollen rasch auswendig lernen. Du sagst in einem fort ›ja, Mutter‹, und ich sage in einem fort, ›nein, Leopold‹. Und dann wollen wir sehen, was länger vorhält, dein ›Ja‹ oder mein ›Nein‹.«

»Ich finde, daß du es dir etwas leicht machst, Mama.«

»Nicht, daß ich wüßte. Wenn es aber so sein sollte, so bin ich bloß deine gelehrige Schülerin. Jedenfalls ist es ein Operieren ohne Umschweife, wenn ein Sohn vor seine Mutter hintritt und ihr kurzweg erklärt: ›Ich habe mich verlobt.‹ So geht das nicht in guten Häusern. Das mag beim Theater so sein oder vielleicht auch bei Kunst und Wissenschaft, worin die kluge Corinna ja großgezogen ist, und einige sagen sogar, daß sie dem Alten die Hefte korrigiert. Aber wie dem auch sein möge, bei Kunst und Wissenschaft mag das gehen, meinetwegen, und wenn sie den alten Professor, ihren Vater (übrigens ein Ehrenmann) auch ihrerseits mit einem ›ich habe mich verlobt‹ überrascht haben sollte, nun, so mag *der* sich freuen; er hat auch Grund dazu, denn die Treibels wachsen nicht auf den Bäumen und können nicht von jedem, der vorbeigeht, heruntergeschüttelt werden. Aber ich freue mich *nicht* und verbiete dir diese Verlobung. Du hast wieder gezeigt, wie ganz unreif du bist, ja, daß ich es ausspreche, Leopold, wie knabenhaft.«

»Liebe Mama, wenn du mich etwas mehr schonen könntest …«

»Schonen? Hast du mich geschont, als du dich auf diesen Unsinn einließest? Du hast dich verlobt, sagst du. Wem willst du das weismachen? *Sie* hat sich verlobt, und *du* bist bloß verlobt worden. Sie spielt mit dir, und anstatt dir das zu verbitten, küssest du ihr die Hand und lässest dich einfangen wie die Gimpel*. Nun, ich hab es nicht hindern kön-

Eigentl. Dompfaff bzw. Blutfink; hier: Trottel, Einfältigen

nen, aber das Weitere, das kann ich hindern und werde es hindern. Verlobt euch, soviel ihr wollt, aber wenn ich bitten darf, im verschwiegenen und verborgenen; an ein Heraustreten damit ist nicht zu denken. Anzeigen erfolgen nicht, und wenn du deinerseits Anzeigen machen willst, so magst du die Gratulationen in einem Hotel garni* in Empfang nehmen. In meinem Hause nicht. In meinem Hause existiert keine Verlobung und keine Corinna. Damit ist es vorbei. Das alte Lied vom Undank erfahr ich nun an mir selbst und muß erkennen, daß man unklug daran tut, Personen zu verwöhnen und gesellschaftlich zu sich heraufzuziehen. Und mit dir steht es nicht besser. Auch du hättest mir diesen Gram ersparen können und diesen Skandal. Daß du verführt bist, entschuldigt dich nur halb. Und nun kennst du meinen Willen, und ich darf wohl sagen, auch deines Vaters Willen, denn soviel Torheiten er begeht, in *den* Fragen, wo die Ehre seines Hauses auf dem Spiele steht, ist Verlaß auf ihn. Und nun geh, Leopold, und schlafe, wenn du schlafen kannst. Ein gut Gewissen ist ein gutes Ruhekissen ...«

Preiswertes Tageshotel, das nur Frühstück anbietet

Leopold biß sich auf die Lippen und lächelte verbittert vor sich hin.

»... Und bei dem, was du vielleicht vorhast – denn du lächelst und stehst so trotzig da, wie ich dich noch gar nicht gesehen habe, was auch bloß der fremde Geist und Einfluß ist –, bei dem, was du vielleicht vorhast, Leopold, vergiß nicht, daß der Segen der Eltern den Kindern Häuser baut. Wenn ich dir raten kann, sei klug und bringe dich nicht um einer gefährlichen Person und einer flüchtigen Laune willen um die Fundamente, die das Leben tragen und ohne die es kein rechtes Glück gibt.«

Leopold, der sich, zu seinem eigenen Erstaunen, all die Zeit über durchaus nicht niedergeschmettert gefühlt hatte, schien einen Augenblick antworten zu wollen; ein Blick auf die Mutter aber, deren Erregung, während sie sprach, nur immer noch gewachsen war, ließ ihn erkennen, daß jedes Wort die Schwierigkeit der Lage bloß steigern würde; so verbeugte er sich denn ruhig und verließ das Zimmer.

Er war kaum hinaus, als sich die Kommerzienrätin von ihrem Sofaplatz erhob und über den Teppich hin auf und ab zu gehen begann. Jedesmal, wenn sie wieder in die Nähe des Fensters kam, blieb sie stehen und sah nach der Mansarde und der immer noch in vollem Lichte dastehenden Plätterin hinüber, bis ihr Blick sich wieder senkte und dem bunten Treiben der vor ihr liegenden Straße zuwandte. Hier, in ihrem Vorgarten, den linken Arm von innen her auf die Gitterstäbe gestützt, stand ihr Hausmädchen, eine hübsche Blondine, die mit Rücksicht auf Leopolds »mores«* beinahe nicht engagiert worden wäre, und sprach lebhaft und unter Lachen mit einem draußen auf dem Trottoir stehenden »Cousin«, zog sich aber zurück, als der eben von Buggenhagen kommende Kommerzienrat in einer Droschke vorfuhr und auf seine Villa zuschritt. Treibel, einen Blick auf die Fensterreihe werfend, sah sofort, daß nur noch in seiner Frau Zimmer Licht war, was ihn mitbestimmte, gleich bei ihr einzutreten, um noch über den Abend und seine mannigfaltigen Erlebnisse berichten zu können. Die flaue Stimmung, der er anfänglich infolge der Nationalzeitungskorrespondenz bei Buggenhagens begegnet war, war unter dem Einfluß seiner Liebenswürdigkeit rasch gewichen, und das um so mehr, als er den auch hier wenig gelittenen Vogelsang schmunzelnd preisgegeben hatte.

(lat.) Sitten, Moral

Von diesem Siege zu erzählen trieb es ihn, trotzdem er wußte, wie Jenny zu diesen Dingen stand; als er aber eintrat und die Aufregung gewahr wurde, darin sich seine Frau ganz ersichtlich befand, erstarb ihm das joviale »guten Abend, Jenny« auf der Zunge, und ihr die Hand reichend, sagte er nur: »Was ist vorgefallen, Jenny? Du siehst ja aus wie das Leiden ... nein, keine Blasphemie ... Du siehst ja aus, als wäre dir die Gerste verhagelt.«

»Ich glaube, Treibel«, sagte sie, während sie ihr Auf und Ab im Zimmer fortsetzte, »du könntest dich mit deinen Vergleichen etwas höher hinaufschrauben; ›verhagelte Gerste‹ hat einen überaus ländlichen, um nicht zu sagen bäuerlichen Beigeschmack. Ich sehe, das Teupitz-Zossensche trägt bereits seine Früchte ...«

»Liebe Jenny, die Schuld liegt, glaube ich, weniger an mir als an dem Sprach- und Bilderschatze deutscher Nation. Alle Wendungen, die wir als Ausdruck für Verstimmungen und Betrübnisse haben, haben einen ausgesprochenen Unterschichtscharakter, und ich finde da zunächst nur noch den Lohgerber, dem die Felle weggeschwommen.«

Er stockte, denn es traf ihn ein so böser Blick, daß er es doch für angezeigt hielt, auf das Suchen nach weiteren Vergleichen zu verzichten. Auch nahm Jenny selbst das Wort und sagte: »Deine Rücksichten gegen mich halten sich immer auf derselben Höhe. Du siehst, daß ich eine Alteration* gehabt habe, und die Form, in die du deine Teilnahme kleidest, ist *die* geschmackloser Vergleiche. Was meiner Erregung zugrunde liegt, scheint deine Neugier nicht sonderlich zu wecken.«

(lat.) Aufregung, Ärger

»Doch, doch, Jenny ... Du darfst das nicht übelnehmen; du kennst mich und weißt, wie das alles gemeint ist. Alteration! Das ist ein Wort, das ich nicht gern höre. Gewiß wieder was mit Anna, Kündigung oder Liebesgeschichte. Wenn ich nicht irre, stand sie ...«

»Nein, Treibel, das ist es nicht, Anna mag tun, was sie will, und meinetwegen ihr Leben als Spreewälderin* beschließen. Ihr Vater, der alte Schulmeister, kann dann an seinem Enkel erziehen, was er an seiner Tochter versäumt hat. Wenn mich Liebesgeschichten alterieren sollen, müssen sie von anderer Seite kommen ...«

Gemeint ist: als uneheliche Mutter u. Amme

»Also doch Liebesgeschichten. Nun sage wer?«

»Leopold.«

»Alle Wetter ...« Und man konnte nicht heraushören, ob Treibel bei dieser Namensnennung mehr in Schreck oder Freude geraten war. »Leopold? Ist es möglich?«

»Es ist mehr als möglich, es ist gewiß; denn vor einer Viertelstunde war er selber hier, um mich diese Liebesgeschichte wissen zu lassen ...«

»Merkwürdiger Junge ...«

»Er hat sich mit Corinna verlobt.«

Es war ganz unverkennbar, daß die Kommerzienrätin eine große Wirkung von dieser Mitteilung erwartete, welche Wirkung aber durchaus ausblieb. Treibels erstes Gefühl war das einer heiter angeflogenen Enttäuschung. Er hatte was von kleiner Soubrette*, vielleicht auch von »Jungfrau aus dem Volk« erwartet und stand nun vor einer Ankündigung, die, nach seinen unbefangeneren Anschauungen, alles andere als Schreck und Entsetzen hervorrufen konnte.

Vgl. Erl. zu 51,19.

»Corinna«, sagte er. »Und schlankweg verlobt und ohne Mama zu fragen. Teufelsjunge. Man unterschätzt doch immer die Menschen und am meisten seine eigenen Kinder.«

»Treibel, was soll das? Dies ist keine Stunde, wo sich's für dich schickt, in einer noch nach Buggenhagen schmeckenden Stimmung ernste Fragen zu behandeln. Du kommst nach Haus und findest mich in einer großen Erregung, und im Augenblicke, wo ich dir den Grund dieser Erregung mitteile, findest du's angemessen, allerlei sonderbare Scherze zu machen. Du mußt doch fühlen, daß das einer Lächerlichmachung meiner Person und meiner Gefühle ziemlich gleichkommt, und wenn ich deine ganze Haltung recht verstehe, so bist du weitab davon, in dieser sogenannten Verlobung einen Skandal zu sehen. Und darüber möchte ich Gewißheit haben, eh' wir weiter sprechen. Ist es ein Skandal oder nicht?«

»Nein.«

»Und du wirst Leopold nicht darüber zur Rede stellen?«

»Nein.«

»Und bist nicht empört über diese Person?«

»Nicht im geringsten.«

»Über diese Person, die deiner und meiner Freundlichkeit sich absolut unwert macht, und nun ihre Bettlade* – denn um viel was anderes wird es sich nicht handeln – in das Treibelsche Haus tragen will.«

Bettkasten

Treibel lachte. »Sieh, Jenny, diese Redewendung ist dir gelungen, und wenn ich mir mit meiner Phantasie, die mein Unglück ist, die hübsche Corinna vorstelle, wie sie, sozusagen zwischen die Längsbretter eingeschirrt, ihre Bettlade hierher ins Treibelsche Haus trägt, so könnte ich eine Viertelstunde lang lachen. Aber ich will doch lieber nicht lachen und dir, da du so sehr fürs Ernste bist, nun auch ein ernsthaftes Wort sagen. Alles, was du da so hinschmetterst, ist erstens unsinnig und zweitens empörend. Und was es außerdem noch alles ist, blind, vergeßlich, überheblich, davon will ich gar nicht reden ...«

Jenny war ganz blaß geworden und zitterte, weil sie wohl wußte, worauf das »blind und vergeßlich« abzielte. Treibel aber, der ein guter und auch ganz kluger Kerl war und sich aufrichtig gegen all den Hochmut aufrichtete, fuhr jetzt fort: »Du sprichst da von Undank und Skandal und Blamage, und fehlt eigentlich bloß noch das Wort ›Unehre‹, dann hast du den Gipfel der Herrlichkeit erklommen. Undank. Willst du der klugen, immer heitren, immer unterhaltlichen Person, die wenigstens sieben Felgentreus in die Tasche steckt – nächststehender Anverwandten ganz zu geschweigen –, willst du der die Datteln und Apfelsinen nachrechnen, die sie von unserer Majolikaschüssel*, mit einer Venus und einem Cupido* darauf, beiläufig eine lächerliche Pinselei, mit ihrer zierlichen Hand heruntergenommen hat? Und waren wir nicht bei dem guten alten Professor unsererseits auch zu Gast, bei Wilibald, der doch sonst dein Herzblatt ist, und haben wir uns seinen Brau-

Schüssel aus bemalter u. doppelt gebrannter Tonware

Röm. Liebesgott

Moselwein aus dem gleichnamigen Weinort

neberger*, der ebensogut war wie meiner, oder doch nicht viel schlechter, nicht schmecken lassen? Und warst du nicht ganz ausgelassen und hast du nicht an dem Klimperkasten, der da in der Putzstube steht, deine alten Lieder runtergesungen? Nein, Jenny, komme mir nicht mit solchen Geschichten. Da kann ich auch mal ärgerlich werden …«

Jenny nahm seine Hand und wollte ihn hindern weiterzusprechen.

»Nein, Jenny, noch nicht, noch bin ich nicht fertig. Ich bin nun mal im Zuge. Skandal sagst du und Blamage. Nun, *ich* sage dir, nimm dich in acht, daß aus der bloß eingebildeten Blamage nicht eine wirkliche wird und daß – ich sage das, weil du solche Bilder liebst – ⌜der Pfeil nicht auf den Schützen zurückfliegt⌝. Du bist auf dem besten Wege, mich und dich in eine unsterbliche Lächerlichkeit hineinzubugsieren. Wer sind wir denn? Wir sind weder die Montmorencys noch die Lusignans* – von denen, nebenher bemerkt, ⌜die schöne Melusine⌝ herstammen soll, was dich vielleicht interessiert –, wir sind auch nicht die Bismarcks oder die Arnims* oder sonst was Märkisches von Adel, wir sind die Treibels, Blutlaugensalz und Eisenvitriol, und du bist eine geborne Bürstenbinder aus der Adlerstraße. Bürstenbinder ist ganz gut, aber der erste Bürstenbinder kann unmöglich höher gestanden haben als der erste Schmidt. Und so bitt ich dich denn, Jenny, keine Übertreibungen. Und wenn es sein kann, laß den ganzen Kriegsplan fallen und nimm Corinna mit soviel Fassung hin, wie du Helene hingenommen hast. Es ist ja nicht nötig, daß sich Schwiegermutter und Schwiegertochter furchtbar lieben, sie heiraten sich ja nicht; es kommt auf *die* an, die den Mut haben, sich dieser ernsten und schwierigen Aufgabe allerpersönlichst unterziehen zu wollen …«

Beides alte franz. Adelsfamilien

Alte märk. Adelsgeschlechter

Jenny war während dieser zweiten Hälfte von Treibels ⌜Philippika⌝ merkwürdig ruhig geworden, was in einer guten Kenntnis des Charakters ihres Mannes seinen Grund hatte. Sie wußte, daß er in einem überhohen Grade das Bedürfnis und die Gewohnheit des Sichaussprechens hatte und daß sich mit ihm erst wieder reden ließ, wenn gewisse Gefühle von seiner Seele heruntergeredet waren. Es war ihr schließlich ganz recht, daß dieser Akt innerlicher Selbstbefreiung so rasch und so gründlich begonnen hatte; was jetzt gesagt worden war, brauchte morgen nicht mehr gesagt werden, war abgetan und gestattete den Ausblick auf friedlichere Verhandlungen. Treibel war sehr der Mann der Betrachtung aller Dinge von zwei Seiten her, und so war Jenny denn völlig überzeugt davon, daß er über Nacht dahin gelangen würde, die ganze Leopoldsche Verlobung auch mal von der Kehrseite her anzusehen. Sie nahm deshalb seine Hand und sagte: »Treibel, laß uns das Gespräch morgen früh fortsetzen. Ich glaube, daß du, bei ruhigerem Blute, die Berechtigung meiner Anschauungen nicht verkennen wirst. Jedenfalls rechne nicht darauf, mich anderen Sinnes zu machen. Ich wollte dir, als dem Manne, der zu handeln hat, selbstverständlich auch in dieser Angelegenheit nicht vorgreifen; lehnst du jedoch jedes Handeln ab, so handle *ich*. Selbst auf die Gefahr deiner Nichtzustimmung.«

»Tu, was du willst.«

Und damit warf Treibel die Tür ins Schloß und ging in sein Zimmer hinüber. Als er sich in den Fauteuil* warf, brummte er vor sich hin: »Wenn sie am Ende doch recht hätte!«

(franz.) Lehnsessel

Und konnte es anders sein? Der gute Treibel, er war doch auch seinerseits das Produkt dreier im Fabrikbetrieb immer reicher gewordenen Generationen, und aller guten Geistes- und Herzensanlagen unerachtet und trotz seines politischen Gastspiels auf der Bühne Teupitz-Zossen – der Bourgeois* steckte ihm wie seiner sentimentalen Frau tief im Geblüt.

Vgl. Erl. zu 19,7.

Dreizehntes Kapitel

Am anderen Morgen war die Kommerzienrätin früher auf als gewöhnlich und ließ von ihrem Zimmer aus zu Treibel hinüber sagen, daß sie das Frühstück allein nehmen wolle. Treibel schob es auf die Verstimmung vom Abend vorher, ging aber darin fehl, da Jenny ganz aufrichtig vorhatte, die durch Verbleib auf ihrem Zimmer frei gewordene halbe Stunde zu einem Briefe an Hildegard zu benutzen. Es galt eben Wichtigeres heute, als den Kaffee mußevoll und friedlich oder vielleicht auch unter fortgesetzter Kriegführung einzunehmen, und wirklich, kaum daß sie die kleine Tasse geleert und auf das Tablett zurückgeschoben hatte, so vertauschte sie auch schon den Sofaplatz mit ihrem Platz am Schreibtisch und ließ die Feder mit rasender Schnelligkeit über verschiedene kleine Bogen hingleiten, von denen jeder nur die Größe einer Handfläche, Gott sei Dank aber die herkömmlichen vier Seiten hatte. Briefe, wenn ihr die Stimmung nicht fehlte, gingen ihr immer leicht von der Hand, aber nie so wie heute, und ehe noch die kleine Konsoluhr die neunte Stunde schlug, schob sie schon die Bogen zusammen, klopfte sie auf der Tischplatte wie ein Spiel Karten zurecht und überlas noch einmal mit halblauter Stimme das Geschriebene.

»Liebe Hildegard! Seit Wochen tragen wir uns damit, unsren seit lange gehegten Wunsch erfüllt und Dich mal wieder unter unsrem Dache zu sehen. Bis in den Mai hinein hatten wir schlechtes Wetter, und von einem Lenz, der mir die schönste Jahreszeit bedeutet, konnte kaum die Rede sein. Aber seit beinah vierzehn Tagen ist es anders, in unsrem Garten schlagen die Nachtigallen, was Du, wie ich mich sehr wohl erinnere, so sehr liebst, und so bitten wir Dich herzlich, Dein schönes Hamburg auf ein paar Wochen verlassen und uns Deine Gegenwart schenken zu wollen. Treibel vereinigte seine Wünsche mit den meinigen, und Leopold schließt sich an. Von Deiner Schwester Helene bei dieser Gelegenheit und in diesem Sinne zu sprechen ist überflüssig, denn ihre herzlichen Gefühle für Dich kennst Du so gut, wie wir sie kennen, Gefühle, die, wenn ich recht beobachtet habe, gerade neuerdings wieder in einem beständigen Wachsen begriffen sind. Es liegt so, daß ich, soweit das in einem Briefe möglich, ausführlicher darüber zu Dir sprechen möchte. Mitunter, wenn ich sie so blaß sehe, so gut ihr gerade diese Blässe kleidet, tut mir doch das innerste Herz weh, und ich habe nicht den Mut, nach der Ursache zu fragen. Otto ist es *nicht*, dessen bin ich sicher, denn er ist nicht nur gut, sondern auch rücksichtsvoll, und ich empfinde dann allen Möglichkeiten gegenüber ganz deutlich, daß es nichts anderes sein kann als Heimweh. Ach, mir nur zu begreiflich, und ich möchte dann immer sagen, ›reise, Helene, reise heute, reise morgen, und sei versichert, daß ich mich, wie des Wirtschaftlichen überhaupt, so auch namentlich der Weißzeugplätterei nach besten Kräften annehmen werde, geradeso, ja mehr noch, als wenn es für Treibel wäre, der in diesen Stücken auch so diffizil* ist, diffiziler als viele andere Berliner‹. Aber ich sage das alles nicht, weil ich ja weiß, daß Helene lieber auf jedes andere Glück verzichtet als auf das Glück, das in dem Bewußtsein erfüllter Pflicht liegt. Vor allem dem Kinde gegenüber. Lizzi mit auf die Reise zu nehmen, wo dann doch die Schulstunden unterbrochen werden müßten, ist fast ebenso undenkbar, wie Lizzi zurückzulassen. Das süße Kind! Wie wirst Du Dich freuen, sie wiederzusehen, immer vorausgesetzt, daß ich mit meiner Bitte keine Fehlbitte tue. Denn Photographien geben doch nur ein sehr ungenügendes Bild, namentlich bei Kindern, deren ganzer Zauber in einer durchsichtigen Hautfarbe liegt; der Teint nuanciert nicht nur den Ausdruck, er ist der Ausdruck selbst. Denn wie Krola, dessen Du Dich vielleicht noch erinnerst, erst

(lat.-franz.) schwierig, eigen

Anlässlich der 1. Berliner Kunstausstellung 1786 am 23.5.1886 eröffnet

Außen-Alster

neulich wieder behauptete, der Zusammenhang zwischen Teint und Seele sei geradezu merkwürdig. Was wir Dir bieten können, meine süße Hildegard? Wenig; eigentlich nichts. Die Beschränktheit unsrer Räume kennst Du; Treibel hat außerdem eine neue Passion ausgebildet und will sich wählen lassen, und zwar in einem Landkreise, dessen sonderbaren, etwas wendisch klingenden Namen ich Deiner Geographiekenntnis nicht zumute, trotzdem ich wohl weiß, daß auch Eure Schulen – wie mir Felgentreu (freilich keine Autorität auf diesem Gebiete) erst ganz vor kurzem wieder versicherte – den unsrigen überlegen sind. Wir haben zur Zeit eigentlich nichts als die Jubiläumsausstellung*, in der die Firma Dreher aus Wien die Bewirtung übernommen hat und hart angegriffen wird. Aber was griffe der Berliner nicht an – daß die Seidel zu klein sind, kann einer Dame wenig bedeuten –, und ich wüßte wirklich kaum etwas, was vor der Eingebildetheit unserer Bevölkerung sicher wäre. Nicht einmal Euer Hamburg, an das ich nicht denken kann, ohne daß mir das Herz lacht. Ach, Eure herrliche Buten-Alster*! Und wenn dann abends die Lichter und die Sterne darin flimmern – ein Anblick, der den, der sich seiner freuen darf, jedesmal dem Irdischen wie entrückt. Aber vergiß es, liebe Hildegard, sonst haben wir wenig Aussicht, Dich hier zu sehen, was doch ein aufrichtiges Bedauern bei allen Treibels hervorrufen würde, am meisten bei Deiner Dich innig liebenden Freundin und Tante

Jenny Treibel.

Beliebter Gasthof an der Spree südöstl. v. Treptow

Nachschrift. Leopold reitet jetzt viel, jeden Morgen nach Treptow und auch nach dem Eierhäuschen*. Er klagt, daß er keine Begleitung dabei habe. Hast Du noch Deine alte Passion? Ich sehe Dich noch so hinfliegen, Du Wildfang. Wenn ich ein Mann wäre, *Dich* einzufangen würde mir das Leben bedeuten. Übrigens bin ich sicher, daß andere ebenso denken, und wir würden längst den Beweis davon in Händen haben, wenn Du weniger wählerisch wärst. Sei es nicht fürder* und vergiß die Ansprüche, die Du machen darfst. Deine J. T.«

weiterhin, künftig

Jenny faltete jetzt die kleinen Bogen und tat sie in ein Kuvert, das, vielleicht um auch schon äußerlich ihren Friedenswunsch anzudeuten, eine weiße Taube mit einem Ölzweig zeigte. Dies war um so angebrachter, als Hildegard mit Helenen in lebhafter Korrespondenz stand und recht gut wußte, wie, bisher wenigstens, die wahren Gefühle der Treibels und besonders die der Frau Jenny gewesen waren.

Die Rätin hatte sich eben erhoben, um nach der am Abend vorher etwas angezweifelten Anna zu klingeln, als sie, wie von ungefähr, ihren Blick auf den Vorgarten richtend, ihrer Schwiegertochter ansichtig wurde, die rasch vom Gitter her auf das Haus zuschritt. Draußen hielt eine Droschke zweiter Klasse, geschlossen und das Fenster in die Höhe gezogen, trotzdem es sehr warm war.

Einen Augenblick danach trat Helene bei der Schwiegermutter ein und umarmte sie stürmisch. Dann warf sie Sommermantel und Gartenhut beiseite und sagte, während sie ihre Umarmung wiederholte: »Ist es denn wahr? Ist es möglich?«

Jenny nickte stumm und sah nun erst, daß Helene noch im Morgenkleide und ihr Scheitel noch eingeflochten war. Sie hatte sich also, wie sie da ging und stand, im selben Moment, wo die große Nachricht auf dem Holzhofe bekannt geworden war, sofort auf den Weg gemacht, und zwar in der ersten besten Droschke. Das war etwas, und angesichts dieser Tatsache fühlte Jenny das Eis hinschmelzen, das acht Jahre lang ihr Schwiegermutterherz umgürtet hatte. Zugleich traten ihr Tränen in die Augen. »Helene«, sagte sie, »was zwischen uns gestanden hat, ist fort. Du bist ein gutes Kind, du fühlst mit uns. Ich war mitunter gegen dies und das, untersuchen wir nicht, ob mit Recht oder Unrecht; aber in *solchen* Stücken ist Verlaß auf euch, und ihr wißt Sinn von Unsinn zu unterscheiden. Von deinem Schwiegervater kann ich dies leider nicht sagen. Indessen, ich denke, das ist nur Übergang, und er wird sich geben. Unter allen Umständen laß uns zusammenhalten. Mit Leopold persönlich, das hat nichts zu bedeuten. Aber diese gefährliche Person, die vor nichts erschrickt und dabei ein Selbstbewußtsein hat, daß man drei Prinzessinnen damit ausstaffieren könnte, gegen *die* müssen wir uns rüsten. Glaube nicht, daß sie's uns leichtmachen wird. Sie hat ganz den Professorentochterdünkel und ist imstande sich einzubilden, daß sie dem Hause Treibel noch eine Ehre antut.«

»Eine schreckliche Person«, sagte Helene. »Wenn ich an den Tag denke mit dear Mr. Nelson. Wir hatten eine Todesangst, daß Nelson seine Reise verschieben und um sie anhalten würde. Was daraus geworden wäre, weiß ich nicht; bei den Beziehungen Ottos zu der Liverpooler Firma vielleicht verhängnisvoll für uns.«

»Nun, Gott sei Dank, daß es vorübergegangen. Vielleicht immer noch besser so, so können wir's en famille austragen. Und den alten Professor fürcht ich nicht, den habe ich von alter Zeit her am Bändel. Er muß mit in unser Lager hinüber. Und nun muß ich fort, Kind, um Toilette zu machen … Aber noch ein Hauptpunkt. Eben habe ich an deine Schwester Hildegard geschrieben und sie herzlich gebeten, uns mit nächstem ihren Besuch zu schenken. Bitte, Helene, füge ein paar Worte an deine Mama hinzu und tue beides in das Kuvert und adressiere.«

Damit ging die Rätin, und Helene setzte sich an den Schreibtisch. Sie war so bei der Sache, daß nicht einmal ein triumphierendes Gefühl darüber, mit ihren Wünschen für Hildegard nun endlich am Ziele zu sein, in ihr aufdämmerte; nein, sie hatte angesichts der gemeinsamen Gefahr nur Teilnahme für ihre Schwiegermutter, als der »Trägerin

des Hauses«, und nur Haß für Corinna. Was sie zu schreiben hatte, war rasch geschrieben. Und nun adressierte sie mit schöner englischer Handschrift in normalen Schwung- und Rundlinien: »Frau Konsul Thora Munk, geb. Thompson. Hamburg. Uhlenhorst.«
Als die Aufschrift getrocknet und der ziemlich ansehnliche Brief mit zwei Marken frankiert war, brach Helene auf, klopfte nur noch leise an Frau Jennys Toilettenzimmer und rief hinein: »Ich gehe jetzt, liebe Mama. Den Brief nehme ich mit.« Und gleich danach passierte sie wieder den Vorgarten, weckte den Droschkenkutscher und stieg ein.

Zwischen neun und zehn waren zwei Rohrpostbriefe bei Schmidts eingetroffen, ein Fall, der, in dieser seiner Gedoppeltheit, noch nicht dagewesen war. Der eine dieser Briefe richtete sich an den Professor und hatte folgenden kurzen Inhalt: »Lieber Freund! Darf ich darauf rechnen, Sie heute zwischen zwölf und eins in Ihrer Wohnung zu treffen? Keine Antwort, gute Antwort. Ihre ganz ergebene Jenny Treibel.« Der andere, nicht viel längere Brief, war an Corinna adressiert und lautete: »Liebe Corinna! Gestern abend noch hatte ich ein Gespräch mit der Mama. Daß ich auf Widerstand stieß, brauche ich Dir nicht erst zu sagen, und es ist mir gewisser denn je, daß wir schweren Kämpfen entgegengehen. Aber nichts soll uns trennen. In meiner Seele lebt eine hohe Freudigkeit und gibt mir Mut zu allem. Das ist das Geheimnis und zugleich die Macht der Liebe: Diese Macht soll mich auch weiter führen und festigen. Trotz aller Sorge Dein überglücklicher Leopold.« Corinna legte den Brief aus der Hand. »Armer Junge! Was er da schreibt, ist ehrlich gemeint, selbst das mit dem Mut. Aber ein Hasenohr* guckt doch durch. Nun, wir müssen sehen. Halte, was du hast. *Ich* gebe nicht nach.«

Ohr eines Angsthasen

Corinna verbrachte den Vormittag unter fortgesetzten

Selbstgesprächen. Mitunter kam die Schmolke, sagte aber nichts und beschränkte sich auf kleine wirtschaftliche Fragen. Der Professor seinerseits hatte zwei Stunden zu geben, eine griechische: Pindar*, und eine deutsche: romantische Schule (Novalis*), und war bald nach zwölf wieder zurück. Er schritt in seinem Zimmer auf und ab, abwechselnd mit einem ihm in seiner Schlußwendung absolut unverständlich gebliebenen Novalis-Gedicht und dann wieder mit dem so feierlich angekündigten Besuche seiner Freundin Jenny beschäftigt. Es war kurz vor eins, als ein Wagengerumpel auf dem schlechten Steinpflaster unten ihn annehmen ließ, sie werde es sein. Und sie war es, diesmal allein, ohne Fräulein Honig und ohne den Bologneser. Sie öffnete selbst den Schlag und stieg dann langsam und bedächtig, als ob sie sich ihre Rolle noch einmal überhöre, die Steinstufen der Außentreppe hinauf.

Vgl. Erl. zu 17,34–35.

Friedrich v. Hardenberg (1772–1801), dt. Dichter der Frühromantik

Eine Minute später hörte Schmidt die Klingel gehen, und gleich danach meldete die Schmolke: »Frau Kommerzienrätin Treibel.«

Schmidt ging ihr entgegen, etwas weniger unbefangen als sonst, küßte ihr die Hand und bat sie, auf seinem Sofa, dessen tiefste Kesselstelle* durch ein großes Lederkissen einigermaßen applaniert* war, Platz zu nehmen. Er selber nahm einen Stuhl, setzte sich ihr gegenüber und sagte: »Was verschafft mir die Ehre, liebe Freundin? Ich nehme an, daß etwas Besonderes vorgefallen ist.«

eingesessene Stelle

ausgeglichen, geebnet

»Das ist es, lieber Freund. Und Ihre Worte lassen mir keinen Zweifel darüber, daß Fräulein Corinna noch nicht für gut befunden hat, Sie mit dem Vorgefallenen bekannt zu machen. Fräulein Corinna hat sich nämlich gestern abend mit meinem Sohne Leopold verlobt.«

»Ah«, sagte Schmidt in einem Tone, der ebensogut Freude wie Schreck ausdrücken konnte.

»Fräulein Corinna hat sich gestern auf unsrer Grunewald-Partie, die vielleicht besser unterblieben wäre, mit meinem

Sohne Leopold verlobt, nicht umgekehrt. Leopold tut keinen Schritt ohne mein Wissen und Willen, am wenigsten einen so wichtigen Schritt wie eine Verlobung, und so muß ich denn, zu meinem lebhaften Bedauern, von etwas Abgekartetem oder einer gestellten Falle, ja, Verzeihung, lieber Freund, von einem wohlüberlegten Überfall sprechen.«

Dies starke Wort gab dem alten Schmidt nicht nur seine Seelenruhe, sondern auch seine gewöhnliche Heiterkeit wieder. Er sah, daß er sich in seiner alten Freundin nicht getäuscht hatte, daß sie, völlig unverändert, die, trotz Lyrik und Hochgefühle, ganz ausschließlich auf Äußerlichkeiten gestellte Jenny Bürstenbinder von ehedem war und daß seinerseits, unter selbstverständlicher Wahrung artigster Formen und anscheinend vollen Entgegenkommens, ein Ton superioren* Übermutes angeschlagen und in die sich nun höchstwahrscheinlich entspinnende Debatte hineingetragen werden müsse. Das war er sich, das war er Corinna schuldig.

(lat.) überlegenen

»Ein Überfall, meine gnädigste Frau. Sie haben vielleicht nicht ganz unrecht, es so zu nennen. Und daß es gerade auf diesem Terrain sein mußte. Sonderbar genug, daß Dinge der Art ganz bestimmten Lokalitäten unveräußerlich anzuhaften scheinen. Alle Bemühungen, durch Schwanenhäuser und Kegelbahnen im stillen zu reformieren, der Sache friedlich beizukommen, erweisen sich als nutzlos, und der frühere Charakter dieser Gegenden, insonderheit unseres alten übelbeleumdeten Grunewalds, bricht immer wieder durch. Immer wieder aus dem Stegreif. Erlauben Sie mir, gnädigste Frau, daß ich den derzeitigen Junker generis feminini* herbeirufe, damit er seiner Schuld geständig werde.«

(lat.) Junker weibl. Geschlechts; Anspielung auf die früheren Raubritter

Jenny biß sich auf die Lippen und bedauerte das unvorsichtige Wort, das sie nun dem Spotte preisgab. Es war aber zu spät zur Umkehr, und so sagte sie nur: »Ja, lieber Professor, es wird das beste sein, Corinna selbst zu hören. Und ich denke, sie wird sich mit einem gewissen Stolz dazu bekennen, dem armen Jungen das Spiel über den Kopf weggenommen zu haben.«

»Wohl möglich«, sagte Schmidt und stand auf und rief in das Entree hinein: »Corinna.«

Kaum, daß er seinen Platz wieder eingenommen hatte, so stand die von ihm Gerufene auch schon in der Tür, verbeugte sich artig gegen die Kommerzienrätin und sagte: »Du hast gerufen, Papa?«

»Ja, Corinna, das hab ich. Eh' wir aber weitergehen, nimm einen Stuhl und setze dich in einiger Entfernung von uns. Denn ich möchte es auch äußerlich markieren, daß du vorläufig eine Angeklagte bist. Rücke in die Fensternische, da sehen wir dich am besten. Und nun sage mir, hat es seine Richtigkeit damit, daß du gestern abend im Grunewald, in dem ganzen Junkerübermut einer geborenen Schmidt, einen friedlich und unbewaffnet seines Weges ziehenden Bürgerssohn namens Leopold Treibel seiner besten Barschaft beraubt hast?«

Corinna lächelte. Dann trat sie vom Fenster her an den Tisch heran und sagte: »Nein, Papa, das ist grundfalsch. Es hat alles den landesüblichen Verlauf genommen, und wir sind so regelrecht verlobt, wie man nur verlobt sein kann.«

»Ich bezweifle das nicht, Fräulein Corinna«, sagte Jenny. »Leopold selbst betrachtet sich als Ihren Verlobten. Ich sage nur das eine, daß Sie das Überlegenheitsgefühl, das Ihnen Ihre Jahre ...«

»*Nicht* meine Jahre. Ich bin jünger ...«

»... Das Ihnen Ihre Klugheit und Ihr Charakter gegeben, daß Sie diese Überlegenheit dazu benutzt haben, den armen Jungen willenlos zu machen und ihn für sich zu gewinnen.«

»Nein, meine gnädigste Frau, das ist ebenfalls nicht ganz richtig, wenigstens zunächst nicht. Daß es schließlich doch vielleicht richtig sein wird, darauf müssen Sie mir erlauben, weiterhin zurückzukommen.«

»Gut, Corinna, gut«, sagte der Alte. »Fahre nur fort. Also zunächst ...«

»Also zunächst unrichtig, meine gnädigste Frau. Denn wie kam es? Ich sprach mit Leopold von seiner nächsten Zukunft und beschrieb ihm einen Hochzeitszug, absichtlich in unbestimmten Umrissen und ohne Namen zu nennen. Und als ich zuletzt Namen nennen mußte, da war es Blankenese, wo die Gäste zum Hochzeitsmahle sich sammelten, und war es die schöne Hildegard Munk, die, wie eine Königin gekleidet, als Braut neben ihrem Bräutigam saß. Und dieser Bräutigam war Ihr Leopold, meine gnädigste Frau. Selbiger Leopold aber wollte von dem allen nichts wissen und ergriff meine Hand und machte mir einen Antrag in aller Form. Und nachdem ich ihn an seine Mutter erinnert und mit dieser Erinnerung kein Glück gehabt hatte, da haben wir uns verlobt ...«

»Ich glaube das, Fräulein Corinna«, sagte die Rätin. »Ich glaube das ganz aufrichtig. Aber schließlich ist das alles doch nur eine Komödie. Sie wußten ganz gut, daß er Ihnen vor Hildegard den Vorzug gab, und Sie wußten nur zu gut, daß Sie, je mehr Sie das arme Kind, die Hildegard, in den Vordergrund stellten, desto gewisser – um nicht zu sagen desto leidenschaftlicher, denn er ist nicht eigentlich der Mann der Leidenschaften –, desto gewisser, sag ich, würd' er sich auf Ihre Seite stellen und sich zu Ihnen bekennen.«

»Ja, gnädigste Frau, das wußt' ich oder wußt' es doch beinah. Es war noch kein Wort in diesem Sinne zwischen uns gesprochen worden, aber ich glaubte trotzdem, und seit längerer Zeit schon, daß er glücklich sein würde, mich seine Braut zu nennen.«

»Und durch die klug und berechnend ausgesuchte Geschichte mit dem Hamburger Hochzeitszuge haben Sie eine Erklärung herbeizuführen gewußt ...«

»Ja, meine gnädigste Frau, das hab ich, und ich meine, das alles war mein gutes Recht. Und wenn Sie nun dagegen, und wie mir's scheint ganz ernsthaft, Ihren Protest erheben wollen, erschrecken Sie da nicht vor Ihrer eignen Forderung, vor der Zumutung, ich hätte mich jedes Einflusses auf Ihren Sohn enthalten sollen. Ich bin keine Schönheit, habe nur eben das Durchschnittsmaß. Aber nehmen Sie, so schwer es Ihnen werden mag, für einen Augenblick einmal an, ich wäre wirklich so was wie eine Schönheit, eine Beauté, der Ihr Herr Sohn nicht hätte widerstehen können, würden Sie von mir verlangt haben, mir das Gesicht mit Ätzlauge zu zerstören, bloß damit Ihr Sohn, mein Verlobter, nicht in eine durch mich gestellte Schönheitsfalle fiele?«

»Corinna«, lächelte der Alte, »nicht zu scharf. Die Rätin ist unter unserm Dache.«

»Sie würden das *nicht* von mir verlangt haben, so wenigstens nehme ich vorläufig an, vielleicht in Überschätzung Ihrer freundlichen Gefühle für mich, und doch verlangen Sie von mir, daß ich mich dessen begebe, was die Natur *mir* gegeben hat. Ich habe meinen guten Verstand und bin offen und frei und übe damit eine gewisse Wirkung auf die Männer aus, mitunter auch gerade auf solche, denen das fehlt, was ich habe – soll ich mich dessen entkleiden? ⌜soll ich mein Pfund vergraben? Soll ich das bißchen Licht, das *mir* geworden, unter den Scheffel stellen?⌝ Verlangen Sie, daß ich bei Begegnungen mit Ihrem Sohne wie eine Nonne dasitze, bloß damit das Haus Treibel vor einer Verlobung mit mir bewahrt bleibe? Erlauben Sie mir, gnädigste Frau, und Sie müssen meine Worte meinem erregten Gefühle, das Sie herausgefordert, zugute halten, erlauben Sie mir, Ihnen zu sagen, daß ich das nicht bloß hochmütig und höchst verwerflich, daß ich es vor allem auch ridikül finde. Denn wer sind die Treibels? Berliner-Blau-Fabrikanten mit einem Ratstitel, und ich, ich bin eine Schmidt.«

»Eine Schmidt«, wiederholte der alte Wilibald freudig, gleich danach hinzufügend: »Und nun sagen Sie, liebe Freundin, wollen wir nicht lieber abbrechen und alles den Kindern und einer gewissen ruhigen historischen Entwicklung überlassen?«

»Nein, mein lieber Freund, das wollen wir *nicht*. Wir wollen nichts der historischen Entwicklung und noch weniger der Entscheidung der Kinder überlassen, was gleichbedeutend wäre mit Entscheidung durch Fräulein Corinna. Dies zu hindern, deshalb eben bin ich hier. Ich hoffte bei den Erinnerungen, die zwischen uns leben, Ihrer Zustimmung und Unterstützung sicher zu sein, sehe mich aber getäuscht und werde meinen Einfluß, der hier gescheitert, auf meinen Sohn Leopold beschränken müssen.«

»Ich fürchte«, sagte Corinna, »daß er auch da versagt ...«

»Was lediglich davon abhängen wird, ob er Sie sieht oder nicht.«

»Er wird mich sehen!«

»Vielleicht. Vielleicht auch nicht.«

Und darauf erhob sich die Kommerzienrätin und ging, ohne dem Professor die Hand gereicht zu haben, auf die Tür zu. Hier wandte sie sich noch einmal und sagte zu Corinna: »Corinna, lassen Sie uns vernünftig reden. Ich will alles vergessen. Lassen Sie den Jungen wieder los. Er paßt nicht einmal für Sie. Und was das Haus Treibel angeht, so haben Sie's eben in einer Weise charakterisiert, daß es Ihnen kein Opfer kosten kann, darauf zu verzichten ...«

»Aber meine Gefühle, gnädigste Frau ...«

»Bah«, lachte Jenny, »daß Sie so sprechen können, zeigt mir deutlich, daß Sie keine haben und daß alles bloßer Übermut oder vielleicht auch Eigensinn ist. Daß Sie sich dieses Eigensinns begeben mögen, wünsche ich Ihnen und uns. Denn es kann zu nichts führen. Eine Mutter hat *auch*

Einfluß auf einen schwachen Menschen, und ob Leopold Lust hat, ⌜seine Flitterwochen in einem Ahlbecker Fischerhause zu verbringen, ist mir doch zweifelhaft. Und daß das Haus Treibel Ihnen keine Villa in Capri bewilligen wird, dessen dürfen Sie gewiß sein.«⌝

Und dabei verneigte sie sich und trat in das Entree hinaus. Corinna blieb zurück, Schmidt aber gab seiner Freundin das Geleit bis an die Treppe.

»Adieu«, sagte hier die Rätin. »Ich bedaure, lieber Freund, daß dies zwischen uns treten und die herzlichen Beziehungen so vieler, vieler Jahre stören mußte. Meine Schuld ist es nicht. Sie haben Corinna verwöhnt, und das Töchterchen schlägt nun einen spöttischen und überheblichen Ton an und ignoriert, wenn nichts andres, so doch die Jahre, die mich von ihr trennen. Impietät* ist der Charakter unsrer Zeit.«

(lat.) Lieblosigkeit, Mangel an Pietät

Schmidt, ein Schelm, gefiel sich darin, bei dem Wort »Impietät« ein betrübtes Gesicht aufzusetzen. »Ach, liebe Freundin«, sagte er, »Sie mögen wohl recht haben, aber nun ist es zu spät. Ich bedaure, daß es unserm Hause vorbehalten war, Ihnen einen Kummer wie diesen, um nicht zu sagen eine Kränkung anzutun. Freilich, wie Sie schon sehr richtig bemerkt haben, die Zeit ... alles will über sich hinaus und strebt höheren Staffeln zu, die die Vorsehung sichtbarlich nicht wollte.«

Jenny nickte. »Gott beßre es.«

»Lassen Sie uns das hoffen.«

Und damit trennten sie sich.

In das Zimmer zurückgekehrt, umarmte Schmidt seine Tochter, gab ihr einen Kuß auf die Stirn und sagte: »Corinna, wenn ich nicht Professor wäre, so würd' ich am Ende Sozialdemokrat.«

Im selben Augenblick erschien auch die Schmolke. Sie hatte nur das letzte Wort gehört, und erratend, um was es sich handle, sagte sie: »Ja, das hat Schmolke auch immer gesagt.«

Vierzehntes Kapitel

Der nächste Tag war ein Sonntag, und die Stimmung, in der sich das Treibelsche Haus befand, konnte nur noch dazu beitragen, dem Tage zu seiner herkömmlichen Ödheit ein Beträchtliches zuzulegen. Jeder mied den andern. Die Kommerzienrätin beschäftigte sich damit, Briefe, Karten und Photographien zu ordnen, Leopold saß auf seinem Zimmer und las Goethe* (*was*, ist nicht nötig zu verraten), und Treibel selbst ging im Garten um das Bassin herum und unterhielt sich, wie meist in solchen Fällen, mit der Honig. Er ging dabei so weit, sie ganz ernsthaft nach Krieg und Frieden zu fragen, allerdings mit der Vorsicht, sich eine Art Präliminarantwort* gleich selbst zu geben. In erster Reihe stehe fest, daß es niemand wisse, »selbst der leitende Staatsmann nicht« (er hatte sich diese Phrase bei seinen öffentlichen Reden angewöhnt), aber eben weil es niemand wisse, sei man auf Sentiments* angewiesen, und darin sei niemand größer und zuverlässiger als die Frauen. Es sei nicht zu leugnen, das weibliche Geschlecht habe was Pythisches*, ganz abgesehen von jenem Orakelhaften niederer Observanz*, das noch so nebenherlaufe. Die Honig, als sie schließlich zu Worte kam, faßte ihre politische Diagnose dahin zusammen: sie sähe nach Westen hin einen klaren Himmel, während es im Osten finster braue, ganz entschieden, und zwar oben sowohl wie unten. »Oben wie unten«, wiederholte Treibel. »Oh, wie wahr. Und das Oben bestimmt das Unten und das Unten das Oben. Ja, Fräulein Honig, damit haben wir's getroffen.« Und Czicka, das Hündchen, das natürlich auch nicht fehlte, blaffte dazu. So ging das Gespräch zu gegenseitiger Zufriedenheit. Treibel aber schien doch abgeneigt, aus diesem Weisheitsquell andauernd zu schöpfen, und zog sich nach einiger Zeit auf sein Zimmer und seine Zigarre zurück, ganz Halensee verwünschend, das mit seiner Kaffee-

Die Leiden des jungen Werthers (1774) oder *Hermann und Dorothea* (1797)

(lat.) Voraus-antwort

(lat.-franz.) Gefühle

Pythia: Prophetin des Delph. Orakels

(lat.) Herkunft, Herkommen

Bezeichnung für eine billige Gastwirtschaft

klappe* diese häusliche Mißstimmung und diese Sonntags-Extralangeweile heraufbeschworen habe. Gegen Mittag traf ein an ihn adressiertes Telegramm ein: »Dank für Brief. Ich komme morgen mit dem Nachmittagszug. Eure Hildegard.« Er schickte das Telegramm, aus dem er überhaupt erst von der erfolgten Einladung erfuhr, an seine Frau hinüber und war, trotzdem er das selbständige Vorgehen derselben etwas sonderbar fand, doch auch wieder aufrichtig froh, nunmehr einen Gegenstand zu haben, mit dem er sich in seiner Phantasie beschäftigen konnte. Hildegard war sehr hübsch, und die Vorstellung, innerhalb der nächsten Wochen ein anderes Gesicht als das der Honig auf seinen Gartenspaziergängen um sich zu haben, tat ihm wohl. Er hatte nun auch einen Gesprächsstoff, und während ohne diese Depesche die Mittagsunterhaltung wahrscheinlich sehr kümmerlich verlaufen oder vielleicht ganz ausgefallen wäre, war es jetzt wenigstens möglich, ein paar Fragen zu stellen. Er stellte diese Fragen auch wirklich, und alles machte sich ganz leidlich; nur Leopold sprach kein Wort und war froh, als er sich vom Tisch erheben und zu seiner Lektüre zurückkehren konnte.

Leopolds ganze Haltung gab überhaupt zu verstehen, daß er über sich bestimmen zu lassen fürder nicht mehr willens sei; trotzdem war ihm klar, daß er sich den Repräsentationspflichten des Hauses nicht entziehen und also nicht unterlassen dürfe, Hildegard am anderen Nachmittag auf dem Bahnhofe zu empfangen. Er war pünktlich da, begrüßte die schöne Schwägerin und absolvierte die landesübliche Fragenreihe nach dem Befinden und den Sommerplänen der Familie, während einer der von ihm engagierten Gepäckträger erst die Droschke, dann das Gepäck besorgte. Dasselbe bestand nur aus einem einzigen Koffer mit Messingbeschlag, dieser aber war von solcher Größe, daß er, als er hinaufgewuchtet war, der dahinrollenden Droschke den Charakter eines Baus von zwei Etagen gab.

Unterwegs wurde das Gespräch von seiten Leopolds wieder aufgenommen, erreichte seinen Zweck aber nur unvollkommen, weil seine stark hervortretende Befangenheit seiner Schwägerin nur Grund zur Heiterkeit gab. Und nun hielten sie vor der Villa. Die ganze Treibelei stand am Gitter, und als die herzlichsten Begrüßungen ausgetauscht und die nötigsten Toilettenarrangements in fliegender Eile, d. h. ziemlich mußevoll gemacht worden waren, erschien Hildegard auf der Veranda, wo man inzwischen den Kaffee serviert hatte. Sie fand alles »himmlisch«, was auf Empfang strenger Instruktionen* von seiten der Frau Konsul Thora Munk hin deutete, die sehr wahrscheinlich Unterdrückung alles Hamburgischen und Achtung vor Berliner Empfindlichkeiten als erste Regel empfohlen hatte. Keine Parallelen wurden gezogen und beispielsweise gleich das Kaffeeservice rundweg bewundert. »Eure Berliner Muster schlagen jetzt alles aus dem Felde, selbst Sèvres*. Wie reizend diese Grecborte*.« Leopold stand in einiger Entfernung und hörte zu, bis Hildegard plötzlich abbrach und allem, was sie gesagt, nur noch hinzusetzte: »Scheltet mich übrigens nicht, daß ich in einem fort von Dingen spreche, für die sich ja morgen auch noch die Zeit finden würde: Grecborte und Sèvres und Meißen und Zwiebelmuster. Aber Leopold ist schuld; er hat unsere Konversation in der Droschke so streng wissenschaftlich geführt, daß ich beinahe in Verlegenheit kam, ich wollte gern von Lizzi hören und denkt euch, er sprach nur von Anschluß und Radialsystem*, und ich genierte mich zu fragen, was es sei.«

(lat.) Anweisungen

Pariser Porzellanmanufaktur

Randverzierung nach griech. Muster

System zur Neuregulierung der Kanalisation und Abwasserentsorgung in Berlin (ab 1878)

Der alte Treibel lachte; die Kommerzienrätin aber verzog keine Miene, während über Leopolds blasses Gesicht eine leichte Röte flog. – So verging der erste Tag, und Hildegards Unbefangenheit, die man sich zu stören wohl hütete, schien auch noch weiter leidliche Tage bringen zu sollen, alles um so mehr, als es die Kommerzienrätin an Aufmerksamkeiten jeder Art nicht fehlen ließ. Ja, sie verstieg sich zu höchst wertvollen Geschenken, was sonst ihre Sache nicht war. Ungeachtet all dieser Anstrengungen aber und trotzdem dieselben, wenn man nicht tiefer nachforschte, von wenigstens halben Erfolgen begleitet waren, wollte sich ein recht eigentliches Behagen nicht einstellen, selbst bei Treibel nicht, auf dessen rasch wiederkehrende gute Laune bei seinem glücklichen Naturell mit einer Art Sicherheit gerechnet war. Ja, diese gute Laune, sie blieb aus mancherlei Gründen aus, unter denen gerade jetzt auch *der* war, daß die Zossen-Teupitzer Wahlkampagne mit einer totalen Niederlage Vogelsangs geendigt hatte. Dabei mehrten sich die persönlichen Angriffe gegen Treibel. Anfangs hatte man diesen, wegen seiner großen Beliebtheit, rücksichtsvoll außer Spiel gelassen, bis die Taktlosigkeiten seines Agenten ein weiteres Schonen unmöglich machten. »Es ist zweifellos ein Unglück«, so hieß es in den Organen der Gegenpartei, »so beschränkt zu sein wie Leutnant Vogelsang, aber eine solche Beschränktheit in seinen Dienst zu nehmen ist eine Mißachtung gegen den gesunden Menschenverstand unseres Kreises. Die Kandidatur Treibel scheitert einfach an diesem Affront*.«

(franz.) Beleidigung, Provokation

Es sah nicht allzu heiter aus bei den alten Treibels, was Hildegard allmählich so sehr zu fühlen begann, daß sie halbe Tage bei den Geschwistern zubrachte. Der Holzhof war überhaupt hübscher als die Fabrik und Lizzi geradezu reizend mit ihren langen weißen Strümpfen. Einmal waren sie auch rot. Wenn sie so herankam und die Tante Hildegard mit einem Knicks begrüßte, flüsterte diese der Schwester zu: »Quite english, Helen«, und man lächelte sich dann glücklich an. Ja, es waren Lichtblicke. Wenn Lizzi dann aber wieder fort war, war auch zwischen den Schwestern von unbefangener Unterhaltung keine Rede mehr, weil das Gespräch die zwei wichtigsten Punkte nicht berühren durfte: die Verlobung Leopolds und den Wunsch, aus dieser Verlobung mit guter Manier herauszukommen.

Ja, es sah nicht heiter aus bei den Treibels, aber bei den Schmidts auch nicht. Der alte Professor war eigentlich weder in Sorge noch in Verstimmung, lebte vielmehr umgekehrt der Überzeugung, daß sich nun alles bald zum Besseren wenden werde; diesen Prozeß aber sich still vollziehen zu lassen schien ihm ganz unerläßlich, und so verurteilte er sich, was ihm nicht leicht wurde, zu unbedingtem Schweigen. Die Schmolke war natürlich ganz entgegengesetzter Ansicht und hielt, wie die meisten alten Berlinerinnen, außerordentlich viel von »sich aussprechen«, je mehr und je öfter, desto besser. Ihre nach dieser Seite hin abzielenden Versuche verliefen aber resultatlos, und Corinna war nicht zum Sprechen zu bewegen, wenn die Schmolke begann: »Ja, Corinna, was soll denn nun eigentlich werden? Was denkst du dir denn eigentlich?«

Auf all das gab es keine rechte Antwort, vielmehr stand Corinna wie am Roulette und wartete mit verschränkten Armen, wohin die Kugel fallen würde. Sie war nicht unglücklich, aber äußerst unruhig und unmutig, vor allem, wenn sie der heftigen Streitszene gedachte, bei der sie doch vielleicht zuviel gesagt hatte. Sie fühlte ganz deutlich, daß alles anders gekommen wäre, wenn die Rätin etwas weniger Herbheit, sie selber aber etwas mehr Entgegenkommen gezeigt hätte. Ja, da hätte sich dann ohne sonderliche Mühe Frieden schließen und das Bekenntnis einer gewissen Schuld, weil alles bloß Berechnung gewesen, allenfalls ablegen lassen. Aber freilich im selben Augenblicke, wo sie, neben dem Bedauern über die hochmütige Haltung der Rätin, vor allem und in erster Reihe sich selber der Schuld zieh, in ebendiesem Augenblicke mußte sie sich doch auch wieder sagen, daß ein Wegfall alles dessen, was ihr vor ihrem eigenen Gewissen in dieser Angelegenheit als fragwürdig erschien, in den Augen der Rätin nichts gebessert haben würde. Diese schreckliche Frau, trotzdem sie beständig so tat und sprach, war ja weitab davon, ihr wegen ihres Spiels mit Gefühlen einen ernsthaften Vorwurf zu machen. Das war ja Nebensache, da lag es nicht. Und wenn sie diesen lieben und guten Menschen, wie's ja doch möglich war, aufrichtig und von Herzen geliebt hätte, so wäre das Verbrechen genau dasselbe gewesen. »Diese Rätin, mit ihrem überheblichen ›Nein‹, hat mich nicht da getroffen, wo sie mich treffen konnte, sie weist diese Verlobung nicht zurück, weil mir's an Herz und Liebe gebricht, nein, sie weist sie nur zurück, weil ich arm oder wenigstens nicht dazu angetan bin, das Treibelsche Vermögen zu verdoppeln, um nichts, nichts weiter; und wenn sie vor anderen versichert oder vielleicht auch sich selber einredet, ich sei ihr zu selbstbewußt und zu professorlich, so sagt sie das nur, weil's ihr gerade paßt. Unter andern Verhältnissen würde meine Professorlichkeit mir nicht nur nicht schaden, sondern ihr umgekehrt die Höhe der Bewunderung bedeuten.«

So gingen Corinnas Reden und Gedanken, und um sich ihnen nach Möglichkeit zu entziehen, tat sie, was sie seit lange nicht mehr getan, und machte Besuche bei den alten und jungen Professorenfrauen. Am besten gefiel ihr wieder die gute, ganz von Wirtschaftlichkeit in Anspruch genommene Frau Rindfleisch, die jeden Tag, ihrer vielen Pensionäre halber, in die große Markthalle ging und immer die besten Quellen und die billigsten Preise wußte, Preise, die dann später der Schmolke mitgeteilt, in erster Reihe den Ärger derselben, zuletzt aber ihre Bewunderung vor einer höheren wirtschaftlichen Potenz weckten. Auch bei Frau Immanuel Schultze sprach Corinna vor und fand dieselbe, vielleicht weil Friedebergs nahe bevorstehende Ehescheidung ein sehr dankbares Thema bildete, auffallend nett und gesprächig, Immanuel selbst aber war wieder so großsprecherisch und zynisch, daß sie doch fühlte, den Besuch nicht wiederholen zu können. Und weil die Woche so viele Tage hatte, so mußte sie sich zuletzt zu Museum und Nationalgalerie bequemen. Aber sie hatte keine rechte Stimmung dafür. Im ⌜Cornelius-Saal⌝ interessierte sie, vor dem einen großen Wandbilde, nur die ganz kleine Predelle*, wo Mann und Frau den Kopf aus der Bettdecke strecken, und im ägyptischen Museum fand sie eine merkwürdige Ähnlichkeit zwischen Ramses* und Vogelsang.

Mit Malereien o. Skulpturen geschmückter Sockel eines Altarbildes

Gemeint ist wohl der ägypt. König Ramses II. (ca. 1290–1223/24 v. Chr.)

Wenn sie dann nach Hause kam, fragte sie jedesmal, ob wer dagewesen sei, was heißen sollte: »War Leopold da?«, worauf die Schmolke regelmäßig antwortete: »Nein, Corinna, keine Menschenseele.« Wirklich, Leopold hatte nicht den Mut zu kommen und beschränkte sich darauf, jeden Abend einen kleinen Brief zu schreiben, der dann am andern Morgen auf ihrem Frühstückstische lag. Schmidt sah lächelnd drüber hin, und Corinna stand dann wie von ungefähr auf, um das Briefchen in ihrem Zimmer zu lesen.

»Liebe Corinna. Der heutige Tag verlief wie alle. Die Mama scheint in ihrer Gegnerschaft verharren zu wollen. Nun, wir wollen sehen, wer siegt. Hildegard ist viel bei Helene, weil niemand hier ist, der sich recht um sie kümmert. Sie kann mir leid tun, ein so junges und hübsches Mädchen. Alles das Resultat solcher Anzettelungen. Meine Seele verlangt, Dich zu sehen, und in der nächsten Woche werden Entschlüsse von mir gefaßt werden, die volle Klarheit schaffen. Mama wird sich wundern. Nur so viel, ich erschrecke vor nichts, auch vor dem Äußersten nicht. Das mit dem vierten Gebot ist recht gut, aber es hat seine Grenzen. Wir haben auch Pflichten gegen uns selbst und gegen die, die wir über alles lieben, die Leben und Tod in unseren Augen bedeuten. Ich schwanke noch, wohin, denke aber England; da haben wir Liverpool und Mr. Nelson und in zwei Stunden sind wir an der schottischen Grenze*. Schließlich ist es gleich, wer uns äußerlich vereinigt, sind wir es doch längst in uns. Wie mir das Herz dabei schlägt. Ewig der Deine. Leopold.«

Anspielung auf Gretna Green (vgl. Erl. zu 92,35)

Corinna zerriß den Brief in kleine Streifen und warf sie

draußen ins Kochloch. »Es ist am besten so; dann vergeß ich wieder, was er heute geschrieben, und kann morgen nicht mehr vergleichen. Denn mir ist, als schriebe er jeden Tag dasselbe. Sonderbare Verlobung. Aber soll ich ihm einen Vorwurf machen, daß er kein Held ist? Und mit meiner Einbildung, ihn zum Helden umschaffen zu können, ist es auch vorbei. Die Niederlagen und Demütigungen werden nun wohl ihren Anfang nehmen. Verdient? Ich fürchte.«

Anderthalb Wochen waren um, und noch hatte sich im Schmidtschen Hause nichts verändert; der Alte schwieg nach wie vor, Marcell kam nicht und Leopold noch weniger, und nur seine Morgenbriefe stellten sich mit großer Pünktlichkeit ein; Corinna las sie schon längst nicht mehr, überflog sie nur und schob sie dann lächelnd in ihre Morgenrocktasche, wo sie zersessen und zerknittert wurden. Sie hatte zum Troste nichts als die Schmolke, deren gesunde Gegenwart ihr wirklich wohltat, wenn sie's auch immer noch vermied, mit ihr zu sprechen.

Aber auch das hatte seine Zeit.

Der Professor war eben nach Hause gekommen, schon um elf, denn es war Mittwoch, wo die Klasse, für ihn wenigstens, um eine Stunde früher schloß. Corinna sowohl wie die Schmolke hatten ihn kommen und die Drückertür geräuschvoll ins Schloß fallen hören, nahmen aber beide keine Veranlassung, sich weiter um ihn zu kümmern, sondern blieben in der Küche, drin der helle Julisonnenschein lag und alle Fensterflügel geöffnet waren. An einem der Fenster stand auch der Küchentisch. Draußen, an zwei Haken, hing ein kastenartiges Blumenbrett, eine jener merkwürdigen Schöpfungen der Holzschneidekunst, wie sie Berlin eigentümlich sind: kleine Löcher zu Sternblumen zusammengestellt; Anstrich dunkelgrün. In diesem Kasten standen mehrere Geranium- und Goldlacktöpfe, zwischen denen hindurch die Sperlinge huschten und sich in großstädtischer Dreistigkeit auf den am Fenster stehenden Küchentisch setzten. Hier pickten sie vergnügt an allem herum, und niemand dachte daran, sie zu stören. Corinna, den Mörser zwischen den Knien, war mit Zimmetstoßen beschäftigt, während die Schmolke grüne Kochbirnen der Länge nach durchschnitt und beide gleiche Hälften in eine große braune Schüssel, eine sogenannte Reibesatte, fallen ließ. Freilich zwei ganz gleiche Hälften waren es nicht, konnten es nicht sein, weil natürlich nur eine Hälfte den Stengel hatte, welcher Stengel denn auch Veranlassung zu Beginn einer Unterhaltung wurde, wonach sich die Schmolke schon seit lange sehnte.

»Sieh, Corinna«, sagte die Schmolke, »dieser hier, dieser lange, das ist so recht ein Stengel nach dem Herzen deines Vaters ...«

Corinna nickte.

»... den kann er anfassen wie 'ne Makkaroni und hochhalten und alles von unten her aufessen ... Es ist doch ein merkwürdiger Mann ...«

»Ja, das ist er!«

»Ein merkwürdiger Mann und voller Schrullen, und man muß ihn erst ausstudieren. Aber das merkwürdigste, das ist doch das mit den langen Stengeln, un daß wir sie, wenn es Semmelpudding un Birnen gibt, nicht schälen dürfen un daß der ganze Kriepsch* mit Kerne und alles drin bleiben muß. Er is doch ein Professor un ein sehr kluger Mann, aber das muß ich dir sagen, Corinna, wenn ich meinem guten Schmolke, der doch nur ein einfacher Mann war, mit so lange Stengel un ungeschält un den ganzen Kriepsch drin gekommen wär', ja, da hätt' es was gegeben. Denn so gut er war, wenn er dachte, ›sie denkt woll, das is gut genug‹, dann wurd' er falsch un machte sein Dienstgesicht un sah aus, als ob er mich arretieren* wollte ...«

Kerngehäuse

(lat.) festnehmen, verhaften

»Ja, liebe Schmolke«, sagte Corinna, »das ist eben einfach die alte Geschichte vom Geschmack und daß sich über Geschmäcker nicht streiten läßt. Und dann ist es auch wohl die Gewohnheit und vielleicht auch von Gesundheits wegen.«

»Von Gesundheits wegen«, lachte die Schmolke. »Na, höre, Kind, wenn einem so die Hacheln* in die Kehle kommen un man sich verschluckert un man mitunter zu ’nem ganz fremden Menschen sagen muß: ›Bitte, kloppen Sie mir mal ein bißchen, aber hier ordentlich ins Kreuz‹ – nein, Corinna, da bin ich doch mehr für eine ausgekernte Malvasier*, die runter geht wie Butter. Gesundheit! ... Stengel un Schale, was da von Gesundheit is, das weiß ich nich ...«

Feine Härchen u. Häutchen des Kerngehäuses

Nach der Malvasier-Rebe benannte Weinbirne

»Doch, liebe Schmolke. Manche können Obst nicht vertragen und fühlen sich geniert, namentlich wenn sie, wie Papa, hinterher auch noch die Sauce löffeln. Und da gibt es nur ein Mittel dagegen: Alles muß dran bleiben, der Stengel und die grüne Schale. Die beiden, die haben das Adstringens ...«

»Was?«

»Das Adstringens, d. h. das, was zusammenzieht, erst bloß die Lippen und den Mund, aber dieser Prozeß des Zusammenziehens setzt sich dann durch den ganzen inneren Menschen hin fort, und das ist dann das, was alles wieder in Ordnung bringt und vor Schaden bewahrt.«

Ein Sperling hatte zugehört, und wie durchdrungen von der Richtigkeit von Corinnas Auseinandersetzungen, nahm er einen Stengel, der zufällig abgebrochen war, in den Schnabel und flog damit auf das andere Dach hinüber. Die beiden Frauen aber verfielen in Schweigen und nahmen erst nach einer Viertelstunde das Gespräch wieder auf.

Das Gesamtbild war nicht mehr ganz dasselbe, denn Corinna hatte mittlerweile den Tisch abgeräumt und einen blauen Zuckerbogen darüber ausgebreitet, auf welchem zahlreiche alte Semmeln lagen und daneben ein großes Reibeisen. Dies letztere nahm sie jetzt in die Hand, stemmte sich mit der linken Schulter dagegen, und begann nun ihre Reibetätigkeit mit solcher Vehemenz, daß die geriebene Semmel über den ganzen blauen Bogen hinstäubte. Dann und wann unterbrach sie sich und schüttete die Bröckchen nach der Mitte hin zu einem Berg zusammen, aber gleich danach begann sie von neuem, und es hörte sich wirklich an, als ob sie bei dieser Arbeit allerlei mörderische Gedanken habe.

Die Schmolke sah ihr von der Seite her zu. Dann sagte sie: »Corinna, wen zerreibst du denn eigentlich?«

»Die ganze Welt.«

»Das is viel ... un dich mit?«

»Mich zuerst.«

»Das is recht. Denn wenn du nur erst recht zerrieben un recht mürbe bist, dann wirst du wohl wieder zu Verstande kommen.«

»Nie.«

»Man muß nie ›nie‹ sagen, Corinna. Das war ein Hauptsatz von Schmolke. Un das muß wahr sein, ich habe noch jedesmal gefunden, wenn einer ›nie‹ sagte, dann is es immer dicht vorm Umkippen. Un ich wollte, daß es mit dir auch so wäre.«

Corinna seufzte.

»Sieh, Corinna, du weißt, daß ich immer dagegen war. Denn es is ja doch ganz klar, daß du deinen Vetter Marcell heiraten mußt.«

»Liebe Schmolke, nur kein Wort von *dem*.«

»Ja, das kennt man, das is das Unrechtsgefühl. Aber ich will nichts weiter sagen un will nur sagen, was ich schon gesagt habe, daß ich immer dagegen war, ich meine gegen Leopold, un daß ich einen Schreck kriegte, als du mir's sagtest. Aber als du mir dann sagtest, daß die Kommerzienrätin sich ärgern würde, da gönnt' ich's ihr un dachte, ›warum nich? warum soll es nich gehn? Un wenn der Leopold auch bloß ein Wickelkind is, Corinnchen wird ihn schon aufpäppeln und ihn zu Kräften bringen.‹ Ja, Corinna, so dacht' ich un hab es dir auch gesagt. Aber es war ein schlechter Gedanke, denn man soll seinen Mitmenschen nich ärgern, auch wenn man ihn nich leiden kann, un was mir zuerst kam, der Schreck über deine Verlobung, das war doch das Richtige. Du mußt einen klugen Mann haben, einen, der eigentlich klüger ist als du – du bist übrigens gar nich mal so klug – un der was Männliches hat, so wie Schmolke, un vor dem du Respekt hast. Un vor Leopold kannst du keinen Respekt haben. Liebst du'n denn noch immer?«

»Ach, ich denke ja gar nicht dran, liebe Schmolke.«

Schluss damit machen

Mittelscheitel zw. hoch gekämmtem Haar

Unrecht, Kränkung

Ugs. für etepetete: geziert

»Na, Corinna, denn is es Zeit, un denn mußt du nu Schicht damit machen*. Du kannst doch nich die ganze Welt auf den Kopp stellen und dein un andrer Leute Glück, worunter auch dein Vater un deine alte Schmolke is, verschütten un verderben wollen, bloß um der alten Kommerzienrätin mit ihrem Puffscheitel* und ihren Brillantbommeln einen Tort* anzutun. Es is eine geldstolze Frau, die den Apfelsinenladen vergessen hat un immer bloß ötepotöte* tut un den alten Professor anschmachtet un ihn auch ›Wilibald‹ nennt, als ob sie noch auf'n Hausboden Versteck miteinander spielten un hinterm Torf stünden, denn damals hatte man noch Torf auf'm Boden, un wenn man runter kam, sah man immer aus wie'n Schornsteinfeger – ja, sieh, Corinna, das hat alles seine Richtigkeit, un ich hätt' ihr so was gegönnt, un Ärger genug wird sie woll auch gehabt haben. Aber wie der alte Pastor Thomas zu Schmolke un mir in unsrer Traurede gesagt hat: ›Liebet euch untereinander, denn der Mensch soll sein Leben nich auf den Haß, sondern auf die Liebe stellen‹ (dessen Schmolke un ich auch immer eingedenk gewesen sind) – so, meine liebe Corinna, sag ich es auch zu dir, man soll sein Leben nich auf den Haß stellen. Hast du denn wirklich einen solchen Haß auf die Rätin, das heißt einen richtigen?«

»Ach, ich denke ja gar nicht dran, liebe Schmolke.«

»Ja, Corinna, da kann ich dir bloß noch mal sagen, dann is es wirklich die höchste Zeit, daß was geschieht. Denn wenn du *ihn* nicht liebst und *ihr* nich haßt, denn weiß ich nich, was die ganze Geschichte überhaupt noch soll.«

»Ich auch nicht.«

Und damit umarmte Corinna die gute Schmolke, und diese sah denn auch gleich an einem Flimmer in Corinnas Augen, daß nun alles vorüber und daß der Sturm gebrochen sei.

»Na, Corinna, denn wollen wir's schon kriegen, un es kann noch alles gut werden. Aber nu gib die Form her, daß wir ihn eintun, denn eine Stunde muß er doch wenigstens kochen. Un vor Tisch sag ich deinem Vater kein Wort, weil er sonst vor Freude nich essen kann ...«

»Ach, der äße doch.«

»Aber nach Tisch sag ich's ihm, wenn er auch um seinen Schlaf kommt. Und geträumt hab ich's auch schon un habe dir nur nichts davon sagen wollen. Aber nun kann ich es ja. Sieben Kutschen und die beiden Kälber von Professor Kuh waren Brautjungfern. Natürlich, Brautjungfern möchten sie immer alle sein, denn auf die kuckt alles, beinah mehr noch als auf die Braut, weil die ja schon weg ist; un meistens kommen sie auch bald ran. Un bloß den Pastor konnt' ich nich recht erkennen. Thomas war es nich. Aber vielleicht war es ⌜Souchon⌝, bloß daß er ein bißchen zu dicklich war.«

Fünfzehntes Kapitel

Der Pudding erschien Punkt zwei, und Schmidt hatte sich denselben munden lassen. In seiner behaglichen Stimmung entging es ihm durchaus, daß Corinna für alles, was er sagte, nur ein stummes Lächeln hatte; denn er war ein liebenswürdiger Egoist, wie die meisten seines Zeichens, und kümmerte sich nicht sonderlich um die Stimmung seiner Umgebung, solange nichts passierte, was dazu angetan war, *ihm* die Laune direkt zu stören.

»Und nun laß abdecken, Corinna; ich will, eh' ich mich ein bißchen ausstrecke, noch einen Brief an Marcell schreiben oder doch wenigstens ein paar Zeilen. Er hat nämlich die Stelle. Distelkamp, der immer noch alte Beziehungen unterhält, hat mich's heute vormittag wissen lassen.« Und während der Alte das sagte, sah er zu Corinna hinüber, weil er wahrnehmen wollte, wie diese wichtige Nachricht auf seiner Tochter Gemüt wirke. Er sah aber nichts, vielleicht weil nichts zu sehen war, vielleicht auch weil er kein scharfer Beobachter war, selbst dann nicht, wenn er's ausnahmsweise mal sein wollte. Corinna, während der Alte sich erhob, stand ebenfalls auf und ging hinaus, um draußen die nötigen Ordres zum Abräumen an die Schmolke zu geben. Als diese bald danach eintrat, setzte sie mit jenem absichtlichen und ganz unnötigen Lärmen, durch den alte Dienerinnen ihre dominierende Hausstellung auszudrükken lieben, die herumstehenden Teller und Bestecke zusammen, derart, daß die Messer- und Gabelspitzen nach allen Seiten hin herausstarrten, und drückte diesen Stachelturm im selben Augenblicke, wo sie sich zum Hinausgehen anschickte, fest an sich. »Pieken Sie sich nicht, liebe Schmolke«, sagte Schmidt, der sich gern einmal eine kleine Vertraulichkeit erlaubte.

»Nein, Herr Professor, von pieken is keine Rede nich mehr, schon lange nich. Un mit der Verlobung is es auch vorbei.«

»Vorbei. Wirklich? Hat sie was gesagt?«

»Ja, wie sie die Semmel zu den Pudding rieb, ist es mit eins rausgekommen. Es stieß ihr schon lange das Herz ab, und sie wollte bloß nichts sagen. Aber nu is es ihr zu langweilig geworden, das mit Leopolden. Immer bloß kleine Billetter mit'n Vergißmeinnicht draußen un'n Veilchen drin; da sieht sie nu doch wohl, daß er keine rechte Courage hat un daß seine Furcht vor der Mama noch größer is als seine Liebe zu ihr.«

»Nun, das freut mich. Und ich hab es auch nicht anders erwartet. Und Sie wohl auch nicht, liebe Schmolke. Der Marcell ist doch ein andres Kraut. Und was heißt gute Partie? Marcell ist Archäologe.«

»Versteht sich«, sagte die Schmolke, die sich dem Professor gegenüber grundsätzlich nie zur Unvertrautheit mit Fremdwörtern bekannte.

»Marcell, sag ich, ist Archäologe. Vorläufig rückt er an Hedrichs Stelle. Gut angeschrieben ist er schon lange, seit Jahr und Tag. Und dann geht er mit Urlaub und Stipendium nach Mykenä ...« Die Schmolke drückte auch jetzt wieder ihr volles Verständnis und zugleich ihre Zustimmung aus.

»Und vielleicht«, fuhr Schmidt fort, »auch nach Tiryns* oder wo Schliemann grade steckt. Und wenn er von da zurück ist und mir einen Zeus für diese meine Stube mitgebracht hat ...«, und er wies dabei unwillkürlich nach dem Ofen oben, als dem einzigen für Zeus noch leeren Fleck, »... wenn er von da zurück ist, sag ich, so ist ihm eine Professur gewiß. Die Alten können nicht ewig leben. Und sehen Sie, liebe Schmolke, das ist das, was *ich* eine gute Partie nenne.«

* Burganlage nahe Nauplia auf dem Peloponnes

»Versteht sich, Herr Professor. Wovor sind denn auch die Examens un all das? Un Schmolke, wenn er auch kein Studierter war, sagte auch immer ...«

»Und nun will ich an Marcell schreiben und mich dann ein Viertelstündchen hinlegen. Und um halb vier den Kaffee. Aber nicht später.«

Um halb vier kam der Kaffee. Der Brief an Marcell, ein Rohrpostbrief, zu dem sich Schmidt nach einigem Zögern entschlossen hatte, war seit wenigstens einer halben Stunde fort, und wenn alles gutging und Marcell zu Hause war, so las er vielleicht in diesem Augenblicke schon die drei lapidaren Zeilen, aus denen er seinen Sieg entnehmen konnte. Gymnasial-Oberlehrer! Bis heute war er nur ⌜deutscher Literaturlehrer an einer höheren Mädchenschule⌝ gewesen und hatte manchmal grimmig in sich hineingelacht, wenn er über den ⌜Codex argenteus⌝, bei welchem Worte die jungen Dinger immer kicherten, oder über den ⌜Heliand⌝ und ⌜Beowulf⌝ hatte sprechen müssen. Auch hinsichtlich Corinnas waren ein paar dunkle Wendungen in den Brief eingeflochten worden, und alles in allem ließ sich annehmen, daß Marcell binnen kürzester Frist erscheinen würde, seinen Dank auszusprechen.

Und wirklich, fünf Uhr war noch nicht heran, als die Klingel ging und Marcell eintrat. Er dankte dem Onkel herzlich für seine Protektion*, und als dieser das alles mit der Bemerkung ablehnte, daß, wenn von solchen Dingen überhaupt die Rede sein könne, jeder Dankesspruch auf Distelkamp falle, sagte Marcell: »Nun, dann also Distelkamp. Aber daß du mir's gleich geschrieben, dafür werd ich mich doch auch bei dir bedanken dürfen. Und noch dazu mit Rohrpost!«

(lat.) Förderung

»Ja, Marcell, das mit Rohrpost, das hat vielleicht Anspruch; denn eh' wir Alten uns zu was Neuem bequemen, das dreißig Pfennig kostet, da kann mitunter viel Wasser die Spree runterfließen. Aber was sagst du zu Corinna?«

»Lieber Onkel, du hast da so eine dunkle Wendung gebraucht … ich habe sie nicht recht verstanden. Du schriebst: ›Kenneth von Leoparden sei auf dem Rückzug.‹ Ist Leopold gemeint? Und muß es Corinna jetzt als Strafe hinnehmen, daß sich Leopold, den sie so sicher zu haben glaubte, von ihr abwendet?«

»Es wäre so schlimm nicht, wenn es so läge. Denn in diesem Falle wäre die Demütigung, von der man doch wohl sprechen muß, noch um einen Grad größer. Und sosehr ich

Corinna liebe, so muß ich doch zugeben, daß ihr ein Denkzettel wohl not täte.«

Marcell wollte zum Guten reden …

»Nein, verteidige sie nicht, sie hätte so was verdient. Aber die Götter haben es doch milder mit ihr vor und diktieren ihr statt der ganzen Niederlage, die sich in Leopolds selbstgewolltem Rückzuge aussprechen würde, nur die halbe Niederlage zu, nur die, daß die Mutter nicht will und daß meine gute Jenny, trotz Lyrik und obligater Träne, sich ihrem Jungen gegenüber doch mächtiger erweist als Corinna.«

»Vielleicht nur, weil Corinna sich noch rechtzeitig besann und nicht ⌜alle Minen springen lassen wollte⌝.«

»Vielleicht ist es so. Aber wie es auch liegen mag, Marcell, wir müssen uns nun darüber schlüssig machen, wie du zu dieser ganzen Tragikomödie dich stellen willst, so oder so. Ist dir Corinna, die du vorhin so großmütig verteidigen wolltest, verleidet oder nicht? Findest du, daß sie wirklich eine gefährliche Person ist, voll Oberflächlichkeit und Eitelkeit, oder meinst du, daß alles nicht so schlimm und ernsthaft war, eigentlich nur bloße Marotte, die verziehen werden kann? Darauf kommt es an.«

»Ja, lieber Onkel, ich weiß wohl, wie ich dazu stehe. Aber ich bekenne dir offen, ich hörte gern erst deine Meinung. Du hast es immer gut mit mir gemeint und wirst Corinna nicht mehr loben, als sie verdient. Auch schon aus Selbstsucht nicht, weil du sie gern im Hause behieltest. Und ein bißchen Egoist bist du ja wohl. Verzeih, ich meine nur so dann und wann und in einzelnen Stücken …«

»Sage dreist in allen. Ich weiß das auch und getröste mich damit, daß es in der Welt öfters vorkommt. Aber das sind Abschweifungen. Von Corinna soll ich sprechen und will auch. Ja, Marcell, was ist da zu sagen? Ich glaube, sie war ganz ernsthaft dabei, hat dir's ja auch damals ganz frank und frei erklärt, und du hast es auch geglaubt, mehr noch als ich. Das war die Sachlage, so stand es vor ein paar Wochen. Aber jetzt, darauf möcht ich mich verwetten, jetzt ist sie gänzlich umgewandelt, und wenn die Treibels ihren Leopold zwischen lauter Juwelen und Goldbarren setzen wollten, ich glaube, sie nähm' ihn nicht mehr. Sie hat eigentlich ein gesundes und ehrliches und aufrichtiges Herz, auch einen feinen Ehrenpunkt, und nach einer kurzen Abirrung ist ihr mit einem Male klargeworden, was es eigentlich heißt, wenn man mit zwei Familienporträts und einer väterlichen Bibliothek in eine reiche Familie hineinheiraten will. Sie hat den Fehler gemacht, sich einzubilden, ›das ginge so‹, weil man ihrer Eitelkeit beständig Zuckerbrot gab und so tat, als bewerbe man sich um sie. Aber bewerben und bewerben ist ein Unterschied. Gesellschaftlich, das geht eine Weile; nur nicht fürs Leben. In eine Herzogsfamilie kann man allenfalls hineinkommen, in eine Bourgeoisfamilie nicht. Und wenn *er*, der Bourgeois, es auch wirklich übers Herz brächte – seine Bourgeoise gewiß nicht, am wenigsten wenn sie Jenny Treibel, née* Bürstenbinder heißt. Rundheraus, Corinnas Stolz ist endlich wachgerufen, laß mich hinzusetzen: Gott sei Dank, und gleichviel nun, ob sie's noch hätte durchsetzen können oder nicht, sie mag es und will es nicht mehr, sie hat es satt. Was vordem halb Berechnung, halb Übermut war, das sieht sie jetzt in einem andern Licht und ist ihr Gesinnungssache geworden. Da hast du meine Weisheit. Und nun laß mich noch einmal fragen, wie gedenkst du dich zu stellen? Hast du Lust und Kraft, ihr die Torheit zu verzeihen?«

(franz.) geborene

»Ja, lieber Onkel, das hab ich. Natürlich, soviel ist richtig, es wäre mir ein gut Teil lieber, die Geschichte hätte *nicht* gespielt; aber da sie nun einmal gespielt hat, nehm ich mir das Gute daraus. Corinna hat nun wohl für immer mit der Modernität und dem krankhaften Gewichtlegen aufs Äußerliche gebrochen und hat statt dessen die von ihr verspotteten Lebensformen wieder anerkennen gelernt, in denen sie großgeworden ist.«

Der Alte nickte.

»Mancher«, fuhr Marcell fort, »würde sich anders dazu stellen, das ist mir völlig klar; die Menschen sind eben verschieden, das sieht man alle Tage. Da hab ich beispielsweise, ganz vor kurzem erst, ⌜eine kleine reizende Geschichte von Heyse gelesen⌝, in der ein junger Gelehrter, ja, wenn mir recht ist, sogar ein archäologisch Angekränkelter, also eine Art Spezialkollege von mir, eine junge Baronesse liebt und auch herzlich und aufrichtig wiedergeliebt wird; er weiß es nur noch nicht recht, ist ihrer noch nicht ganz sicher. Und in diesem Unsicherheitszustande hört er in der zufälligen Verborgenheit einer Taxushecke, wie die mit einer Freundin im Park lustwandelnde Baronesse ebendieser ihrer Freundin allerhand Confessions macht, von ihrem Glück und ihrer Liebe plaudert und sich's nur leider nicht versagt, ein paar scherzhaft übermütige Bemerkungen über ihre Liebe mit einzuflechten. Und dies hören und sein Ränzel schnüren und sofort das Weite suchen ist für den Liebhaber und Archäologen eins. Mir ganz unverständlich. Ich, lieber Onkel, hätt' es anders gemacht, *ich* hätte nur die Liebe herausgehört und nicht den Scherz und nicht den Spott, und wäre, statt abzureisen, meiner geliebten Baronesse wahnsinnig glücklich zu Füßen gestürzt, von nichts sprechend als von meinem unendlichen Glück. Da hast du meine Situation, lieber Onkel. Natürlich kann man's auch anders machen; ich bin für mein Teil indessen herzlich froh, daß ich nicht zu den Feierlichen gehöre. Respekt vor dem Ehrenpunkt, gewiß; aber zuviel davon ist vielleicht überall vom Übel und in der Liebe nun schon ganz gewiß.«

»Bravo, Marcell. Hab es übrigens nicht anders erwartet und seh auch darin wieder, daß du meiner leiblichen Schwester Sohn bist. Sieh, das ist das Schmidtsche in dir, daß du so sprechen kannst; keine Kleinlichkeit, keine Eitelkeit, immer aufs Rechte und immer aufs Ganze. Komm her, Junge, gib mir einen Kuß. Einer ist eigentlich zuwenig, denn wenn ich bedenke, daß du mein Neffe und Kollege und nun bald auch mein Schwiegersohn bist, denn Corinna wird doch wohl nicht nein sagen, dann sind auch zwei Bakkenküsse kaum noch genug. Und *die* Genugtuung sollst du haben, Marcell, Corinna muß an dich schreiben und sozusagen beichten und Vergebung der Sünden bei dir anrufen.«

»Um Gottes willen, Onkel, mache nur nicht so was. Zunächst wird sie's nicht tun, und wenn sie's tun wollte, so würd' ich doch das nicht mit ansehen können. Die Juden, so hat mir Friedeberg erst ganz vor kurzem erzählt, haben ein Gesetz oder einen Spruch. wonach es als ganz besonders strafwürdig gilt, ›einen Mitmenschen zu beschämen‹, und ich finde, das ist ein kolossal feines Gesetz und beinah schon christlich. Und wenn man niemanden beschämen soll, nicht einmal seine Feinde, ja, lieber Onkel, wie käm' ich dann dazu, meine liebe Cousine Corinna beschämen zu wollen, die vielleicht schon nicht weiß, wo sie vor Verlegenheit hinsehen soll. Denn wenn die Nicht-Verlegenen mal verlegen werden, dann werden sie's auch ordentlich, und ist einer in solch peinlicher Lage wie Corinna, da hat man die Pflicht, ihm goldne Brücken zu baun. *Ich* werde schreiben, lieber Onkel.«

»Bist ein guter Kerl, Marcell; komm her, noch einen. Aber sei nicht *zu* gut, das können die Weiber nicht vertragen, nicht einmal die Schmolke.«

Sechzehntes Kapitel

Und Marcell schrieb wirklich, und am andern Morgen lagen zwei an Corinna adressierte Briefe auf dem Frühstückstisch, einer in kleinem Format mit einem Landschaftsbildchen in der linken Ecke, Teich und Trauerweide, worin Leopold, zum ach, wievielsten Male, von seinem »unerschütterlichen Entschlusse« sprach, der andere, ohne malerische Zutat, von Marcell. Dieser lautete:

»Liebe Corinna! Der Papa hat gestern mit mir gesprochen und mich zu meiner innigsten Freude wissen lassen, daß, verzeih, es sind seine eignen Worte, ›Vernunft wieder an zu sprechen fange‹. ›Und‹, so setzte er hinzu ›die rechte Vernunft käme aus dem Herzen.‹ Darf ich es glauben? Ist ein Wandel eingetreten, die Bekehrung, auf die ich gehofft? Der Papa wenigstens hat mich dessen versichert. Er war auch der Meinung, daß Du bereit sein würdest, dies gegen mich auszusprechen, aber ich habe feierlichst dagegen protestiert, denn mir liegt gar nicht daran, Unrechts- oder Schuldgeständnisse zu hören; – *das*, was ich jetzt weiß, wenn auch noch nicht aus Deinem Munde, genügt mir völlig, macht mich unendlich glücklich und löscht alle Bitterkeit aus meiner Seele. Manch einer würde mir in diesem Gefühl nicht folgen können, aber ich habe da, wo mein Herz spricht, nicht das Bedürfnis, zu einem Engel zu sprechen, im Gegenteil, mich bedrücken Vollkommenheiten, vielleicht weil ich nicht an sie glaube; Mängel, die ich menschlich begreife, sind mir sympathisch, auch dann noch, wenn ich unter ihnen leide. Was Du mir damals sagtest, als ich Dich an dem Mr.-Nelson-Abend von Treibels nach Hause begleitete, das weiß ich freilich noch alles, aber es lebt nur in meinem Ohr, nicht in meinem Herzen. In meinem Herzen steht nur das eine, das immer darin stand, von Anfang an, von Jugend auf.

Ich hoffe Dich heute noch zu sehen. Wie immer Dein Marcell.«

Corinna reichte den Brief ihrem Vater. Der las nun auch und blies dabei doppelte Dampfwolken; als er aber fertig war, stand er auf und gab seinem Liebling einen Kuß auf die Stirn: »Du bist ein Glückskind. Sieh, das ist das, was man das Höhere nennt, das wirklich Ideale, nicht das von meiner Freundin Jenny. Glaube mir, das Klassische, was sie jetzt verspotten, das ist das, was die Seele frei macht, das Kleinliche nicht kennt und das Christliche vorahnt und vergeben und vergessen lehrt, weil wir alle des Ruhmes mangeln. Ja, Corinna, das Klassische, das hat Sprüche wie Bibelsprüche. Mitunter beinah noch etwas drüber. Da haben wir zum Beispiel den Spruch: ›Werde, der du bist‹, ein Wort, das nur ein Grieche sprechen konnte. Freilich, dieser Werdeprozeß, der hier gefordert wird, muß sich verlohnen, aber wenn mich meine väterliche Befangenheit nicht täuscht, bei *dir* verlohnt es sich. Diese Treibelei war ein Irrtum, ein ›Schritt vom Wege‹, wie jetzt, wie du wissen wirst, auch ein Lustspiel heißt, noch dazu von einem Kammergerichtsrat. Das Kammergericht, Gott sei Dank, war immer literarisch. Das Literarische macht frei ... Jetzt hast du das Richtige wiedergefunden und dich selbst dazu ... ›Werde, der du bist‹, sagt der große Pindar, und deshalb muß auch Marcell, um der zu werden, der er ist, in die Welt hinaus, an die großen Stätten, und besonders an die ganz alten. Die ganz alten, das ist immer wie das heilige Grab; dahin gehen die Kreuzzüge der Wissenschaft, und seid ihr erst von Mykenä wieder zurück – ich sage ›ihr‹, denn du wirst ihn begleiten, die Schliemann ist auch immer dabei –, so müßte keine Gerechtigkeit sein, wenn ihr nicht übers Jahr Privatdozent wärt oder Extraordinarius.«

Corinna dankte ihm, daß er sie gleich mit ernenne, vorläufig indes sei sie mehr für Haus und Kinderstube. Dann verabschiedete sie sich und ging in die Küche, setzte sich auf einen Schemel und ließ die Schmolke den Brief lesen.

»Nun, was sagen Sie, liebe Schmolke?«

»Ja, Corinna, was soll ich sagen? Ich sage bloß, was Schmolke immer sagte: Manchen gibt es der liebe Gott im Schlaf*. Du hast ganz unverantwortlich un beinahe schauderöse gehandelt un kriegst ihn nu doch. Du bist ein Glückskind.«

Anspielung auf Psalm 127,2: »Denn seinen Freunden gibt er's schlafend.«

»Das hat mir Papa auch gesagt.«

»Na, denn muß es wahr sein, Corinna. Denn was ein Professor sagt, is immer wahr. Aber nu keine Flausen mehr und keine Witzchen, davon haben wir nu genug gehabt mit dem armen Leopold, der mir doch eigentlich leid tun kann, denn er hat sich ja nich selber gemacht, un der Mensch is am Ende, wie er is. Nein, Corinna, nu wollen wir ernsthaft werden. Und wenn meinst du denn, daß es losgeht oder in die Zeitung kommt? Morgen?«

»Nein, liebe Schmolke, so schnell geht es nicht. Ich muß ihn doch erst sehn und ihm einen Kuß geben ...«

»Versteht sich, versteht sich. Eher geht es nich ...«

»Und dann muß ich doch auch dem armen Leopold erst abschreiben. Er hat mir ja erst heute wieder versichert, daß er für mich leben und sterben will ...«

»Ach Jott, der arme Mensch.«

»Am Ende ist er auch ganz froh ...«

»Möglich is es.«

Noch am selben Abend, wie sein Brief es angezeigt, kam Marcell und begrüßte zunächst den in seine Zeitungslektüre vertieften Onkel, der ihm denn auch – vielleicht weil er die Verlobungsfrage für erledigt hielt – etwas zerstreut und das Zeitungsblatt in der Hand mit den Worten entgegentrat: »Und nun sage, Marcell, was sagst du dazu? ⌜Summus Episcopus⌝ ... Der Kaiser, unser alter Wilhelm, entkleidet sich davon und will es nicht mehr, und Kögel wird es. Oder vielleicht Stoecker ...«

»Ach, lieber Onkel, erstlich glaub ich es nicht. Und dann, ich werde ja doch schwerlich im Dom getraut werden ...«

»Hast recht. Ich habe den Fehler aller Nichtpolitiker, über einer Sensationsnachricht, die natürlich hinterher immer falsch ist, alles Wichtigere zu vergessen. Corinna sitzt drüben in ihrem Zimmer und wartet auf dich, und ich denke mir, es wird wohl das beste sein, ihr macht es untereinander ab; ich bin auch mit der Zeitung noch nicht ganz fertig, und ein dritter geniert bloß, auch wenn es der Vater ist.«

Corinna, als Marcell eintrat, kam ihm herzlich und freundlich entgegen, etwas verlegen, aber doch zugleich sichtlich gewillt, die Sache nach ihrer Art zu behandeln, also so wenig tragisch wie möglich. Von drüben her fiel der Abendschein ins Fenster, und als sie sich gesetzt hatten, nahm sie seine Hand und sagte: »Du bist so gut, und ich hoffe, daß ich dessen immer eingedenk sein werde. Was ich wollte, war nur Torheit.«

»Wolltest du's denn wirklich?«

Sie nickte.

»Und liebtest ihn ganz ernsthaft?«

»Nein. Aber ich wollte ihn ganz ernsthaft heiraten. Und mehr noch, Marcell, ich glaube auch nicht, daß ich sehr unglücklich geworden wäre, das liegt nicht in mir, freilich auch wohl nicht sehr glücklich. Aber wer ist glücklich? Kennst du wen? Ich nicht. Ich hätte Malstunden genommen und vielleicht auch Reitunterricht, und hätte mich an der Riviera mit ein paar englischen Familien angefreundet, natürlich solche mit einer Pleasure-Yacht*, und wäre mit ihnen nach Korsika oder nach Sizilien gefahren, immer der Blutrache nach. Denn ein Bedürfnis nach Aufregung würd' ich doch wohl zeitlebens gehabt haben; Leopold ist etwas schläfrig. Ja, so hätt' ich gelebt.«

(engl.) Vergnügungsyacht

»Du bleibst immer dieselbe und malst dich schlimmer, als du bist.«

»Kaum; aber freilich auch nicht besser. Und deshalb glaubst du mir wohl auch, wenn ich dir jetzt versichre, daß ich froh bin, aus dem allen heraus zu sein. Ich habe von früh an den Sinn für Äußerlichkeiten gehabt und hab ihn vielleicht noch, aber seine Befriedigung kann doch zu teuer erkauft werden, das hab ich jetzt einsehen gelernt.«

Marcell wollte noch einmal unterbrechen, aber sie litt es nicht.

»Nein, Marcell, ich muß noch ein paar Worte sagen. Sieh, das mit Leopold, das wäre vielleicht gegangen, warum am Ende nicht? Einen schwachen, guten, unbedeutenden Menschen zur Seite zu haben kann sogar angenehm sein, kann einen Vorzug bedeuten. Aber diese Mama, diese furchtbare Frau! Gewiß, Besitz und Geld haben einen Zauber, wär' es nicht so, so wäre mir meine Verirrung erspart geblieben; aber wenn Geld alles ist und Herz und Sinn verengt und zum Überfluß Hand in Hand geht mit Sentimentalität und Tränen – dann empört sich's hier, und *das* hinzunehmen wäre mir hart angekommen, wenn ich's auch vielleicht ertragen hätte. Denn ich gehe davon aus, der Mensch in einem guten Bett und in guter Pflege kann eigentlich viel ertragen.«

Den zweiten Tag danach stand es in den Zeitungen, und zugleich mit den öffentlichen Anzeigen trafen Karten ein. Auch bei Kommerzienrats. Treibel, der, nach vorgängigem Einblick in das Kuvert, ein starkes Gefühl von der Wichtigkeit dieser Nachricht und ihrem Einfluß auf die Wiederherstellung häuslichen Friedens und passabler Laune hatte, säumte nicht, in das Damenzimmer hinüberzugehen, wo Jenny mit Hildegard frühstückte. Schon beim Eintreten hielt er den Brief in die Höhe und sagte: »Was kriege ich, wenn ich euch den Inhalt dieses Briefes mitteile?«

»Fordere«, sagte Jenny, in der vielleicht eine Hoffnung dämmerte.

»Einen Kuß.«

»Keine Albernheiten, Treibel.«

»Nun, wenn es von dir nicht sein kann, dann wenigstens von Hildegard.«

»Zugestanden«, sagte diese. »Aber nun lies.«

Und Treibel las: »›Die am heutigen Tage stattgehabte Verlobung meiner Tochter ...‹ ja, meine Damen, *welcher* Tochter? Es gibt viele Töchter. Noch einmal also, ratet. Ich verdoppele den von mir gestellten Preis ... also ›meiner Tochter Corinna mit dem Dr. Marcell Wedderkopp, Oberlehrer und Leutnant der Reserve im brandenburgischen Füsilier-Regiment Nr. 35, habe ich die Ehre, hiermit ganz ergebenst anzuzeigen. Dr. Wilibald Schmidt, Professor und Oberlehrer am Gymnasium zum Heiligen Geist.‹«

Jenny, durch Hildegards Gegenwart behindert, begnügte sich, ihrem Gatten einen triumphierenden Blick zuzuwerfen. Hildegard selbst aber, die sofort wieder auf Suche nach einem Formfehler war, sagte nur: »Ist das alles? Soviel ich weiß, pflegt es Sache der Verlobten zu sein, auch ihrerseits noch ein Wort zu sagen. Aber die Schmidt-Wedderkopps haben am Ende darauf verzichtet.«

»Doch nicht, teure Hildegard. Auf dem zweiten Blatt, das ich unterschlagen habe, haben auch die Brautleute gesprochen. Ich überlasse dir das Schriftstück als Andenken an deinen Berliner Aufenthalt und als Beweis für den allmählichen Fortschritt hiesiger Kulturformen. Natürlich stehen wir noch eine gute Strecke zurück, aber es macht sich allmählich. Und nun bitt ich um meinen Kuß.«

Hildegard gab ihm zwei und so stürmisch, daß ihre Bedeutung klar war. Dieser Tag bedeutete *zwei* Verlobungen.

Der letzte Sonnabend im Juli war als Marcells und Corinnas Hochzeitstag angesetzt worden; »nur keine langen Verlobungen«, betonte Wilibald Schmidt, und die Brautleute hatten begreiflicherweise gegen ein beschleunigtes Verfahren nichts einzuwenden. Einzig und allein die Schmolke, die's mit der Verlobung so eilig gehabt hatte, wollte von solcher Beschleunigung nicht viel wissen und meinte, bis dahin sei ja bloß noch drei Wochen, also nur gerade Zeit genug, ⌜»um dreimal von der Kanzel zu fallen«⌝, und das ginge nicht, das sei zu kurz, darüber redeten die Leute; schließlich aber gab sie sich zufrieden oder tröstete sich wenigstens mit dem Satze: Geredet wird doch.

Am siebenundzwanzigsten war kleiner Polterabend in der Schmidtschen Wohnung, den Tag darauf Hochzeit im Englischen Hause. Prediger Thomas traute. Drei Uhr fuhren die Wagen vor der Nikolaikirche vor, sechs Brautjungfern, unter denen die beiden Kuhschen Kälber und die zwei Felgentreus waren. Letztere, wie schon hier verraten werden mag, verlobten sich in einer Tanzpause mit den zwei Referendarien vom Quartett, denselben jungen Herren, die die Halensee-Partie mitgemacht hatten. Der natürlich auch geladene Jodler wurde von den Kuhs heftig in Angriff genommen, widerstand aber, weil er, als Eckhaussohn*, an solche Sturmangriffe gewöhnt war. Die Kuhschen Töchter selbst fanden sich ziemlich leicht in diesen Echec* – »er war der erste nicht, er wird der letzte nicht sein«, sagte Schmidt –, und nur die Mutter zeigte bis zuletzt eine starke Verstimmung.

Sohn eines wohlhabenden Hausbesitzers

(franz.) Niederlage, Misserfolg

Sonst war es eine durchaus heitere Hochzeit, was zum Teil damit zusammenhing, daß man von Anfang an alles auf die leichte Schulter genommen hatte. Man wollte vergeben und vergessen, hüben und drüben, und so kam es denn auch, daß, um die Hauptsache vorwegzunehmen, alle Treibels nicht nur geladen, sondern mit alleiniger Ausnahme von Leopold, der an demselben Nachmittage nach dem Eierhäuschen ritt, auch vollzählig erschienen waren. Allerdings hatte die Kommerzienrätin anfänglich stark geschwankt, ja sogar von Taktlosigkeit und Affront gesprochen, aber ihr zweiter Gedanke war doch der gewesen, den ganzen Vorfall als eine Kinderei zu nehmen und dadurch das schon hier und da laut gewordene Gerede der Menschen auf die leichteste Weise totzumachen. Bei diesem zweiten Gedanken blieb es dann auch; die Rätin, freundlich lächelnd wie immer, trat in pontificalibus* auf und bildete ganz unbestritten das Glanz- und Repräsentationsstück der Hochzeitstafel. Selbst die Honig und die Wulsten waren auf Corinnas dringenden Wunsch eingeladen wor-

(lat.) in geistlicher Amtstracht, hier: in großer Toilette, Robe den; erstere kam auch, die Wulsten dagegen entschuldigte sich brieflich, »weil sie Lizzi, das süße Kind, doch nicht allein lassen könne«. Dicht unter der Stelle »das süße Kind« war ein Fleck, und Marcell sagte zu Corinna: »Eine Träne, und ich glaube, eine echte.« Von den Professoren waren, außer den schon genannten Kuhs, nur Distelkamp und Rindfleisch zugegen, da sich die mit jüngerem Nachwuchs Gesegneten sämtlich in Kösen, Ahlbeck und Stolpemünde befanden. Trotz dieser Personal-Einbuße war an Toasten kein Mangel; der Distelkampsche war der beste, der Felgentreusche der logisch ungeheuerlichste, weshalb ihm ein hervorragender, vom Ausbringer allerdings unbeabsichtigter Lacherfolg zuteil wurde.

Mit dem Herumreichen des Konfekts war begonnen, und Schmidt ging eben von Platz zu Platz, um den älteren und auch einigen jüngeren Damen allerlei Liebenswürdiges zu sagen, als der schon vielfach erschienene Telegraphenbote noch einmal in den Saal und gleich danach an den alten Schmidt herantrat. Dieser, von dem Verlangen erfüllt, den Überbringer so vieler Herzenswünsche schließlich ⌜wie den Goetheschen Sänger⌝ königlich zu belohnen, füllte ein neben ihm stehendes Becherglas mit Champagner und kredenzte es dem Boten, der es, unter vorgängiger Verbeugung gegen das Brautpaar, mit einem gewissen avec* leerte. Großer Beifall. Dann öffnete Schmidt das Telegramm, überflog es und sagte: »Vom stammverwandten Volk der Briten.«

(franz.) Hier: eleganten Schwung, besonderen Bedeutung

»Lesen, lesen.«

»… To Dr. Marcell Wedderkopp.«

»Lauter.«

»England expects that every man will do his duty …* Unterzeichnet John Nelson.«

Vgl. Erl. zu 40,19–20, hier mit iron. Intention

Im Kreise der sachlich und sprachlich Eingeweihten brach ein Jubel aus, und Treibel sagte zu Schmidt: »Ich denke mir, Marcell ist Bürge dafür.«

Corinna selbst war ungemein erfreut und erheitert über das

Telegramm, aber es gebrach ihr bereits an Zeit, ihrer glücklichen Stimmung Ausdruck zu geben, denn es war acht Uhr, und um neuneinhalb Uhr ging der Zug, der sie zunächst bis München und von da nach Verona oder, wie Schmidt mit Vorliebe sich ausdrückte, ⌜»bis an das Grab der Julia«⌝ führen sollte. Schmidt nannte das übrigens alles nur Kleinkram und »Vorschmack«, sprach überhaupt ziemlich hochmütig und orakelte, zum Ärger Kuhs, von ⌜Messenien und dem Taygetos⌝, darin sich gewiß noch ein paar Grabkammern finden würden, wenn nicht von ⌜Aristomenes⌝ selbst, so doch von seinem Vater. Und als er endlich schwieg und Distelkamp ein vergnügtes Lächeln über seinen mal wieder sein Steckenpferd tummelnden Freund Schmidt zeigte, nahm man wahr, daß Marcell und Corinna den Saal inzwischen verlassen hatten.

Die Gäste blieben noch. Aber gegen zehn Uhr hatten sich die Reihen doch stark gelichtet; Jenny, die Honig, Helene waren aufgebrochen, und mit Helene natürlich auch Otto, trotzdem er gern noch eine Stunde zugegeben hätte. Nur der alte Kommerzienrat hatte sich emanzipiert und saß neben seinem Bruder Schmidt, eine Anekdote nach der andern aus dem ⌜»Schatzkästlein deutscher Nation«⌝ hervorholend, lauter blutrote Karfunkelsteine, von deren »reinem Glanze« zu sprechen Vermessenheit gewesen wäre. Treibel, trotzdem Goldammer fehlte, sah sich dabei von verschiedenen Seiten her unterstützt, am ausgiebigsten von Adolar Krola, dem denn auch Fachmänner wahrscheinlich den Preis zuerkannt haben würden.

Längst brannten die Lichter, Zigarrenwölkchen kräuselten sich in großen und kleinen Ringen, und junge Paare zogen sich mehr und mehr in ein paar Saalecken zurück, in denen ziemlich unmotiviert vier, fünf Lorbeerbäume zusammenstanden und eine gegen Profanblicke schützende Hecke bildeten. Hier wurden auch die Kuhschen gesehen, die noch einmal, vielleicht auf Rat der Mutter, einen energischen Vorstoß auf den Jodler unternahmen, aber auch diesmal umsonst. Zu gleicher Zeit klimperte man bereits auf dem Flügel, und es war sichtlich der Zeitpunkt nahe, wo die Jugend ihr gutes Recht beim Tanze behaupten würde.

Diesen gefahrdrohenden Moment ergriff der schon vielfach mit »du« und »Bruder« operierende Schmidt mit einer gewissen Feldherrngeschicklichkeit und sagte, während er Krola eine neue Zigarrenkiste zuschob: »Hören Sie, Sänger und Bruder, carpe diem*. Wir Lateiner legen den Akzent auf die letzte Silbe. Nutze den Tag. Über ein kleines und irgendein Klavierpauker wird die Gesamtsituation beherrschen und uns unsere Überflüssigkeit fühlen lassen. Also noch einmal, was du tun willst, tue bald*. Der Augenblick ist da; Krola, du mußt mir einen Gefallen tun und Jennys Lied singen. Du hast es hundertmal begleitet und wirst es wohl auch singen können. Ich glaube, Wagnersche Schwierigkeiten sind nicht drin. Und unser Treibel wird es nicht übelnehmen, daß wir das Herzenslied seiner Eheliebsten in gewissem Sinne profanieren. Denn jedes Schaustellen eines Heiligsten ist das, was ich Profanierung nenne. Hab ich recht, Treibel, oder täusch ich mich in dir? Ich *kann* mich in dir nicht täuschen. In einem Manne wie du kann man sich nicht täuschen, du hast ein klares und offnes Gesicht. Und nun komm, Krola. ⌜›Mehr Licht‹ – das war damals ein großes Wort unseres Olympiers⌝; aber wir bedürfen seiner nicht mehr, wenigstens hier nicht, hier sind Lichter die Hülle und Fülle. Komm. Ich möchte diesen Tag als ein Ehrenmann beschließen und in Freundschaft mit aller Welt und nicht zum wenigsten mit dir, mit Adolar Krola.«

Dieser, der an hundert Tafeln wetterfest geworden und im Vergleich zu Schmidt noch ganz leidlich imstande war, schritt, ohne langes Sträuben, auf den Flügel zu, während ihm Schmidt und Treibel Arm in Arm folgten, und ehe der Rest der Gesellschaft noch eine Ahnung haben konnte, daß

(lat.) »Nutze den Tag.« (Horaz, *Oden* I,11,8)

Geflügeltes Wort aus dem NT (Joh. 13,27)

der Vortrag eines Liedes geplant war, legte Krola die Zigarre beiseite und hob an:

Glück, von allen deinen Losen
Eines nur erwähl ich mir,
Was soll Gold? Ich liebe Rosen
Und der Blumen schlichte Zier.

Und ich höre Waldesrauschen,
Und ich seh ein flatternd Band –
Aug' in Auge Blicke tauschen,
Und ein Kuß auf deine Hand.

Geben, nehmen, nehmen, geben,
Und dein Haar umspielt der Wind,
Ach, nur das, nur das ist Leben,
Wo sich Herz zum Herzen find't.

Alles war heller Jubel, denn Krolas Stimme war immer noch voll Kraft und Klang, wenigstens verglichen mit dem, was man sonst in diesem Kreise hörte. Schmidt weinte vor sich hin. Aber mit einem Male war er wieder da. »Bruder«, sagte er, »das hat mir wohlgetan. Bravissimo. Treibel, unsere Jenny hat doch recht. Es ist was damit, es ist was drin; ich weiß nicht genau was, aber das ist es eben – es ist ein wirkliches Lied. Alle echte Lyrik hat was Geheimnisvolles. Ich hätte doch am Ende dabei bleiben sollen ...«

Treibel und Krola sahen sich an und nickten dann zustimmend.

»... Und die arme Corinna! Jetzt ist sie bei Trebbin, erste Etappe zu Julias Grab ... Julia Capulet, wie das klingt. Es soll übrigens eine ägyptische Sargkiste sein, was eigentlich noch interessanter ist ... Und dann alles in allem, ich weiß nicht, ob es recht ist, die Nacht so durchzufahren; früher war das nicht Brauch, früher war man natürlicher, ich möchte sagen sittlicher. Schade, daß meine Freundin Jenny fort ist, die sollte darüber entscheiden. Für mich persönlich steht es fest, Natur ist Sittlichkeit und überhaupt die Hauptsache. Geld ist Unsinn, Wissenschaft ist Unsinn, alles ist Unsinn. Professor auch. Wer es bestreitet, ist ein pecus*. Nicht wahr, Kuh? … Kommen Sie, meine Herren, komm, Krola … Wir wollen nach Hause gehen.«

* (lat.) Vieh, hier: Ochse, Schaf

Kommentar

Zeittafel

1819 30.12: Henri Théodore (Theodor) Fontane wird als erster Sohn des Apothekers Louis Henri Fontane und seiner Frau Emilie, geb. Labry, in Neuruppin geboren.

1827 Die Familie zieht nach Swinemünde.

1836 Fontane verlässt die Gewerbeschule K. F. Klödens in Berlin und beginnt eine Apothekerlehre.

1839 Druck seiner ersten Erzählung *Geschwisterliebe* im *Berliner Figaro.*

1844 April: Eintritt als Einjährig-Freiwilliger in das Garderegiment »Kaiser Franz« in Berlin. – Juni: Erste Reise nach England. – September: Aufnahme in den Literaturclub »Tunnel über der Spree«.

1845 Dezember: Verlobung mit Emilie Rouanet-Kummer.

1847 März: Approbation als Apotheker erster Klasse. – Sommer: Trennung der Eltern ohne Scheidung.

1848 Beobachtende Teilnahme an den Barrikadenkämpfen vom 18.3. – August bis November: Vier Aufsätze Fontanes erscheinen in der *Berliner Zeitungs-Halle.*

1850 Anstellung im Literarischen Büro des Innenministeriums. – 16.10.: Heirat.

1851 Erste Buchausgabe der *Gedichte.* – 14.8.: Geburt des Sohnes George Emile. – Ab November: Anstellung bei der neu gegründeten Zentralstelle für Presseangelegenheiten der preußischen Regierung.

1852 April bis September: Zweiter Englandaufenthalt. Als Korrespondent der »Zentralstelle« Reportagen und Berichte für Berliner Tageszeitungen. – *Deutsches Dichter-Album*, hg. von Theodor Fontane.

1853 Entlassung aus der »Zentralstelle«. – Aufsatz: *Unsere lyrische und epische Poesie seit 1848.*

1855 Beginn eines mehrjährigen Aufenthaltes in London.

1856 Im Auftrag des Ministers Otto Freiherr von Manteuffel arbeitet Fontane als halbamtlicher »Presse-Agent«. – Geburt des zweiten Sohnes Theodor in Berlin.

1857 Nachzug seiner Familie nach London.

1859 Rückkehr nach Berlin. – Vergeblicher Versuch, Redakteur der *Preußischen Zeitung* zu werden.
1860 Eintritt in die Redaktion der *Kreuz-Zeitung*. – März: Geburt der Tochter Martha, genannt Mete.
1861 Balladen.
1862 *Wanderungen durch die Mark Brandenburg.*
1864 Februar: Geburt des vierten Kindes, Friedrich. – Mai und September: Reisen zu den dänischen Kriegsschauplätzen.
1866 *Der Schleswig-Holsteinsche Krieg im Jahre 1864*. Reisen zu den böhmischen und süddeutschen Kriegsschauplätzen.
1867 5.10.: Tod des Vaters.
1869 13.12.: Tod der Mutter.
1870 Bruch mit der *Kreuz-Zeitung*. – Juni: Theaterrezensent der *Vossischen Zeitung*. Reise zum französischen Kriegsschauplatz. Festnahme in Domrémy und Internierung. Freilassung aufgrund einer direkten Intervention Bismarcks.
1872 Der erste Teilband von Fontanes *Der Krieg gegen Frankreich 1870–1871* erscheint. – Juli bis September: Essays über Willibald Alexis.
1874 November: Italienreise mit Emilie.
1875 *Gedichte. 2., vermehrte Auflage.*
1876 März: Ständiger Sekretär der Akademie der Künste in Berlin. Mai: Rücktrittsgesuch. August: Entlassung.
1878 *Vor dem Sturm*. Roman aus dem Winter 1812 auf 13.
1880 *Grete Minde*. Nach einer altmärkischen Chronik.
1881 *Ellernklipp*. Nach einem Harzer Kirchenbuch.
1882 *L'Adultèra*.
1883 *Schach von Wuthenow*. Zola-Studien.
1884 *Graf Petöfy*. Beginn der Korrespondenz mit Georg Friedlaender.
1885 *Unterm Birnbaum*.
1887 *Cécile*. – September: Tod des Sohnes George.
1888 *Irrungen, Wirrungen*. – Oktober: Sohn Friedrich gründet eigenen Verlag, in dem Fontane fast alle seine Werke veröffentlicht.

1890 *Stine*. Für die naturalistische Bewegung wichtige Theaterkritiken. Ende der Tätigkeit als Theaterkritiker bei der *Vossischen Zeitung*.

1891 *Quitt*.

1892 *Unwiederbringlich*. Erkrankung an Gehirnanämie.

1893 *Frau Jenny Treibel oder »Wo sich Herz zum Herzen find't«*.

1894 Veröffentlichung der autobiographischen Schrift *Meine Kinderjahre*. Ehrendoktor der Philosophischen Fakultät der Universität Berlin auf Vorschlag Erich Schmidts und Theodor Mommsens.

1895 *Effi Briest*.

1896 *Die Poggenpuhls*.

1897 *Der Stechlin*. (Beginn des Vorabdrucks. Buchausgabe nach Fontanes Tod 1898 mit Impressum 1899.)

1898 Fortsetzung seiner Lebenserinnerungen unter dem Titel *Von Zwanzig bis Dreißig*. – Fontane stirbt am 20.9. Beisetzung auf dem Friedhof der Französischen Reformierten Gemeinde an der Liesenstraße.

1906 Erstdruck des nachgelassenen Romans *Mathilde Möhring* in der Zeitschrift *Gartenlaube*.

Entstehungs- und Wirkungsgeschichte

Wenn die zeitgenössische institutionalisierte Kritik auf eine literarische Neuerscheinung fast ausnahmslos positiv reagiert, ist für den Leser Vorsicht geboten. Allzu schnell drängt sich der Verdacht oberflächlicher Lektüre, kriterienloser Wertung oder gar vorgefasster Meinungen seitens der Rezensenten auf. In der kritischen Sichtung repräsentativ zu nennender Besprechungen von *Frau Jenny Treibel* wird also unter wirkungsgeschichtlichem Aspekt darauf zu achten sein, ob das in Augenschein genommene Werk sich in künstlerisch-ästhetischer Hinsicht als außergewöhnlich erweist und – in Anlehnung an eine Begriffsbestimmung der Philosophie – ›seine Zeit in Literatur erfasst‹.

Der Roman *Frau Jenny Treibel*, mit dem der Dichter den Zyklus der sog. »Berliner Romane« im Jahre 1892 abschloss, scheint beide Kriterien zu erfüllen. Nicht nur wurde unisono des Dichters artistische Fähigkeit zu einer »humoristisch überlegene[n] Darstellungskunst« gepriesen, da durch alle Kapitel »ein Zug von Schalkheit, leiser Ironie, gutmütigem Spott und versöhnlichster Menschenliebe« wehe, wie es Walter Paetow, der Kritiker der Zeitschrift *Freie Bühne für den Entwicklungskampf der Zeit*, 1893 formulierte (zit. n. Wagner 2004, S. 83). Auch in den Augen des Rezensenten der *Kölnischen Zeitung* hat Fontane »ein entzückendes Meisterstück eines Berliner Sittenbildes voll saftiger Lebenskraft« (ebd., S. 75) geschaffen, das nicht hoch genug eingeschätzt werden könne.

Über Anregungen für diesen Roman und seine Entstehung ist kaum etwas bekannt. Die wenigen erhaltenen Dokumente werteten Hans-Friedrich Rosenfeld (1926) und Gotthard Erler (FAB 6, S. 511–518) aus, auf die sich im Wesentlichen Walter Wagner (2004, S. 62–83) und Tobias Witt (GBA 14, S. 227–268) beziehen, denen auch die folgenden Ausführungen weitgehend verpflichtet sind. Außerliterarische Anstöße im Sinne nachhaltiger Eindrücke für das Romansujet, für den – traditionell formuliert – stofflichen Vorwurf des Romans erhielt Fontane mit großer Wahrscheinlichkeit aus der Berliner Gesellschaft selbst. Sie betreffen v. a. das zeitlich-räumliche Koordinatensystem, die Per-

Außerliterarische Anstöße

sonal- und Beziehungsprobleme wie eine mögliche Mesalliance, die später als Motive im Roman sichtbar werden. »Als Modell für die Familie Treibel kommt besonders die Familie Friedrich August Heckmanns [1822–1896] in Frage, der selbst Kommerzienrat war und drei Söhne hatte, von denen zwei mit Schwestern verheiratet waren.« (GBA 14, S. 229) Hier lassen sich Vorbilder für Treibel, seine Söhne Otto und Leopold sowie die Schwiegertochter Helene und ihre Schwester Hildegard finden.

Modell für die Familie Treibel

Personale Parallelen sind auch in der eigenen Familie v. a. für die Titelfigur des Romans auszumachen. Fontanes Schwester Jenny (1823–1904), die 1850 den wohlhabenden Apotheker Hermann Sommerfeldt (1820–1902) geheiratet hatte, hat wohl für die Figur der Kommerzienrätin Pate gestanden und lieh ihr den Vornamen. Die Lebensführung der Sommerfeldts und ihre Verbindungen zu neureichen Kreisen sah Fontane mit Argwohn und Missfallen, befremdeten ihn doch immer wieder Erzählungen seiner Schwester aus dem »Bourgeoishause«, wie es in einem Brief vom 23. 6. 1883 an seine Frau heißt. Seine ablehnende Haltung richtete sich in erster Linie gegen eine Mentalität, die in sozialen Aufsteigerkreisen weit verbreitet gewesen zu sein schien. Er übte »scharfe Kritik an den Wesenszügen, die für ihn den Charakter der Bourgeoisie ausmachten: dem rücksichtslosen Egoismus, der ausschließlichen Orientierung an äußerlich-materiellen Werten und der Verbrämung des eigenen Profitdenkens durch idealistische Phrasen und zur Schau getragene Kultur- und Bildungsbeflissenheit« (GBA 14, S. 231).

Personale Parallelen in Fontanes Familie

Kritik an der Bourgeoisie

Auch für Corinna Schmidt, der Kontrastfigur zu Jenny Treibel, findet sich im unmittelbar familiären Umfeld ein Vorbild. Für die kluge, geistreiche, »aparte« und kapriziöse Gymnasiallehrertochter scheint Fontanes Tochter Martha, genannt Mete (1860 bis 1917), Patin gestanden zu haben (vgl. hierzu Dieterle 1998). Geprägt von starker Vaterbindung, bis zum 40. Lebensjahr unverheiratet, voller Esprit, aber auch sprunghaft und unberechenbar, kommt sie der Romanfigur sehr nahe (vgl. auch Erl. zu 11,13), so dass es nicht verwundert, wenn der Vater seine Tochter in Briefen an den Kritiker Paul Schlenther (1854–1916) gelegentlich Corinna nannte und Martha selbst mit diesem Namen Briefe unterzeichnete. Marthas dominierenden Wesenszug bestimmte Fontane mit analytischer Schärfe, als er im Brief vom 10.9.1878 an Clara Stockhausen, in deren Gatten sich die 18-Jährige verliebt hatte, nicht ohne Bitterkeit konstatierte:

> »Sie ist mir eine beständige psychologische Aufgabe. Wenn es das Kriterium genialischer Naturen ist, daß Allerklügstes und Allerdümmstes bei ihnen dicht beieinander liegen, so ist sie ein Hauptgenie. Sie Abends beim Thee perorirен zu hören, oft über die schwierigsten und sublimsten Themata, ist ein Hochgenuß; sie sagt dann Sachen, die mich absolut in Erstaunen setzen; alles Tiefblick und Weisheit, [...] von dem Augenblick an, wo [ihre Person] mithineingezogen wird, wird sie ein Kind.« (GBA 14, S. 233)

Inner-literarische Querverbindungen

Neben außerliterarischen Anregungen und Parallelen wie der Heirat der hübschen Enkelin einer Frau Päpken, der Besitzerin eines Gemüseladens, mit einem Fabrikanten (Rosenfeld 1926, S. 32f.) gibt es aber auch innerliterarische Querverbindungen. Wie Gotthard Erler überzeugend dargelegt hat (FAB 6, S. 517f.), weist die akademische Abendgesellschaft der »Sieben Waisen Griechenlands« mit dem Kreis der »Sieben vor Theben« aus den Entwürfen zum Roman *Allerlei Glück* aus den Jahren 1877/78 große Ähnlichkeit auf. Und auch ihr Spiritus rector, Prof. Wilibald Schmidt, besitze neben autobiographischen Zügen auch charakteristische Gemeinsamkeiten mit der Figur des Apothekers Dr. Heinrich Brose. Insofern stehe *Frau Jenny Treibel* immer noch in großer Nähe zum zehn Jahre zuvor konzipierten Romanentwurf *Allerlei Glück*, über dessen Intention Fontane sagte: »Zeitroman ... Berlin und seine Gesellschaft, besonders die Mittelklassen, aber nicht satirisch, sondern wohlwollend behandelt. Das Heitere vorherrschend, alles Genrebild.« (FAB 6, S. 518)

Koinzidenz zw. Autoren- u. Werkintention

Fontanes Kritik an der Bourgeoismentalität, am Besitz-, aber auch am Bildungsbürgertum (vgl. Kap. Deutungsansätze, S. 239f.) wirft nicht nur ein Schlaglicht auf den damals herrschenden Zeitgeist nach den Gründerjahren, sondern enthüllt auch intentionale Bestrebungen, die er in und mit seinem neuen Roman *Frau Jenny Treibel* verfolgte, so dass der seltene Fall einer Koinzidenz zwischen Autoren- und Werkintention – freilich mit unterschiedlichen Mitteln der Umsetzung – gegeben zu sein scheint. Auch wenn grundsätzlich gegenüber Selbstäußerungen von Autoren und behaupteten Parallelen zwischen außerliterarischer Wirklichkeit und fiktionaler Welt erhebliche Vorbehalte anzumelden sind – will man nicht einem platten Positivismus das Wort reden –, überzeugen Fontanes briefliche Äußerungen zur Intention seines aktuellen Werks vorbehaltlos. In diesem verfolge er, wie er am 26.4.1888 an Paul Schlenther schrieb, »eine humoristische Verhöhnung unserer Bourgeoisie mit ihrer Redensartlichkeit auf jedem Gebiet, besonders auf dem der Kunst und der Liebe, während sie doch nur einen Gott und ein Interesse kennen: das goldene Kalb« (GBA 14, S. 238; vgl. auch Ester [1989]). Und an seinen Sohn Theodor präzisierte er am 9.5.1888: »Zweck der Geschichte: das Hohle, Phrasenhafte, Lügnerische, Hochmütige, Hartherzige des Bourgeoisstandpunkts zu zeigen, der von Schiller spricht und Gerson [Mode- und Warenhaus in Berlin] meint.« (Ebd.)

Offenbar schien Ende der 1880er Jahre die Zeit reif für eine literarische ›Abrechnung‹ mit einer Geisteshaltung und Lebensform, die Fontane bereits sehr früh und zeitlebens heftig kritisiert hatte. Schon in seinen erst 1898 erschienenen Lebenserinnerungen *Von Zwanzig bis Dreißig* äußerte er sich anlässlich seiner Lehrjahre bei dem Apotheker Wilhelm Rose selten schroff über den Bourgeois und die Bourgeoisgesinnung:

> »Denn der Bourgeois, wie ich ihn auffasse, wurzelt nicht eigentlich oder wenigstens nicht ausschließlich im Geldsack; viele Leute, darunter Geheimräte, Professoren und Geistliche, Leute, die gar keinen Geldsack haben, oder einen sehr kleinen, haben trotzdem eine *Geldsackgesinnung* [...]. Alle geben sie vor, Ideale zu haben; in einem fort quasseln sie vom ›Schönen, Guten, Wahren‹ und knicksen doch nur vor dem Goldenen Kalb.«

Es verwundert daher nicht, wenn er in einem Brief an seine Tochter Martha vom 18.4.1884 neben dem »wohlhabendgewordenen Speckhökerthum« auch »Professorenweisheit, Professorendünkel und Professorenliberalismus« (GBA 14, S. 231) geißelt.

Rohfassung des Romans 1888

Die Rohfassung des Romans erfolgte zügig. Nachdem Fontane im Dezember 1887 die Niederschrift seines Romans *Unwieder-*

bringlich vollendet hatte, begann er mutmaßlich im Januar 1888 mit der Ausarbeitung seines neuen Werks, die bereits Ende April oder Anfang Mai 1888 abgeschlossen war. Drei erhaltene Entwurfsskizzen auf einigen Rückseiten des *Mathilde Möhring*-Manuskripts (FAB 6, S. 519–524), die die Konstitution wesentlicher Romanfiguren, nicht aber Handlung oder Komposition umreißen, sind zeitlich und in ihrer Reihenfolge nicht zuzuordnen. Entstehungsgeschichtlich scheinen sie deshalb auch wenig relevant, da bereits die Rohfassung des Romans sich wie aus einem Guss präsentiert haben muss.

Aus ungeklärten Gründen wurden beide Romane jedoch nicht zur Drucklegung eingerichtet, sondern blieben fast drei Jahre liegen. Im Anschluss an die Überarbeitung von *Unwiederbringlich*, die er erst Anfang Dezember 1890 beendete, begab sich Fontane zwischen Februar und April 1891 an die Korrektur des Brouillon, d. h. der ersten Fassung, von 1888, wandte sich Anfang Juli 1891 an Julius Rodenberg (1831–1914), den Herausgeber der *Deutschen Rundschau*, und bat um Vorabdruck des Romans, nachdem in dieser »repräsentativen Kulturzeitschrift des deutschen Kaiserreiches« (GBA 14, S. 244) bereits der Vorgängerroman (Januar bis Juni 1891) erschienen war. Rodenbergs grundsätzliche Zusage führte zwischen September und Oktober 1891 zur Schlussredaktion des Manuskripts, das Fontane am 31. 10. 1891 an den Herausgeber abschickte. Dessen in zwei Briefen (9. und 18. 11. 1891) dokumentierte enthusiastische Reaktion auf die Lektüre des Manuskripts verband er jedoch mit Änderungswünschen, deren Inhalt lediglich aus brieflichen Reaktionen Fontanes erschlossen werden kann. Offenbar hatte Rodenberg Anstoß an Dialogpassagen anzüglichen Inhalts zwischen Corinna und der Schmolke genommen, die Fontane auf dessen Anregungen hin auch änderte. Da das überarbeitete Manuskript seit 1945 verschollen, zu großen Teilen aber wieder an das Stadtmuseum Berlin zurückgekehrt ist (GBA 14, S. 262), die der Sendung an Rodenberg beigefügten Notizen sich jedoch nicht erhalten haben, vermutet man in der Forschungsliteratur das Bemühen beider, den Autor nicht mit einem ›unsittlichen‹ Roman in Zusammenhang und damit in die Nähe der Naturalisten zu bringen – ein Aspekt, auf den noch zu rekurrieren sein wird (vgl. S. 227 f.).

Schlussredaktion des Manuskripts 1891

Mit Abschluss der gewünschten Überarbeitungen Ende November 1891 wurde *Frau Jenny Treibel* – nach einigen Diskussionen v. a. im Familienkreis über den Titel des Werks – in vier Fortsetzungen von Januar bis April 1892 in der *Deutschen Rundschau* veröffentlicht. Für die Buchausgabe ließ Friedrich Fontane, des Autors Sohn, den Text neu setzen, ohne dass sein schwer erkrankter Vater hätte Korrektur lesen können. Sie wurde von einem Mitarbeiter des Verlages durchgeführt. Als Buchausgabe erschien der Roman am 20. 10. 1892 mit Impressum 1893 und dem Untertitel *„Wo sich Herz zum Herzen find't"*. Auf dem Umschlag findet sich der vom Autor nicht autorisierte Zusatz *Roman aus der Berliner Gesellschaft*.

Erstveröffentlichung in der *Deutschen Rundschau* 1892

Buchausgabe

Die dokumentierte Rezeption des Werkes konzentriert sich nahezu ausschließlich auf die Zeit nach der Buchausgabe. Zwischen dem Vorabdruck in der *Deutschen Rundschau* und dem Erscheinungstermin des Buches lässt sich lediglich die Rezension von Joseph Ettlinger in der Münchener *Allgemeinen Zeitung* vom 4. 7. 1892 nachweisen, in der dieser zu einem abwägenden, geteilten Urteil über *Frau Jenny Treibel* kommt. Zwar lobte er Fontane überschwänglich als einen großen »Künstler intimer Menschenbeobachtung« (zit. n. Wagner 2004, S. 77), kritisierte aber den Primat der Personenrede im Roman, der dazu führe, dass es weder eine Mittelpunktsfigur noch eine nennenswerte Romanhandlung gebe.

Anders als beim Vorabdruck von *Irrungen, Wirrungen* in der *Vossischen Zeitung*, als es empörte, moralisierende Kritiker auf einen Eklat anlegten (vgl. SBB 81, S. 195 ff.), fiel das Echo auf Fontanes letzten seiner Berliner Romane unaufgeregt, überwiegend angemessen und sachlich aus. Anscheinend wurden durch Rodenbergs Änderungswünsche (vgl. S. 226) nicht nur Komplikationen antizipiert, sondern auch mögliche Skandalisierungen verhindert: Denn angesichts der Abgrenzung, die etwa Robert Lange, der Kritiker der *Blätter für literarische Unterhaltung*, in seiner Rezension vom 22. 12. 1892 zwischen den beiden Romanen vornahm, können diese als durchaus realistisch angesehen werden: »Es ist ein erfreulicheres Bild, als die in den frühern Romanen des Dichters entrollten; die schwüle Sumpfluft, die uns in ›Stine‹, ›Irrungen Wirrungen‹ umwehte, ist gewichen und mit vollem Behagen können wir uns dem Genusse der meisterhaften Schilderungen Fontane's hingeben.« (Zit. n. Wagner 2004, S. 79). Auch die Gefahr einer Annäherung an die naturalistische Zeitströmung sah der mit den Initialen E. Kr. zeichnende Kritiker der *Königsberger Hartungschen Zeitung* vom 6. 12. 1892 gebannt: »Nichts wäre irriger, als den heitern Altmeister der realistischen Erzählungskunst mit den bleichsüchtigen Schwarzmalern des Naturalismus zu verwechseln, die sich zudringlich an seine Schöße hängen möchten. ›Frau Jenny Treibel‹ ist ein mit attischem Salze gewürzter Protest gegen das Protzentum in der großstädtischen Bourgeoisie, [...].« (Ebd., S. 75 f.) Überdies erwies sich die Wahl des Publikationsforums für den Vorabdruck des neuen Romans als gelungen. Mit Fontanes Entscheidung für eine Zeitschrift und nicht für eine Tageszeitung wie die *Vossische* blieb der Wirkungskreis von vornherein beschränkt und die Werkrezeption im Wesentlichen auf literarisch gebildete Leser fokussiert.

Drei zentrale Aspekte des Romans

Die um die Jahreswende 1892/93 dicht gedrängt erscheinenden Rezensionen zeugen von einem insgesamt erstaunlich hohen Niveau; in ihnen wurden drei Aspekte des Romans in den Mittelpunkt gerückt: der Humor als sein entscheidendes Stilphänomen und seine genretypologische Klassifizierung als humoristischer Roman, poetologische Fragen nach der Romanhandlung, der Figurenzeichnung und Figurenkonstellation sowie die Besonderheit des Berliner Kolorits.

Humor als Struktur bildendes Prinzip

In fast allen Kritiken wurde der Humor als Struktur bildendes Prinzip, als Einheit stiftendes Verfahren von *Frau Jenny Treibel* gefeiert. »Der Grundton des Buches«, heißt es z. B. in der Zeitschrift *Der Kunstwart* vom Januar 1893, »ist der überaus feine Humor des weisen Alten, nicht Witz, nicht Satire, sondern Humor, allerdings Humor, zu dem die Wehmut eine weit kleinere Zuthat gegeben hat, als die Heiterkeit darüber, wie drollig doch das ernste Leben ist, wie zum behaglichen Ausgelachtwerden drollig.« (Ebd., S. 80) Und der schon oben zitierte Walter Paetow sekundierte ebenso entschieden:

> »In keinem seiner früheren Werke findet sich seine humoristisch überlegene Darstellungskunst auf einer gleichen Höhe, wie in Frau Jenny Treibel. [...] Nicht einzelne humoristische

Streiflichter machen diesen Roman zu einem humoristischen, sondern seine Grundstimmung stempelt ihn dazu; [...] das eben führt die Gesundheit und Lebenskräftigkeit der Gestalten herbei und bewirkt ferner, daß wir an *allen* uns in dem Werke gezeichneten Personen Anteil nehmen, da ja auf sie *alle* ein Reflex jener humoristischen Grundstimmung zurückfällt.« (Ebd., S. 83)

Zurückgeführt wurde diese »humoristische Grundstimmung« auf Fontanes traumwandlerisch sicher eingenommene Haltung des menschlich geprägten Unernstes. Ihm fehle der »›Sinn für Feierlichkeit‹« (ebd., S. 80).

»Eine mild-ironische Weltbetrachtung, das gereifte Resultat eines wohlgeführten Lebens, liegt [...] über dem ganzen Buch, als Abglanz echter Lebensweisheit. Es wird nicht gelobt und nicht getadelt, Menschen und Dinge gehen an uns vorüber, so gut und so schlecht, wie sie eben sind, und so hat alles in sich seine Berechtigung, mag es auch vom andern bitter befehdet und angefeindet werden.« (Max Haese, »Noch einmal der alte Fontane«, in: *Das Magazin für Litteratur* 61 [10. 12. 1892]. Zit. n. Wagner 2004, S. 77 f.)

Poetologische Fragen nach der Romanhandlung

Erfassten die meisten Kritiker die humoristische Grundstimmung des Romans ohne große Schwierigkeiten, so stellten sich doch Irritationen ein, sobald die spärliche äußere Handlung des Romans in Zusammenhang mit gattungstypologischen Merkmalen gebracht werden sollte. »Aber, Herr Theodor Fontane, das ist doch kein Roman!« entrüstete sich Max Bernstein in der Zeitschrift *Die Nation* vom 19. 11. 1892. »Ich würde es [das Buch] ein entzückendes Lustspiel nennen, wenn es die gewöhnlichen Eigenschaften deutschen Lustspiels besäße: Feuilletonwitz und Unwahrheit.« (Ebd., S. 76) Und der Kritiker des *Kunstwarts* sprach dem Roman Handlung in herkömmlicher Weise, d. h. im traditionellen Sinne des Agierens von Personen gänzlich ab:

»Was geschieht eigentlich in dieser Erzählung? Für einen, der vom Romane nach Tantenweise vor allem ordentliche Handlung verlangt, ganz unglaublich wenig, und das wenige bedeutet wieder in der Hauptsache nur, daß etwas, was zu geschehen scheint, doch *nicht* geschieht, will sagen, daß aus der

> Verlobung der Professorentochter Corinna Schmidt mit dem Kommerzienratssohne Leopold Treibel nichts wird.« (Ebd., S. 79 f.)

Solche und ähnliche Urteile über die Minimalisierung äußeren Geschehens sind offenbar gattungstypologischen Kriterien geschuldet, die sich auf den Bildungs- und Entwicklungsroman des 18. und 19. Jahrhunderts, nicht aber auf den zeitkritischen Gesellschaftsroman der zweiten Hälfte des 19. Jahrhunderts beziehen. Hier nämlich werden Handlung und Entwicklung durch Schilderungen, Gespräche, Dialoge und Causerien ersetzt. Sie und noch andere konkret zu benennende Mittel (vgl. Kap. Deutungsaspekte, S. 249 ff.) sind die genuinen künstlerischen Verfahren, mit denen die Fokussierung auf zeitbedingte soziale Verhältnisse und teils vielschichtige, teils typologisierte Personen künstlerisch adäquat gestaltet wird.

Zeitkritischer Gesellschaftsroman

Die aus dieser konstitutiven Verschiebung in der Sujetfügung des Romans resultierende Veränderung ist dagegen angemessen rezipiert worden. Gerade Fontanes außerordentliches Talent für plastische Figurenzeichnungen wurde immer wieder gerühmt: Die »Charakterbilder der Personen ebenso wie die Lebensbilder, die er von dem Bourgeois- wie von dem Schulgelehrtenkreise entwirft, [sind] wahre Cabinetstücke von Lebenswahrheit und humoristischer Darstellung« (H. Fechner, in: *Schlesische Zeitung*, 1892; zit. n. Wagner 2004, S. 73). Seine Meisterschaft in der Porträtierung erkannte schon der ›Erstrezipient‹ des Romans, Julius Rodenberg, der, noch unter dem Eindruck der Lektüre des Manuskripts, in seinem Brief vom 18. 11. 1891 enthusiasmiert an Fontane geschrieben hatte:

Plastische Figurenzeichnungen

> »Eben habe ich Ihre Novelle zu Ende gelesen, u. wiewohl es schon spät ist, will ich Ihnen doch noch in aller Kürze sagen, daß ich entzückt davon bin. Das funkelt und blitzt ja von Geist u. Leben – u. das Berlinische darin – diese Schmolke, dieser Treibel, dieser herrliche Schmidt – u. vor Allem diese beiden Frauengestalten, diese Feinheit und Ironie, und dann der eigentliche Grundton des Ganzen, die Tendenz oder Richtung, die Noblesse, mit der ich von Herzen sympathisiere.« (GBA 14, S. 246)

Insbesondere die Figur der Haushälterin Frau Schmolke wurde

von den Rezensenten übereinstimmend als überragend (vgl. auch Friedrich 1991) und typisch berlinerisch herausgestellt. Walter Paetow führt daher die Kennzeichnung von *Frau Jenny Treibel* als Berliner Roman nicht zuletzt auf sie zurück:

Berliner Roman

> »[D]iese Schmolke mit ihren Geschichten von Berliner Predigern und Berliner Polizeiangelegenheiten, – sie, und sie nicht allein, sind eben ›Berliner Leute‹. Und nun, indem sie, die Erzberliner, durch Berliner Straßen wandern und von Berliner Zuständen plaudern, glauben wir naturgemäß auch daran, daß wir uns in Berlin befinden! Hier ist es gelungen, Schilderung Berliner Menschen und Schilderung Berlins überhaupt in eins zu verschmelzen.« (Zit. n. Wagner 2004, S. 84)

Die enorme Wertschätzung, die *Frau Jenny Treibel* durch die zeitgenössische Kritik erfahren hatte, wurde diesem »Kunstwerk erster Ordnung« (Demetz 1964, S. 222) auch von der Literarwissenschaft entgegengebracht. So erstaunlich schon, wirkungsgeschichtlich gesehen, die selten hohe Übereinstimmung der Kritiker in der literarischen Bewertung des Romans war, noch erstaunlicher war, dass sich in der Literaturwissenschaft – unabhängig von Unterschieden und Divergenzen in methodischer und literaturtheoretischer Hinsicht – die Einsichten in und Urteile über die außergewöhnliche poetische Textstruktur dieses Meisterwerks beständig wiederholten – so sehr, dass *Frau Jenny Treibel* bei Schulte-Sasse/Werner (1977) sogar als Referenztext für das Problem literarischer Wertung ausgewählt worden ist.

G. Lukács

Gerade weil die generelle Einschätzung des Romans so einhellig ist – sieht man einmal von Georg Lukács (1885–1971) und seinen marxistischen Proselyten ab, die ihn »doch der bloßen Belletristik« (Lukács 1967, S. 144) zugerechnet wissen wollen, weil es ihm an klassenkämpferischer Verve fehle –, wird es in der folgenden kritischen Würdigung wichtiger Forschungsergebnisse darauf ankommen, deren Geltung oder Stichhaltigkeit zu überprüfen und die in ihnen aufzuspürenden feineren Differenzierungen herauszustellen. Hierbei genießt das Prinzip der systematisch-analytischen Darstellung nach Kategorien den Vorrang vor einer chronologischen, ohne die methodisch-theoretische Entwicklung literarwissenschaftlichen Forschens aus dem Blick zu verlieren.

F. Martini

Schon Fritz Martini zeigt in seiner epochalen Monographie zum bürgerlichen Realismus eine differenzierte Sicht auf *Frau Jenny Treibel*. Genretypologisch steht für ihn außer Zweifel, dass Fontane nach dem zu eng gewählten Rahmen für seinen kurz zuvor konzipierten, aber unvollendeten und posthum (1907) veröffentlichten Roman *Mathilde Möhring* erst mit *Frau Jenny Treibel* »den Ansatz zum kritisch-ironischen Zeitroman« (Martini 1962, S. 782) gefunden habe. Kritisch, weil der Autor »den Übergang vom geduckten Kleinbürgertum in den gesättigten kapitalistischen Bourgeoistyp, dessen Denken um Besitz und gesellschaftlichen Rang kreist, als der einsichtigste und vorurteilsloseste soziologische Psychologe seiner Zeit« (ebd., S. 784) schildere – und ironisch, weil er mit diesem künstlerischen Verfahren »das Relative des Allzu-Menschlichen wie auch sein Versöhnendes aufgezeigt« habe. »Die Demaskierung sprach mittels des Humors, und die Ironie wurde mehr ein Kunstmittel der Beleuchtung, das Spielfreiheit sicherte – eine Ironie auf einem verhaltenen, aber immer gegenwärtigen Gefühlsgrunde, der Überspitzungen vermied.« (Ebd., S. 785)

Neben dieser Bestimmung der Romanintention und der sie bewirkenden Verfahren gewinnt Martini auch fundamentale Einsichten in die poetische Basisstruktur des Werkes. Das räumliche Nebeneinander der unterschiedlichen Personenkreise und die relative Handlungsarmut führten »zur statischen Gliederung in Kontrastparallelen« als kompositorischem Prinzip, käme es doch auf das »Fragwürdige des Zustandes« und nicht »auf das Problem seiner progressiven Veränderungen« an. »Die objektive und subjektive Unwahrheit der Jenny Treibel wiederholt sich mit harmloser Komik in ihren Gästen; sie dämpft sich bei dem alten Treibel zu einer versöhnenden Selbstironie. Sie kehrt in Corinna als ein Konflikt zwischen Lüge, Kompromiß und innerer Ehrlichkeit wieder.« (Ebd., S. 786)

Poetische Basisstruktur des Werkes

Martini entgeht auch keineswegs die »erzählerische[...] Komödienform« (ebd., S. 788) des Werks, die den Dialog zum zentralen künstlerischen Mittel des Romans avancieren lasse und seinen Polyperspektivismus begründe. »Der Roman ›Frau Jenny Treibel‹ ist aus der Kombination der individuellen Perspektiven und Porträts, ihrer Relativierungen und Variationen, ihrer gegenseitigen Reaktionen und Wechselspiegelungen aufgebaut.« (Ebd., S. 787) Und auch der Einsatz der Leitmotivtechnik hinsichtlich des sentimentalen Liebesliedes sowie die Verklammerungstechnik verliehen dem Werk eine Geschlossenheit bis hin zum lustspielhaften Tableaufinale, in dem bereits Conrad Wandrey über vier Jahrzehnte zuvor eine ›kleine Narrenwelt‹ erblickt haben will, »eine willkommene Belustigung [für den Leser], aber beileibe nicht Gegenstand einer sittlichen Entrüstung, eines moralischen Pathos« (Wandrey 1919, S. 254).

Erzählerische Komödienform

Leitmotiv- u. Verklammerungstechnik

Die von Martini in gedrängter Form vorgelegten Ergebnisse zu verschiedenen Aspekten des Romans sollen hier hinsichtlich der zugrunde liegenden Zugriffskategorien – mit allem Vorbehalt – für die Sichtung und Würdigung wesentlicher Forschungsergebnisse genutzt werden. Die Deutungsaspekte beziehen sich zum einen auf eine genretypologische Klassifizierung von *Frau Jenny Treibel*, zum anderen auf Bestimmungen zur Poetik, zur Machart oder Literarität dieses Romans unter Einschluss seiner Intention. Solche Gesamtwürdigungen werden zum dritten komplettiert durch zentrale Einzelprobleme wie das des Romanschlusses, der Funktion des Liebesliedes und v. a. der Ironie oder des Humors als tiefenstruktureller Fundierung des Gesamttextes. Nach diesem Durchgang gilt es – zum vierten –, neuere Ansätze für eine stärker als bislang Theorie und Methoden geleitete literarwissenschaftliche Auseinandersetzung mit dem Text vorzustellen und auf mögliche neu zu gewinnende Erkenntnisse hin zu befragen.

P. Demetz

Während Martinis Ergebnisse noch in den übergreifenden Problem- und Themenkontext einer Bestimmung des ›bürgerlichen Realismus‹ einzuordnen sind, nähert sich Peter Demetz Fontane literarhistorisch über die englischen (Thackeray, Austen und Dickens) und französischen Realisten (Stendhal, Balzac und v. a. Flaubert) und methodisch mit den Kategorien der morphologischen Schule Günter Müllers und des angelsächsischen New Criticism. Für ihn sind gesellschaftlich stark ritualisierte Lebens- und Aktionsformen wie Landpartien und Diners zugleich zentrale künstlerische Verfahren des ›Romans der guten Gesellschaft‹.

> »Der Mensch erscheint [dem Romancier] als heiteres, geselliges und gesprächiges Wesen; deshalb liebt es auch der Gesellschaftsroman, dem szenischen Prinzip zu vertrauen und die artistisch anziehende Dialektik von Charakter und Ereignis in bühnenähnlichen Auftritten darzustellen; der Sitte und ihrer Implikationen [...] gilt sein erzählerisches Augenmerk.« (Demetz 1964, S. 138)

Es verwundert daher nicht, wenn sich die Aufmerksamkeit des Interpreten – wie früher bei Gilbert (1930) und später bei Mittenzwei (1970) – auf das gesprochene Wort, das Gespräch oder die Causerie in Fontanes Romanen fokussiert.

Makrostrukturell bestimmen, Demetz zufolge, gerade die Dinerkapitel (2.–5. Kap., 6.–7. Kap.) und Landpartiesequenzen die Handlungsebene der *Frau Jenny Treibel.* So beweise die im 10. Kapitel kunstvoll arrangierte Schilderung des Spaziergangs um den Halensee Fontanes Fähigkeit, differenziert und beziehungsreich ein zentrales Motiv poetisch raffiniert zu gestalten.

> »Die Gesellschaft teilt sich in zwei Kolonnen (Fontane liebt die ironische Armee-Metapher); die Hauptkolonne – Kommerzienrat Treibel und Tenor Krola; Otto, Treibels älterer Sohn, und seine Gattin Helene; ein Quartett von Referendaren und jungen Kaufleuten; das Ehepaar Felgentreu – wählen [?] den Weg am rechten Ufer entlang; die andere Gruppe (vorn Professor Schmidt und Jenny Treibel, hinter ihnen Corinna und Leopold) den Weg linkshin. Die Gespräche aller beschäftigen sich in schöner Einmütigkeit mit der Ehe. [...] [Treibel spricht mit Krola] nicht nur von Otto und Helene, sondern auch von seiner eignen Ehe, und nimmt, im gleichen Atemzug, die möglichen zukünftigen Nöte seines jüngeren Sohnes Leopold voraus – sollte er töricht genug sein, Corinna ins Netz zu gehen.« (Ebd., S. 142)

Derart polyperspektivisch gebrochen, trete das thematisierte Ereignis zurück gegenüber den über die Ehe synchron geäußerten Meinungen, gegensätzlichen oder parallelen Ansichten und Anspielungen.

Ähnliches vollziehe sich auch in der vielfachen ›Auffächerung der Nachgespräche‹ nach der Darstellung von Abendgesellschaften (etwa im 4. Kap.). Diese seien oft so angeordnet, dass der letzte Spiegel auch noch die vorangegangenen Spiegelungen reflektiere. Damit habe der »eigentliche Stoff [...] jede Schwere und Bedeutung eingebüßt; an seine Stelle tritt das gänzlich Unstoffliche der wiederholten Spiegelung, das luftige Echo, ja der immaterielle Reflex des Widerhalls. [...] Offenbar richtet sich auch die Entfaltung der Kommentargespräche auf jene von Flaubert [1821–1880] geforderte Entstofflichung des Stoffes, jenes ›affranchissement de la matérialité‹, in der jede realistische Kunst den Ballast ihres Stoffes zu mindern sucht« (ebd., S. 144) – eine richtig gesehene Tendenz, der schon Thomas Mann in seinem Fontane-Essay aus dem Jahr 1910 gebührende Aufmerksamkeit zollt.

Entstofflichung des Stoffes

W. Müller-Seidel

Wer wie Demetz den Fontane'schen Roman im Allgemeinen und *Frau Jenny Treibel* im Besonderen im europäischen Realismuskontext verortet und völlig zu Recht aus dem viel zu engen Rahmen des Goethe'schen Bildungsromans und seiner Epigonen herauslöst, kann sich völlig unverkrampft zentralen künstlerischen Verfahren und ihren Funktionen in diesem Ausnahmeromans Fontanes zuwenden, in dem die gesellschaftliche Dimension qua Sujet, Lebensform und selbststilisierender Rituale bereits impliziert ist. Nicht so Walter Müller-Seidel. In seiner Monumentalmonographie *Theodor Fontane. Soziale Romankunst in Deutschland* (1975) wird genau das dissoziiert, was eigentlich nur zusammen gesehen und gedacht werden sollte: Fontanes hochartifizielle Romankunst *in* der zeitgenössischen Gesellschaft. Indem er dem Kapitel über *Frau Jenny Treibel* (ebd., S. 300–319) einen soziologischen Exkurs über »Besitz und Bildung« (ebd., S. 285–300) mit dem Versuch einer Präzisierung des Bildungsbegriffs in der zweiten Hälfte des 19. Jahrhunderts voranstellt, wird erkennbar, dass außerliterarische Probleme an literarische Phänomene herangetragen und nicht aus ihnen entwickelt werden. Textexternes versucht Müller-Seidel mit Textinternem zu parallelisieren, ohne dass er zu zeigen vermag, wie und mit welchen literarisch-künstlerischen Verfahren Gesellschaftliches poetisch gestaltet wird – kurz: das Problem literarischer Vermittlung sozialer Konflikte bleibt ungelöst oder gar ausgeblendet.

Theorieabstinent und methodisch unreflektiert reiht der Interpret Einzelaspekte seiner Beobachtungen zu *Frau Jenny Treibel* aneinander. Stoffgeschichtliches steht hier gleichgewichtig neben Intentionalem mit dem Ziel der Bourgeoiskritik, Differenziertes zur Figurenzeichnung neben Grundsätzlichem zur poetischen Struktur des Romans wie die »kontrastierende Entsprechung« (ebd., S. 313). Die Verbindung zwischen Sentimentalität und Bourgeoisgesinnung weist er ebenso auf wie Formen der Ironie und des Humors, genretypologische Probleme angesichts unübersehbarer komödienhafter Elemente ebenso wie die interpretatorische Hürde der sich dem Ende zuneigenden Hochzeitsfeier mit den kryptischen Worten Professor Schmidts, die die Forschung noch beschäftigen sollten (vgl. S. 241 ff.). Gleichwohl kann sein Resümee nicht überzeugen: »Besitz und Bildung – diese Einsicht drängt sich dem Leser auf – kommen nicht zusammen. Sie bleiben letztlich getrennte Bereiche, und auch der Stand, die Klasse oder die gesellschaftliche Gruppe sind nirgends in Sicht, die eine solche Verbindung verbürgen könnten.« (Ebd., S. 318)

Müller-Seidels weit ausholende Deutung des Romans im Rahmen einer Würdigung des Fontane'schen Gesamtwerks ist die letzte ihrer Art nach ähnlich gelagerten Versuchen von Richard Brinkmann (1967), Hans-Heinrich Reuter (1968) und Helmuth Nürnberger (1968) – allerdings mit je unterschiedlichen Ansätzen und Absichten. Erst über zwei Jahrzehnte später unternimmt Gerhard Plumpe (1996) einen diesmal sozialhistorisch orientierten Versuch, *Frau Jenny Treibel* als Roman der Götterdämmerung realistischer Erzählkunst zu begreifen, da die angestrebte Einheit von Realität und Schönheit, von Wirklichkeit und Poesie zerfallen sei und Naturalismus und Ästhetizismus die beziehungslos gewordenen Elemente »jeweils separat zu Leitmotiven neuer literarischer Programme gemacht haben« (ebd., S. 689). G. Plumpe

Ausgehend von zwei berühmten Gedichten der sog. Sesenheimer Lyrik Goethes (»Mailied«, »Mit einem gemalten Band«), über das kühn erschlossene Jahr 1850, in dem Wilibald Schmidt das sentimentale Gedicht an und für Jenny Bürstenbinder geschrieben haben soll (sic!), bis hin zur Hochzeit zwischen Corinna und Marcell Wedderkopp zieht Plumpe eine vorgeblich gemeinsame Entwicklungslinie und reklamiert ganz nebenbei Fontane als Vollender und zugleich ›Vollstrecker‹ des von der Antike bis ins 19. Jahrhundert reichenden Prinzips der Naturnachahmung, als ob es nie zuvor grundsätzliche Diskussionen um das Prinzip der Mimesis, über das Verhältnis zwischen Phantasie und darzustellender Realität sowie Gedanken über eine Autonomie des Poetischen gegeben habe.

> »1770 – 1850 – 1890: Drei Liebesgeschichten geben Fontanes Roman ›Frau Jenny Treibel‹ die Kontur. Johann Wolfgang Goethe und Friederike Brion – Wilibald Schmidt und Jenny Bürstenbinder – Marcell Wedderkopp und Corinna Schmidt – oder: die zur Legende verklärte Liebe des Genies zu dem reizenden Landmädchen – der dichtende Student und die

ebenso schwärmerische wie auf ihren Vorteil bedachte Schöne aus dem Kolonialwarenladen – der nüchterne Gelehrte und die moderne Frau: So wird Poesie zu Prosa! Fontanes Roman aus dem Jahre 1892 kann als ironische Verabschiedung des bürgerlichen Realismus gelesen werden; in ihm wird die Leitsemantik des Realismus der fünfziger Jahre [...] als Geschwätz preisgegeben.« (Ebd., S. 671 f.)

Wenn der Roman derart mit literarhistorischen Fakten, mit extrapolierten Daten (die aus der bloß vorgestellten Realität erschlossene Entstehung des sentimentalen Gedichts im Jahr 1850) und noch zusätzlich mit Biographischem und Psychologischem unterschiedslos umstellt und in eine vorgeblich kohärente Entwicklungslinie gestellt wird, muss man sich Sorgen um den wissenschaftlichen Status sozialhistorischen Forschens in der Literaturwissenschaft machen. Dies umso mehr, als Plumpe auch noch meint, den begnadeten Selbstironiker Schmidt auf einen frustrierten Lehrer-Beamten reduzieren zu können:

»In seiner Jugend fabrizierte [sic!] er epigonale Gedichte klassisch-romantischer Machart, er liebte ein Nachbarmädchen, das ihn sitzenließ; dann muß er irgendwann geheiratet, lange Jahre als Lehrer verbracht und eine Tochter bekommen haben, Witwer geworden sein und dabei [?] ein ironisches Verhältnis zum Leben und zu sich selbst ausgebildet haben. [...] Schmidts Ironie in Fontanes Roman [ist] auch nicht mehr als eine Redensart, ein gängiger Redetypus im Bürgertum, keinesfalls eine kritische Alternative zu ihm. Wie Jenny der Typus einer Egoistin mit sentimentalen Anflügen ist, so verkörpert Wilibald den Typus des ironischen Beamten, der außerhalb der Dienststunden mehr oder weniger geistreich zum Ausdruck bringen will, daß er eigentlich zu ›Höherem‹ berufen war.« (Ebd., S. 676 f.)

Plumpes Versuch, durch falsche Zuordnungen, inakzeptable Vereinfachungen vulgärpsychologischer Art und methodisch illegitime Verfahren Fontane in eine, wenn auch letztlich abbrechende Traditionslinie mit Goethe zu stellen, ist genauso einem Ideologie verhafteten Denken (Fontane im Kontext literarischer Mimesis-Problematik und lyrischer Empfindsamkeit) geschuldet wie Dieter Kafitz' (1973) oft zitierter Aufsatz über die angeb-

D. Kafitz

liche »Kritik am Bildungsbürgertum« in *Frau Jenny Treibel.* Kafitz möchte die Kriterien, mit denen Wilibald Schmidt ironisch die Bourgeoisgesinnung der Kommerzienrätin dekuvriere, auf den Kritiker selbst beziehen. Schmidt soll als »vorbildliche Gestalt« in seiner »charakterliche[n] und gesellschaftliche[n] Integrität« und »als Verkörperung bestimmter Charakteristika des Bildungsbürgertums« (Kafitz 1973, S. 74 f.) in den Blick genommen werden, um seine angeblich moralische Überlegenheit gegenüber seiner Gegenspielerin Jenny Treibel zu begründen. Deshalb bleibe zunächst Schmidts Funktion innerhalb der Figurenkonstellation unberücksichtigt.

Derart moralisch und zugleich unliterarisch reflektierend, macht Kafitz den Gymnasialprofessor zum Partner im Geiste Jennys, der, ohne eigenen Prinzipien zu folgen, an gesellschaftlichen Ritualen wie der Landpartie oder seinen ›Gelehrtenabenden‹ teilnimmt, zu einem Flüchtenden vor der Realität, der sich in seiner Gelehrsamkeit eingerichtet hat, die Erziehung seiner Tochter Corinna sträflich vernachlässigt und sich am Ende gar mit Treibel verbündet.

Ein solch moralisch bedenkliches Verhalten Schmidts äußere sich, so Kafitz, demnach auch in seinen Beziehungen zu anderen Protagonisten. Weil er nämlich gegenüber Jenny lediglich eine »der Stimmung seiner Partnerin angepaßte Rolle« annehme, will er

> »sie nicht in ihrer sentimentalen Verlogenheit entlarven, [sondern] stellt sich vielmehr auf sie ein und treibt sein Spiel mit ihr. Beide, Jenny und der Professor, spielen Rollen, sie die gefühlvoll Unglückliche, er den überlegenen Spötter. [...] Im Zusammenstoß von Sentimentalität und Ironie gelingt es Schmidt, die Prätentionen seiner Gegenspielerin lächerlich erscheinen zu lassen, ohne sie in ihrer Substanz zu berühren.« (Ebd., S. 84 f.)

Diese Passivität und »ichbezogene Isoliertheit« kennzeichneten ihn eben nicht als »aktive Kämpfernatur«, weil ihm dazu »das Gefühl einer gemeinsamen Verantwortung auf einem über den privaten Bereich hinausgehenden gesellschaftlichen Felde« (ebd., S. 85) fehle. In Schmidt und Jenny verkörpere sich keineswegs ein Gegeneinander, sondern ein Nebeneinander von Besitz-

Kritik an Besitz- u. Bildungsbürgertum?

und Bildungsbürgertum, so dass trotz der intellektuellen Überlegenheit Schmidts und seiner ironischen Distanz zu Jenny von einer Kampfansage an das Besitzbürgertum, an die ›Geldsackgesinnung‹, keine Rede sein könne. Im Gegenteil: Fehlende Aktivitäten von Vertretern des Bildungsbürgertums führten sogar dazu, »daß in ›Frau Jenny Treibel‹ sowohl das Besitzbürgertum wie auch das Bildungsbürgertum kritisiert werden, der Roman [...] ein Bild beider Zweige des zeitgenössischen Bürgertums in ihrer stillschweigenden Komplicenschaft« (ebd., S. 99) zeichne, so dass in der dargestellten Konstellation »Tendenzen offenbar werden, die auf die politische Katastrophe des 20. Jahrhunderts vorausdeuten« (ebd., S. 101).

Kafitz' hochproblematischer Versuch, mit einer zunächst außerliterarisch geführten Argumentation Schmidt moralisch zu diskreditieren, um ihn sodann innerliterarisch auf eine Stufe mit der von ihm kritisierten bourgeoisen Mentalität seiner Beinahe-Verlobten Jenny Bürstenbinder zu stellen, bildet die Grundlage für seine weiterführende Behauptung, Fontanes Roman ziele gleichermaßen ideologiekritisch auf Besitz- und Bildungsbürgertum. Obwohl nämlich Schmidt und Treibel um die »gefährliche Person« Jenny und deren Überheblichkeit wissen, führe dies »nicht zu Kritik und Widerstand, sondern nur zu ironischer Passivität« (ebd., S. 97). Offenbar vermisst Kafitz im Roman Widerstand leistende, ja revolutionäre Aktivitäten der beiden männlichen Hauptfiguren, was schon Hugo Aust zu der süffisanten Bemerkung veranlasste, dass der Interpret »sich wohl die Machete in der Faust des Gymnasialprofessors gewünscht haben« mochte (Aust 1973, S. 111). Wer derart Werk- und Autorintention der Interpretenintention unterordnet, Meinungen und Verdikte Fontanes über den Geist der Bourgeoisie, die in seinen Briefen (vgl. Kap. Entstehungs- und Wirkungsgeschichte, S. 224 f.) wesentlich schärfer und zugespitzter ausfallen als in seinem Roman, nolens volens auf diesen überträgt und dessen Humor – nicht Ironie – als tiefenstrukturelle Basis des Textes ignoriert, darf sich nicht wundern, wenn er in die Nähe materialistisch orientierter Forscher wie Lukács oder Reuter (vgl. S. 232) gerückt wird.

Mitte der 1970er Jahre erreichten die Versuche, Fontanes Romane auf ihr gesellschaftskritisches Potential hin zu untersuchen, einen einstweiligen Höhepunkt. Die Ergebnisse zogen – wie oben dargelegt – kontrovers geführte Debatten nach sich. Der sich darauf abzeichnende Paradigmenwechsel in der Fontane-Forschung stellte die »Finessen«, subtil eingesetzte künstlerische Verfahren in den einzelnen Romanen, in den Mittelpunkt des Forschungsinteresses. Für *Frau Jenny Treibel* bedeutete diese Verschiebung, dass besonders der bei Lesern wie Interpreten auch im Zusammenhang mit dem Untertitel des Romans immer wieder Irritationen hervorrufende Schluss, der sich nicht konsequent aus der Romanhandlung entwickelt, intensiv interpretiert worden ist. Die Versöhnung oder gar Verbrüderung zwischen Treibel und Wilibald Schmidt signalisierende Schlussszene, der erneute Vortrag des Liebesliedes, diesmal allerdings durch Krola in Abwesenheit Jennys, sowie Schmidts erklärungsbedürftige Abschiedsworte – und damit ist der dritte Schwerpunkt innerhalb der genannten Deutungsaspekte (vgl. S. 234) angesprochen – wurden in ihrer situativen Bedeutung und in ihrer Funktion für das Romanganze in den Blick genommen.

Gesellschaftskritisches Potential von Fontanes Romanen

Für Hugo Aust steht der Romanschluss im Zeichen der für ihn zentralen Kategorien der »Versöhnung« und »Verklärung«, einer Versöhnung des Lebens mit der Kunst und einer Verklärung der Poesie jenseits der Sentimentalität. Ausgangspunkt seiner Argumentation bildet die Entfunktionalisierung des Liebesgedichtes Wilibald Schmidts als Liebeswerbung um seine Jugendfreundin Jenny. Aust löst es aus seinem pragmatischen Kontext und fragt nach seiner zentralen Intention, die er in poetisch formulierten »gefühlvollen Vorstellungen des glücklichen Zusammenlebens«, im »Wunschbild einer innerlichen und innigen Lebens- und Glücksform« (Aust 1973, S. 115) sehen will. Weil aber Jenny ›unentwegt‹ sich des vertonten Gedichts, das ›von Gott‹ komme, bediene, werde es zum »Luxusartikel, den sie regelmäßig zum festlichen Dessert verbraucht« (ebd., S. 116). Solcher Profanierung eines Göttlichen stelle Schmidt mit seiner Neuentdeckung des Textsinnes (»Ich hätte doch am Ende dabei [beim Schriftstellern] bleiben sollen ...« 215,27) eine zweite Profanierung gegenüber, um die Bedeutung der Poesie für ihn allererst deutlich machen zu können. So werde auf den letzten Seiten von

H. Aust

Frau Jenny Treibel nicht etwa nur Schmidts, sondern auch – und dies wesentlich – Fontanes »Kunstauffassung, seine Theorie dessen, was Kunst ist und was sie leisten soll« (ebd., S. 120), zum Thema. Generalisierend würden das Verhältnis zwischen Kunst und Leben beleuchtet und die Frage nach einem authentischen Leben mit und in der Poesie aufgeworfen. Für Fontane, so meint der Interpret, sei Kunst eine »Gegenwelt zur Alltagswirklichkeit; aber daß sie zu dieser Gegenwelt werden kann, setzt voraus, daß der Mensch zu einem richtigen Verhältnis zur Kunst findet; erst dann erweist sich Kunst als Gegenwelt und nicht etwa [– wie bei Jenny –] als Inbegriff verlogener Sentimentalität« (ebd., S. 122). Dann nämlich stelle sich auch der Vorgang der Verklärung ein, bei dem nicht »die historische Wirklichkeit in poetische umgewandelt wird, sondern sie erschließt sich in ihrer Eigenart als Entwurf einer positiven Gegenwelt erst demjenigen Betrachter, der Literatur existentiell mit seiner eigenen Situation verbunden erfährt. [...] Kunst darf nicht von der Alltagswirklichkeit fernhalten, sondern muß den Leser dahingehend verwandeln, daß er sich aufs neue und in neuer Sinnerfüllung dem Alltäglichen zuwendet.« (Ebd., S. 124)

Verhältnis zwischen Kunst und Leben

Eine solch bedeutungsschwere Finallastigkeit des Romans ließe sich nur dann argumentativ stringent herleiten, wenn *Frau Jenny Treibel* durchgängig das Verhältnis zwischen Leben und Kunst thematisierte. Davon kann aber genauso wenig die Rede sein wie von einer herausgehobenen ästhetischen Qualität des Gedichts, das Textgrundlage des vorgetragenen Liedes ist. Aust selbst macht auf dessen kollageartigen Charakter aus Bildern und Motiven der Lyrik Eichendorffs, Mörikes, Goethes und Schillers (ebd., S. 115) aufmerksam, auf seine naiv-kitschige Fügung und sentimentale Intention, für die es eigens als lyrische Einlage im Roman von Fontane geschrieben worden ist. Es ist also methodisch höchst problematisch, das Liebesgedicht aus seinem pragmatisch-situativen Kontext zu lösen und es mit einer thematischen Funktion zu überfrachten, die es nicht besitzt. Die herausgehobene Positionierung des erneuten Liedvortrages am Romanende mit Schmidts Bekenntnis: Es »ist ein wirkliches Lied. Alle echte Lyrik hat etwas Geheimnisvolles. Ich hätte doch am Ende dabei bleiben sollen ...« (215,25–27) verweist nicht tief-

Kollageartiger Charakter des Liedes

sinnig auf die Bedeutung der Poesie für das Leben, ihren Stellenwert in der alltäglichen Wirklichkeit, sondern dient einer vordergründigen Versöhnung zwischen den Welten der Treibels und der Schmidts mit humoristischem Vorbehalt (»Treibel und Krola sahen sich an und nickten dann zustimmend.« 215,28–29). Weil nämlich Schmidt das Unzeitgemäße solcher Lyrikproduktion in einer materialistisch orientierten Welt erkannt und sie deshalb auch verworfen hat, zugleich aber grundsätzlich vom ideellen Wert der Poesie unabhängig von ihren Rezipienten und ›Benutzern‹ überzeugt ist, fällt der gesamte Tableauschluss humoristischer Distanzierung zum Opfer (vgl. S. 215 f.).

Auch Anke-Marie Lohmeier (1994) übersieht in ihrem an die Ergebnisse von Aust anknüpfenden Aufsatz die Dimension des Humors, wenn sie glaubt, »daß es in *Frau Jenny Treibel* nicht bloß um Gesellschaftskritik und Bildungskritik geht, sondern darin auch um Fragen der Kunst, daß man den Roman auch ganz anders, nämlich als Selbstreflexion eines Künstlers über die Möglichkeiten seiner Kunst und über sein Publikum lesen kann« (Lohmeier 1994, S. 248). Wenn sie sich auf den Brief vom 9. 5. 1888 bezieht, in dem Fontane sich über die Intention seines gerade im Entwurf fertig gestellten Werkes äußert, nämlich denjenigen zu desavouieren, »der von Schiller spricht und Gerson meint« (vgl. Kap. Entstehungs- und Wirkungsgeschichte, S. 225), dann müssen nicht gleich Schillers kunsttheoretische Schriften und sein Naturbegriff bemüht werden (ebd., S. 247, Anm. 16), um Schmidts ›Lob der Natur‹ richtig verstehen und sein Poesieverständnis angemessen beurteilen zu können. A.-M. Lohmeier

> »Der im Zeichen des Schillerschen Kunstbegriffs (genauer: des Schillerschen Begriffs der naiven Dichtung) stehende Versuch des jungen Wilibald, von seiner Liebe *poetisch* zu reden, der Versuch, ihr einen authentischen künstlerischen Ausdruck zu verschaffen, strandet an den Versatzstücken der poetischen Überlieferung, strandet nicht zuletzt – in der Schlußzeile – an einem Schiller-Plagiat.« (Ebd., S. 248)

Mit solchen Behauptungen wird das Lied-Gedicht in einen poetisch-ästhetischen Kontext gestellt, der nicht nachweisbar ist. Weder das von Lohmeier unterstellte dichterische Unvermögen Wilibald Schmidts (auf welche Erkenntnisquellen bezieht sie sich?) noch die konnotierte Kunstauffassung Fontanes können an diesem »Unglücksding«, wie Schmidt es selbst gegenüber Marcell (91,30) apostrophiert, abgelesen werden. *Frau Jenny Treibel* ist weder ein Künstlerroman romantischen Zuschnitts, noch lässt sich in ihm die typische romantische Ironie als eigenständige Ebene der Selbstrepräsentation von Kunst nachweisen.

A. Poltermann

Für eine nüchternere Einschätzung der Bedeutung des Liedes und der Poesie, wie sie Wilibald Schmidt auf dem ›Versöhnungsfest‹ vornimmt, plädiert mit guten Gründen und weiterführenden Einsichten Andreas Poltermann. Er nimmt die metaphorische Ausdrucksweise in Fontanes Briefäußerung über die Intention seines Romans eben nicht wörtlich, sondern destruiert das Dogma, »daß die Lösung des Romans darin besteht, ›Schiller zu sagen‹ und auch ›Schiller zu meinen‹. Mit Schiller läßt sich [eben] nichts über Berliner Warenhäuser sagen.« (Poltermann 1989, S. 147, Anm. 44) Vielmehr sorge Schmidts Selbstironie als Reflexionsprinzip der modernen Erfahrung des »zeitlich-kontingenten Charakters einer jeden Sinnsetzung« dafür, dass sie »Offenheit zum Inhalt« habe und »bodenlos« sei. Dies mache seine asyndetisch angeordnete ›Unsinns-Reihung‹ in seinem Schlusswort deutlich, »in der er nicht nur den vermeintlichen Gegensatz zwischen Besitz- und Bildungsbürgertum, sondern auch die Stichhaltigkeit eines dramatisch-tragischen Weltentwurfs bestreitet. Die moderne Welt, an deren Schwelle er steht, ist eine Welt absolut kontingenten Sinns, die von keiner ›tieferen‹ (moralischen oder geschichtsphilosophischen) Bedeutungsschicht getragen wird.« (Ebd., S. 140) Wer im Übergang zur modernen Welt noch an eine Sinntotalität glaube, stehe – wie Leutnant Vogelsang und Jenny Treibel – in komischem Kontrast zur »Gesellschaft des Unsinns« (ebd.) und werde der Lächerlichkeit preisgegeben. Darum verlaufe auch die Handlung des Romans völlig undramatisch und trage alle Zeichen – wie schon Martini (vgl. S. 232 f.) konstatierte – einer Komödie als einer Art »Amüsementsstückes«, wie Fontane in einer Theaterrezension formulierte. Der Tableauschluss des Romans sei daher alles andere als eine Apologie des Klassischen und Schönen:

»Amüsementsstück«

»Schmidt ironisiert das Konzept der hohen Poesie, die das

Leben in der Moderne als sinnverloren betrachtet. Er ist fürs Weiterleben, verfügt aber über kein Zukunftswissen, das seiner Ironie die Würde höherer Einsicht verleihen könnte. Er ist einer der ›Waisen Griechenlands‹, ein alter Zeus, der abzutreten bereit ist und als Narr die zu Allegorien erstarrten Formeln der Vergangenheit – die ›großen Sätze‹ und ›Sprüche‹ aus Antike und Romantik – durch ›entstellende Wiederholung‹ einer neuen Bedeutung in einer ungewissen und offenen Zukunft zuführt.« (Ebd., S. 141)

Wenn der auf Bitten Schmidts erneute Vortrag des Liedes eine Profanierung des Heiligsten bedeute (vgl. S. 241), so würden darüber hinaus auch andere Wiederholungen profaniert: überdeutliche »Vorausdeutungen und Schicksalsvorstellungen der Figuren« und selbst »die Tradition des Schicksalsmodells« (ebd., S. 143). Solche Destruktionen der vermeintlich hohen Poesie und der eigenen Haltung ihr gegenüber fänden im Schlussvortrag des Liedes ihren Höhepunkt.

»Nach seiner Wiederholung figuriert [dann] Jennys Herzenslied in Schmidts Schlußmeditation weder als das ›Ideal im Liede‹ à la Jenny, noch wird es als ›echte Lyrik‹ aus einer prosaischen Welt ausgeschlossen oder als ihr überlegen angesehen. Als ein ›*wirkliches* Lied‹ muß es kein Ideal sein, und als Lied, in dem ›was drin‹ ist, verfällt es auch nicht dem tiefsinnigen Vorwurf, bloßer trivialer Ersatz für tiefere Bedeutung zu sein.« (Ebd., S. 143 f.)

Vor diesem Hintergrund gewännen Anspielungen, historische Verweise oder Lebensweisheiten einen völlig anderen Stellenwert als den bloßer »Bildungszitate«, wie sie Mecklenburg später (vgl. S. 254) bezeichnen wird. Ihnen komme lediglich der Status des Uneigentlichen zu. »Als Zitate, Kryptozitate oder Allusionen haben sie in erster Linie nicht die Funktion, das ›Sinngefüge‹, dem sie entstammen, zu repräsentieren, sondern den ›Zusammenhang des Sinns‹ aufzustören. Sie zeugen vom historischen Verfall der Werke und der sie tragenden ›höhere(n) Weltanschauung.« (Ebd., S. 143)

Angesichts dessen, dass *Frau Jenny Treibel* weder in Resignation noch in Melancholie, sondern grell erleuchtet in einer komödienhaften Szene mit einer anspielungsreichen Sentenz endet,

Begriff des Humors

stellt sich nahezu zwingend der Begriff des Humors ein. Nicht nur die zeitgenössischen Rezensenten, sondern auch die Literaturwissenschaftler des 20. Jahrhunderts haben auf diesen durchgängigen Zug des Romans hingewiesen. Schon Fritz Martini (1962) und v. a. Richard Brinkmann rücken Fontanes spezifischen Humor in die Nähe der Komik, ohne sich jedoch auf begrifflich präzise Abgrenzungen einzulassen. Humor wäre

> »nicht möglich, wenn nicht der Erzähler auf mannigfaltige Weise in seiner Darstellung Maßstäbe mitlieferte, an denen gemessen etwas humorvoll oder auch komisch wirken kann. Nur wenn er zum Beispiel in dem Wie und dem Was seines Erzählens die Relativität der Meinungen, Ansichten, der Institutionen und Systeme demonstriert hat, kann komisch erscheinen, wer mit borniertem Ernst seine Ansichten für die einzig wahren hält und seinen Horizont für den Horizont der Welt. Nur wo der Erzähler in der Darbietung der Gespräche die Spannung von Relativität und Verbindlichkeit der Sprache spürbar macht, können Worte im Munde des einen unangemessen erscheinen und komisch wirken, die man in der Rede des anderen als aufrichtig und ernsthaft hinnimmt. [...] Nur wo der Erzähler in seiner Sprache und in der Sprache seiner Gestalten Maßstäbe der Leichtigkeit gesetzt hat, die sich mit Ernst verbindet, ja ihn für ihr Niveau fordert, können falscher Ernst und aufgesteifte Feierlichkeit entlarvt und dem Gelächter preisgegeben werden.« (Brinkmann 1967, S. 152 f.)

Humor konstituiert sich demzufolge in einer bestimmten Haltung gegenüber der dargestellten Wirklichkeit, allgemein: einer Einstellung, einem Standpunkt gegenüber der Welt, dem sowohl Distanz und Kritik, aber auch befreiendes Lachen und Versöhnung innewohnt – Beobachtungen und Bestimmungen, wie sie mit Hilfe der von Bachtin (vgl. S. 250 ff.) und v. a. von Uspenskij (vgl. S. 255 ff.) bereitgestellten Kategorien präzisierend und Theorie fundiert weitergeführt werden könnten und sollten.

W. Preisendanz u. I. Mittenzwei

In literarischen Texten nun artikuliert sich Humor ausschließlich in und durch Sprache. Es verwundert deshalb nicht, wenn in zentralen Arbeiten Wolfgang Preisendanz' (1963) und Ingrid Mittenzweis (1970) die poetische Sprachkonstruktion dieses komplexen Phänomens untersucht wird. Während für jenen die verklärende Wirkung des Humors im Mittelpunkt steht, die ›Modelung‹, wie Fontane selbst es bezeichnet hat, um den »Unterschied zwischen dem vom Leben und dem von der Kunst gestellten Bilde« (Preisendanz 1963, S. 290) der Wirklichkeit herauszustellen, d. h. um auf die Eigenständigkeit und Eigengesetzlichkeit der Kunst gegenüber der Wirklichkeit im Sinne einer retrospektiven Autonomie-Ästhetik zu pochen, konkretisiert diese das Spezifische humoristischen Sprechens. Weil nämlich Jennys »Vokabular des hohlen Pathos und der zur Schau getragenen Sentimentalität gegen die heitere Virtuosität der Selbstironie [Wilibald Schmidts stehe] und zwischen diesen beiden [...] in der Tat nur ein komischer Zusammenstoß, nicht aber eine ›Einigung‹ möglich« (Mittenzwei 1970, S. 148) sei, weil des weiteren Jennys Sprache zur Erfassung oder Bezeichnung gemeinter Wirklichkeit unangemessen sei und Schmidts ironisch-humorvolle Rede zur Dekuvrierung ebendieses Sachverhalts diene, werde die Sprache zum eigentlichen Thema des Romans und mache diesen zu einem außergewöhnlichen. »Die Sprache macht sich ›Gedanken über die Dinge‹« (ebd., S. 154), und diese folgen ihrer Intention: In dieser Verkehrung werde Humor qua Sprachspiel allererst möglich.

Mit der seit Beginn der 1970er Jahre immer deutlicher werdenden Akzentuierung der Literaturwissenschaft als Textwissenschaft unternimmt Ralf Schnell (1989) einen solcherart orientierten Versuch zur Präzisierung des Humors im Rahmen eines disparate Aspekte des Romans zusammenführenden Textzugriffs. Im Zusammenwirken und Zusammenspiel verschiedener künstlerischer Verfahren sieht er die Grundlage für die Möglichkeit von Humor und seine Wirksamkeit in *Frau Jenny Treibel*. R. Schnell

> »Die Strategien erzählerischer Präzisierung und die Relativierung durch Perspektivierung, die Sprachspiele und die Spiele mit Sprache, die antithetische Charakterisierung und die Selbstreflexivität der Figuren, die einander wechselseitig teils ergänzenden, teils in Frage stellenden, teils zurücknehmenden Wahrnehmungen und Wertungen und das Wechselspiel der Codes und Subcodes, die effektvollen gesellschaftlichen Rollen- und Maskenspiele und die Vielgestalt der Erzähler-

gegenwart, das kunstvolle Arrangement aus [...] Bewegung und Stillstand – mit all diesen Registern seines Erzählens und zumal vermöge ihres artistischen Zusammenspiels eröffnet Fontane jenen Erzähl-Raum, in welchem seine Ironie sich zu entfalten vermag.« (Schnell 1989, S. 125)

Ohne begrifflich exakt zwischen Ironie und Humor zu unterscheiden – Fontane sieht in der spöttelnden, parodierenden oder auch persiflierenden Ironie, wie er in seiner Rezension des Romans *Die Hosen des Herrn von Bredow* von Willibald Alexis (1798–1871) 1873 ausführt, eine Art »Kleinhumor« –, meint Schnell gerade in der Absage an diesen ›Kleinhumor‹ und im »olympischen« Charakter von Ironie den Fontane'schen Humor bestimmen zu können, wenn er den Dichter selbst zu Wort kommen lässt: »›Der Humor hat das Darüberstehen, das heiter-souveräne Spiel mit den Erscheinungen dieses Lebens, auf die er hinabblickt, zur Voraussetzung.‹« (Ebd., S. 125 f.)

Mit Rekurs auf Jean Pauls (1763–1825) *Vorschule der Ästhetik*, in der der Romantiker den Humor als das »umgekehrt Erhabene« definiere, das nicht – wie die Ironie – »das Einzelne, sondern das Endliche durch den Kontrast mit der Idee« (§ 32) vernichte, sieht Schnell eine Möglichkeit, die Ironie im Roman *Frau Jenny Treibel* und ihre Struktur und Funktionen näher zu bestimmen, indem er sie textumfassend als Subtext begreift, ohne jedoch den Begriff zu explizieren.

Ironie als Subtext

»Unter der Oberfläche des handfest Greifbaren, des *plot* mit Jenny Treibel als Mittelpunktsfigur, entspinnt Fontanes Roman einen Subtext, der von den Bewegungen und Strebungen der prägenden Zeitkräfte erzählt in der Form eines simultanen Strukturgeflechts kommunikativer Relationen und Oppositionen. Dieser Subtext bildet den Artikulationsraum der Ironie Fontanes, und mit ihm stellt sich zugleich das Problem seiner Modernität, ein Problem, im Grunde, der Sprache.« (Ebd., S. 126)

Der textwissenschaftliche Begriff des Subtextes im Sinne Schnells meint wohl eine unter der Oberfläche angesiedelte tiefenstrukturelle Ebene des Textes, auf der – als Texttiefenstruktur bezeichnet – neben der Oberflächen-Thematik und -handlung eine weitere Bedeutungsebene virulent wird, die gleichsam ein weiterführendes Konzept, eine zusätzliche Text-Intention bereithält. Teun A. van Dijk (1972, S. 206 f.) spricht in diesem Sinne vom »Plan eines Textes«, der die Auswahl aus den Bedeutungsfeldern für die Oberflächenstruktur steuere. Insofern bleibe Humor – ließe sich folgern – so lange eine »leere Form«, bis sich ihm konkrete Signifikate zuordnen ließen, was grundsätzlich eine »offene Romanstruktur« voraussetzt.

T. A. van Dijk

> »Jene ›leere Form‹, die den Roman strukturell kennzeichnet, findet ihr Echo in seiner nur negativ bestimmbaren Funktion: den Entwurf sinnstiftender Gegenwelten zu verweigern, ohne die Erinnerung an sie auszulöschen. Fontanes Roman – insoweit ›modern‹ im Sinne seines Autors – gibt ›ein Bild *seiner* Zeit‹ als Momentaufnahme einer Welt in Bewegung, einer Zeit der Veränderungsbestrebungen und Übergänge. Der Ehrgeiz, aufzusteigen, der Drang, vorwärtszukommen, das Bewußtsein, fortzuschreiten, kurz: die ›Erfahrung des Wandels‹ bildet die Grunderfahrung des seinem Ende sich zuneigenden 19. Jahrhunderts.« (Schnell 1989, S. 127)

Mit Schnells Einsichten in die Doppelsignatur des Romans qua Humor und/oder Ironie wird die Diskussion über den Romanschluss von *Frau Jenny Treibel* sowie über seine gesellschafts- wie zeitkritische Generalintention auf eine differenziertere Ebene als bisher gehoben, auch wenn begrifflich-theoretische Inkonsistenzen wie die fehlende terminologische Abgrenzung zwischen ›Subtext‹ und ›Texttiefenstruktur‹ im Sinne einer in sich schlüssigen Texttheorie noch beseitigt werden müssten. Erst wenn es gelingt, einen literaturtheoretisch, methodologisch und terminologisch konsistenten Zugriff auf literarische Texte zu schaffen, können interpretatorische Sackgassen und Holzwege aufgrund zweifelhafter »Safari-Methoden«, wie Karl S. Guthke es angesichts der in die Breite gehenden Fontane-Forschung bereits 1982 bewusst plakativ formuliert hat, sowie ›exotischer‹ Themenstellungen wie etwa bei Wilczek (2005) vermieden werden.

Doppelsignatur des Romans qua Humor

Norbert Mecklenburg unternimmt mit seinen zu unterschiedlichen Zeiten (1989, 1990, 1991, 1998) und verschiedenen Romanen Fontanes vorgelegten Arbeiten einen solchen Versuch, indem er aus der meist im Methodischen gründenden Interpre-

N. Mecklenburg

tationsnot eine theoretische Tugend macht. Auf mehrere Arbeiten des russischen Strukturalisten Michail Bachtin (1885–1975) und des französischen Soziologen Pierre Bourdieu (1930–2002) rekurrierend, will Mecklenburg die von ihm herausgestellte polyphone Struktur, die Vielstimmigkeit zahlreicher Fontane-Romane in ihrer poetischen Konstruktion und Funktion aufweisen. Eine solche Redevielfalt versteht er im Sinne der

Polyphone Struktur

> »Pluralität von ›Sprachspielen‹ als Denk- und Lebensformen, von Mentalitäten, Ideologien und Diskursen« (Mecklenburg 1998, S. 23). Sie manifestiere sich in Spannungsfeldern »zwischen mimetisch aufgezeichneter Mündlichkeit und poetisch bearbeiteter Schriftlichkeit, Figurenstimmen und Erzählerstimme, individueller und gesellschaftlicher Charakterisierung der Figuren, eigenen und fremden Anteilen, Authentischem und Inauthentischem in ihren Reden. [...] [Darauf beruhe ein] Spiel mit Positionsnahmen, Ansichten und Bedeutungen, das den Leser bald zu einem stummen Mitspieler macht, der selber Position beziehen muß [...].« (Ebd., S. 22 f.)

M. Bachtin

Mecklenburg greift mit solchen Aussagen auf Thesen Bachtins zurück, mit denen dieser die von ihm intendierte Poetik des Prosawortes und des Romans in Abgrenzung von der traditionellen Stilistik zu fundieren suchte. Die bislang vorgelegten Versuche nämlich, »die Romanprosa konkret stilistisch zu analysieren, erschöpften sich entweder in einer linguistischen Beschreibung der Sprache des Romanciers oder beschränkten sich auf die Hervorhebung einzelner Stilelemente des Romans« (Bachtin 1979, S. 156). Damit werde aber lediglich nur ein kleiner Teil des Romanganzen abgedeckt. Da der Roman als Ganzes indes »viele Stile, verschiedenartige Reden und verschiedene Stimmen« umfasse, bedürfe es eines komplexeren Zugriffs, um die unterschiedlichen »Sphären des künstlerischen Wortes« (ebd.) zu erschließen. Die gattungsspezifische Besonderheit der Stilistik des Romans könne – auch hinsichtlich der Differenz zum Drama und hier besonders zur Komödie (vgl. S. 255) – nur dann vor den Blick kommen, wenn der Roman, programmatisch formuliert, als »künstlerisch organisierte Redevielfalt« begriffen werde.

»Die Rede des Autors und die Rede des Erzählers, die eingebetteten Gattungen, die Rede der Helden sind nur jene grundlegenden kompositorischen Einheiten, mit deren Hilfe die Redevielfalt im Roman eingeführt wird. Jede von ihnen begründet eine Vielzahl von sozialen Stimmen und eine Vielfalt von [...] Verbindungen und Korrelationen zwischen den Aussagen und den Sprachen. Diese Bewegung des Themas durch Sprachen und Reden, deren Aufspaltung in Elemente der sozialen Redevielfalt, ihre Dialogisierung: dies macht die grundsätzliche Besonderheit der Stilistik des Romans aus.« (Ebd., S. 157)

Auf einer solchen Grundlage der Vielstimmigkeit im Roman nach Bachtin ergibt sich für Mecklenburg die Möglichkeit, Fontanes Poetik des Romans und seinen Humor genauer zu bestimmen sowie die Genretypisierung von *Frau Jenny Treibel* als humoristischen Roman zu begründen. Ähnlich wie Brinkmann (vgl. S. 246) und anders als Schnell (vgl. S. 247), rückt Mecklenburg den Fontane'schen Humorbegriff ganz in die Nähe der Komik, bemüht keineswegs Jean Pauls Ästhetik, sondern apostrophiert ihn als eine spezifische Art des (Ver-)Lachens im Geiste Dickens' (1811–1870) und Thackerays (1811–1863). Gerade die unverwechselbare Tendenz des Erzählers Fontane »zu Ausgleich, Versöhnung, Geltenlassen, Resignation«, aber auch zu »Verhöhnung« (vgl. Kap. Entstehungs- und Wirkungsgeschichte, S. 225), Satire, Ironie und beißendem Spott mache deutlich, dass Humor eine »Strategie der Verarbeitung von lebensgeschichtlichen und politisch-gesellschaftlichen Enttäuschungserfahrungen« (ebd., S. 23) sein könne.

Humoristischer Roman

Für keinen anderen Roman Fontanes sei diese Kennzeichnung treffender als für *Frau Jenny Treibel*, sie sei geradezu dessen zentrale Struktur. Indem Mecklenburg die Fülle komischer Szenen, Äußerungen und Situationen exemplarisch aufführt (ebd., S. 26), einerseits Jennys komische Züge wie ihre Neigung nicht zu fließenden, sondern zu »Stehtränen« (158,27) und ihren Vortrag des sentimentalen Liedes als Krönung jeder Soirée mit dünner Stimme oder ihre herausgehobene Stellung bei Diners durch ein untergeschobenes »Luftkissen« u. a. m. aufzählt, andererseits bei den Abenden der »sieben Waisen Griechenlands« kulturkritisches Gejammer, gegenseitige Gehässigkeiten oder phrasenhaft daherkommende Platitüden herausstellt (ebd., S. 26), wird erkennbar, dass mit solchen Grotesken, satirischen Überzeichnungen, Karikaturen, Parodien oder Witzen fundamentale Elemente für die übergreifende, komplexere Struktur des Humors bezeichnet sind; am Ende des Romans werden in »einem ›karnevalistischen‹ Lachen die herrschenden Mächte und Ordnungen, Verhaltens- und Denkmuster in Frage« (ebd., S. 24) gestellt. Nicht nur seien Geld, Wissenschaft und Professor »Unsinn«, sondern auch der gesamte Kosmos, in dem sie sich bewegen. Darum solle man auch nicht nur die Hochzeitsfeier, sondern zugleich auch diese Bühne des Welttheaters verlassen.

Gebrauch der Figuren- und Erzählerrede

Mit den von Mecklenburg herausgestellten dominierenden Elementen des Fontane'schen Humors, die er zum größten Teil der Komik zuordnet, wäre älteren Forschungsergebnissen nicht viel Neues hinzugefügt, wenn er nicht zugleich – und damit gerät der vierte Schwerpunkt dieser Tour d'horizon durch die Fontane-Literatur in den Blick – den spezifischen Gebrauch der Figuren- und Erzählerrede in Romanen Fontanes analysiert hätte. Mit dem »Scheinwerfer« Bachtin will Mecklenburg »Techniken der Rededarstellung« bei Fontane erhellen. Unter den Leitbegriffen »Dialogizität« und »Intertextualität« strebt er eine neue Sicht auf »Fontanes spezifische Leistung als Erzähler« (ebd., S. 61) an. Dabei macht er sich die von Bachtin beobachtete Eigentümlichkeit des humoristischen Romans zunutze, »daß in ihm häufig Erzählerrede und fremde Rede, in Anführungszeichen gesetzte oder zu denkende Rede miteinander zur hybriden Konstruktion des ›zweistimmigen Wortes‹ verbunden sind« (ebd., S. 83). Zitate, Anspielungen, versteckte oder offene Verweise machten die »Vielstimmigkeit« des Romans aus, in dem der gesellschaftliche Diskurs mit dem Romandiskurs korrespondiere und sogar zusammenfallen könne (vgl. S. 250 f.). In dieser Form könne die

> »innere Vielstimmigkeit des Romans [sogar] subversive Kräfte entbinden: Eine dezentrierte Denk- und Redeweise kann gegen die zentrierte ausgespielt werden, gesprochene und Umgangssprache gegen Schrift- und Literatursprache, niedriger gegen hohen Stil, [...] gefühlsnahes gegen abstraktes, rational kontrolliertes Sprechen, ›materialistisches‹ gegen ›idealistisches‹ Denken [Jenny Treibel vs. Wilibald Schmidt],

> skeptisch-relativierender gegen dogmatisch-absolutistischen Diskurs [Treibel, Schmidt vs. Jenny, Vogelsang], plebejisch salopper, ›vulgärer‹ gegen adlig-bürgerlich ›feinen Ton‹.« (Ebd., S. 81)

»Figurensprache und Bewusstseinskritik«

Im zentralen Kapitel »Figurensprache und Bewußtseinskritik« (ebd., S. 59–119) erhellt Mecklenburg das Leistungspotential des Bachtin'schen Ansatzes, wenn er exemplarisch die Zweistimmigkeit des Prosawortes, »die gebrochene [...] und gespaltene[...] Rede« (ebd., S. 67) auf die erzählerische Besonderheit in der Darstellung der familienpolitischen Wende im Hause Treibel anwendet. Nachdem Leopold seiner Mutter die heimliche Verlobung mit Corinna gestanden und Jenny ihrerseits als Gegenmaßnahme die noch ungeliebtere Schwester der ungeliebten Schwiegertochter zu einem Eheanbahnungsaufenthalt in die Villa Treibel eingeladen hat, eilt Helene unaufgefordert zu ihrer Schwiegermutter. Dieses Ereignis verfehle, wie der Erzählerrede zu entnehmen sei, seine Wirkung auf Jenny nicht: »Das war etwas, und angesichts dieser Tatsache fühlte Jenny das Eis hinschmelzen, das acht Jahre lang ihr Schwiegermutterherz umgürtet hatte.« (175,30–32)

Zwei Phänomene seien in diesem Aussagesatz von erzählpoetischer Relevanz: Zum einen das typische Fontane'sche Kompositum »Schwiegermutterherz«, das auf die übliche familiale Beziehung zwischen Schwiegermutter und Schwiegertochter ziele, zum anderen die auffällige Metaphorik.

> »Wenn Jenny das Eis ›hinschmelzen‹ fühlt, das acht Jahre lang ihr Herz ›umgürtet‹ hat, dann bedient sich der Erzähler hier einer unverhältnismäßig pathetischen und dadurch komisch wirkenden Metaphorik. ›Umgürtet‹ – das weckt romantische Assoziationen an archaische Heroinenkostümierung und taktlose Assoziationen an Jennys Taillenprobleme.« (Ebd., S. 66)

Mit der metaphorischen Konstruktion des aus dem Eise sich befreienden Schwiegermutterherzens sei eine der vielen Sentimentalitäten Jennys bezeichnet, die jedoch nicht von ihr selbst, sondern vom Erzähler formuliert werde. Offensichtlich verfolge der Erzähler die Strategie, »Pathos in Komik« (ebd., S. 66) umschlagen zu lassen.

»Er hat sich von der Figur gleichsam anstecken lassen und redet über Jennys Bewußtsein nicht, wie dieses tatsächlich beschaffen ist, sondern wie Jenny selbst darüber reden würde. [...] Der Satz mit der Eis-Herz-Metapher ist also aufgrund des humoristischen Kompositums ›Schwiegermutterherz‹ eine eigentümlich hybride Bildung, die weit über das hinausgeht, was wir erlebte Rede nennen und womit wir Darstellung von Figurenbewußtsein in der grammatischen Form von Erzählerrede meinen. Miteinander und dennoch deutlich geschieden hören wir in diesem Satz die Stimme der sentimentalen Jenny und die Stimme des ironischen Erzählers.« (Ebd., S. 67)

Zitathafte Rede

Mit solchen und ähnlichen Ergebnissen unterstreicht Mecklenburg nachhaltig seine Forderung, die Fontane-Forschung auf eine breitere Grundlage zu stellen und mit Hilfe der Bachtin'schen Kategorien das Augenmerk auf *jede* Form zitathafter Rede in den Romanen zu richten (vgl. S. 250). Denn bis gegen Ende des letzten Jahrhunderts und auch neuerdings wieder beschränkte sich das Erkenntnisinteresse auf dem Gebiet intertextueller Verweise überwiegend auf literarische Zitate und Anspielungen (vgl. Voss 1985, Plett 1986, Wruck 1991, Grimberg 2008). Deshalb entwickelt Mecklenburg in seiner Fontane-Monographie eine »Poetik der Gänsefüßchen« (ebd., S. 68–78), unterscheidet zwischen »Figurenzitat – Diskurszitat – Bildungszitat« (S. 87–101), versucht dem Lieblingslied Jennys (S. 102 bis 107) unter dem Aspekt der dialogisierenden Einbettung einer anderen Gattung in den Roman doch noch Positives abzugewinnen, indem er im Gedicht eine »utopisch verklärte Liebespoesie« und das »Motiv des erotisch bewegten Haars« (S. 106) im Vers »Und dein Haar umspielt der Wind« meint ausmachen zu können.

Von solch problematischen, aber auch unmittelbar einleuchtenden Ergebnissen ist Mecklenburgs Sammelband geprägt, das in eine wesentliche Aspekte zusammenführende, nichts weniger als eine »Poetik des Fontane'schen Romans« ins Auge fassende Basisarbeit überführt werden müsste. Mit Michael Masanetz, dem Rezensenten des Buches, wünscht man sich, dass er »sich einmal die Zeit [nähme], diesem Buch der Vorstudien eines der Interpretation(en) folgen zu lassen« (2001, S. 79) um die Tragweite des vielversprechenden, generell neuen Forschungs-Ansatzes für die Romane Fontanes fundierter würdigen zu können. Dies scheint um so mehr notwendig, als dann auch die komödienartigen Strukturen im Roman nicht mehr dazu führen, dass *Frau Jenny Treibel* und einige andere Werke Fontanes »als ins Epische transponierte Dramen« (Paulsen 1981, S. 493) bezeichnet werden, sondern deren poetische Besonderheit mit Kategorien für die *epische* Gattung benannt und in ihren Funktionen analysiert werden kann.

Die für ein solches Projekt heranzuziehende Theorie des polyphonen Romans nach Bachtin müsste also folgende Überlegungen berücksichtigen: Grundlage der Analyse bildet der humoristische Roman als »klassische«, gleichsam idealtypische Form des Romans der Vielstimmigkeit. Fundamental für den Humor in diesem Romangenre ist die Komik in ihren unterschiedlichen Erscheinungsformen: komische Figuren, Situationen, Begebenheiten, Namen etc. Da aber Humor als komplexes und mehrdimensionales Phänomen nicht restlos in Komik aufgeht, bedarf es eines Differenz-, Verfremdungs- oder Spannungseffekts, um Humor als diesen zu erkennen und wirksam werden zu lassen. Ist der Humorbegriff im sprachanalytisch-philosophischen Sinne als Relationsbegriff klassifiziert, so manifestiert er sich objekthaft in sprachlich-künstlerischen Verfahren, in denen wenigstens zwei divergierende Sehweisen, Perspektiven, Normen, Wertungen oder Ansichten zueinander in Beziehung gesetzt werden, die sowohl textinterner als auch textexterner Art sein können. Derart garantiert Humor als Abweichung, als *Differenz* von einer Folie institutionalisierter ›Normalität‹ zugleich literarische wie soziale Vielstimmigkeit, die sich v. a. in verschiedenen Standpunkten, Haltungen oder Einstellungen niederschlägt.

Für deren Analyse stellt Bachtin jedoch keine Kategorien bereit. Diese hat der sowjetische Strukturalist der Tartuer Schule Boris Uspenskij (* 1937) mit explizitem Rekurs auf die Arbeiten seines Kollegen entwickelt. In seiner zentralen Schrift *Poetik der Komposition* (1975), legt er eine »*Typologie der kompositorischen Möglichkeiten* im Zusammenhang mit dem Problem des Standpunktes« (Uspenskij 1975, S. 13) vor, die hier nur in wesentlichen Ergebnissen skizziert werden kann.

B. Uspenskij

Uspenskijs Begriff des Standpunktes lehnt sich an die Ergebnisse der amerikanischen Point-of-view-Forschung (vgl. S. 234) an, umfasst aber mehr als das, was – erzähltechnisch formuliert – mit »Perspektive« gemeint ist. Entscheidend ist die Dimension des Bewertens, der Bewertung oder Haltung, die eine Figur, der Erzähler oder auch Autor gegenüber einem bestimmten Vorgang einnimmt. Der Analyse des Standpunkts geht er auf vier verschiedenen Ebenen nach: der der »Ideologie«, der »Phraseologie«, der »Raum-Zeit-Charakteristik« und der »Psychologie« (ebd.).

Für den polyphonen Roman des Bachtin'schen Typs seien aus der Sicht der Standpunkt-Analyse folgende Momente elementar:

> »1. In einem Werk müssen *mehrere* voneinander unabhängige Standpunkte zum Ausdruck kommen. [...] 2. Die eingenommenen Standpunkte müssen den unmittelbar am erzählten Geschehen (der Handlung) Beteiligten zugehören. Mit anderen Worten: Es darf dabei keine abstrakte ideologische Position jenseits des Bewußtseins irgendeines der Helden geben. 3. Die Standpunkte manifestieren sich in erster Linie auf der Ebene der *Ideologie*, das heißt als ideologische Wert-Positionen. Mit anderen Worten: Der Unterschied der Standpunkte drückt sich vor allem darin aus, wie dieser oder jener Held (als Vertreter eines Standpunkts) die ihn umgebende Wirklichkeit beurteilt.« (Ebd., S. 19)

Für komplexe Werke wie dem Roman der Vielstimmigkeit sei von entscheidender Bedeutung, dass gerade hier unterschiedliche Standpunkte verschiedener Figuren aufeinanderprallen und zu Inkongruenzen der Bewertungen führen können oder ein komplexer, mehrdimensionaler Standpunkt ermöglicht wird, der divergierende Bewertungen auf unterschiedlichen Ebenen etwa der Ideologie und des zeitlich-räumlichen Koordinatensystems abgibt, wie er gerade für die Ironie unabdingbar ist.

Potenziert wird das Problem der Bestimmung des jeweiligen Standpunkts, wenn es – wie in *Frau Jenny Treibel* – nicht nur zu Inkongruenzen zwischen verschiedenen Figurenstandpunkten und dem des Erzählers kommt, sondern einige Standpunkte ironisch »verschoben« (vgl. ebd., S. 134), d. h. durch konträre Haltungen unterminiert sind und dadurch möglicherweise mit Autor- oder Leserpositionen in Konflikt geraten. Erst auf diese Art und Weise ließen sich etwa Corinnas Motive für ihre Verlobung mit Leopold Treibel sowie eigene und fremde Wertungen und Einstellungen zu diesem Schritt bestimmen. Solche und ähnliche Kombinationen diverser Standpunkte lassen die Schwierigkeiten aufscheinen, die mit einer exakten Deskription und nachfolgender Funktionsbestimmung polyphonen Erzählens en détail und für den Roman zur Gänze verbunden sind. Um dessen vielschichtige Gemengelage methodisch geordnet zu bewältigen, müssten die Elemente zitathafter Rede zunächst benannt, sodann in ihren Bedeutungen bestimmt und schließlich mit ihnen inhärenten Haltungen oder Standpunkten verknüpft werden. Kurz: Erst eine kombinierte Anwendung der Kategorien zur Bestimmung polyphonen Erzählens à la Bachtin mit denen der Standpunktanalyse nach Uspenskij könnte eine grundlegende Neubestimmung Fontane'scher Erzählkunst einschließlich der seines Humors ermöglichen.

Literaturhinweise

A. Textausgaben »Frau Jenny Treibel«

Zeitschriftenabdruck:

Frau Jenny Treibel oder »Wo sich Herz zum Herzen find't«. Roman von Theodor Fontane, in: *Deutsche Rundschau*. Hg. v. Julius Rodenberg, Berlin. 18. Jg. (1891/92). Band 70 (Heft 4–6, Januar–März 1892) und Band 71 (Heft 7, April).

Erste Buchausgabe:

Theodor Fontane[.] *Frau Jenny Treibel oder »Wo sich Herz zum Herzen find't.«* Roman[.] Berlin W[.] F. Fontane & Co. 1893 (ausgeliefert im Oktober 1892).

Textausgaben:

Theodor Fontane. *Sämtliche Werke*, hg. v. Edgar Groß, Rainer Bachmann, Charlotte Jolles, Jutta Neuendorff-Fürstenau, München 1959ff., 1. Abt., Bd. 7 [Nymphenburger-Ausgabe].

Theodor Fontane. *Sämtliche Werke*, hg. v. Walter Keitel, München 1962ff., 1. Abt., Bd. 4 [Hanser-Ausgabe].

Theodor Fontane. *Romane und Erzählungen in acht Bänden*, hg. v. Peter Goldammer, Gotthard Erler, Anita Golz und Jürgen Jahn, Berlin, Weimar 1969, Band VI [Aufbau-Ausgabe]. [Sigle: FAB].

Theodor Fontane. *Große Brandenburger Ausgabe*, hg. v. Gotthard Erler. Das Erzählerische Werk, Bd. 14: *Frau Jenny Treibel oder »Wo sich Herz zum Herzen find't«*. Hg. v. Tobias Witt, Berlin o.J. [Sigle: GBA].

Theodor Fontane. *Frau Jenny Treibel*. Hg. v. Joseph Kiermeier-Debre, München 2007 [dtv, Bibliothek der Erstausgaben].

B. Werkübergreifende Literatur zu Theodor Fontane

Aust, Hugo: *Theodor Fontane. ›Verklärung‹*. Eine Untersuchung zum Ideengehalt seiner Werke, Bonn 1974.

–: (Hg.): *Fontane aus heutiger Sicht*. Analysen und Interpretationen seines Werks, München 1980.

–: *Theodor Fontane*. Ein Studienbuch, Tübingen/Basel 1998, bes. S. 151 bis 156.

Bauer, Karen: *Fontanes Frauenfiguren*. Zur literarischen Gestaltung weiblicher Charaktere im 19. Jahrhundert, Frankfurt/M. 2002.

Becker, Sabina: »Literatur als ›Psychographie‹. Entwürfe weiblicher Identität in Theodor Fontanes Romanen«, in: *ZfdPh* 120, 2001, S. 90 bis 110.

Berbig, Roland (Hg.): *Theodorus victor*. Theodor Fontane, der Schriftsteller des 19. am Ende des 20. Jahrhunderts, Frankfurt/M. 1999.

Berg-Ehlers, Luise: *Theodor Fontane und die Literaturkritik*. Zur Rezeption eines Autors in der zeitgenössischen konservativen und liberalen Berliner Tagespresse, Bochum 1990.

Brinkmann, Richard: *Theodor Fontane*. Über die Verbindlichkeit des Unverbindlichen, München 1967, bes. S. 116–154.

–: »Der angehaltene Moment. Requisiten – Genre – Tableau bei Fontane«, in: *DVjs* 53, 1979, S. 429–462.

Brinkmann, Richard/Wiethölter, Waltraud (Hg.): *Dichter über ihre Dichtungen*. Theodor Fontane, 2 Bde., München 1973.

Brüggemann, Diethelm: »Fontanes Allegorien«, in: *Neue Rundschau* 82, 1971, S. 290–310 u. S. 486–505.

Chambers, Helen: *Theodor Fontanes Erzählwerk im Spiegel der Kritik*. 120 Jahre Fontane-Rezeption, Würzburg 2001.

Demetz, Peter: *Formen des Realismus: Theodor Fontane*. Kritische Untersuchungen, München 1964, bes. S. 115–152.

Drude, Otto: *Theodor Fontane*. Leben und Werk in Texten und Bildern, Frankfurt/M./Leipzig 1994.

Gilbert, Mary Enole: *Das Gespräch in Fontanes Gesellschaftsromanen*, Leipzig 1930.

Glogauer, Walter: »Die Schönheit des Trivialen oder: Bürger im Niemandsland. Theodor Fontane zwischen Naturalismus und poetischem Realismus«, in: *Orbis litterarum* 39, 1984, S. 24–37.

Grawe, Christian/Nürnberger, Helmuth: *Fontane-Handbuch*, Stuttgart 2000.

Hass, Ulrike: *Theodor Fontane*. Bürgerlicher Realismus am Beispiel seiner Berliner Gesellschaftsromane, Bonn 1979.

Heizmann, Bertold: *Der irritierte Bürger*. Theodor Fontane: »Frau Jenny Treibel«, Wilhelm Raabe: »Stopfkuchen«, »Zum Wilden Mann«, Stuttgart 1986.

Helmstetter, Rudolf: *Die Geburt des Realismus aus dem Dunst des Familienblattes*. Fontane und die öffentlichkeitsgeschichtlichen Rahmenbedingungen des Poetischen Realismus, München 1997.

Jeong, Hang-Kyun: *Dialogische Offenheit*. Eine Studie zum Erzählwerk Theodor Fontanes, Würzburg 2001.

Jolles, Charlotte: *Theodor Fontane*, Stuttgart ^{4}1993.

Kolk, Rainer: *Beschädigte Individualität*. Untersuchungen zu den Romanen Theodor Fontanes, Heidelberg 1986.

Liebrand, Claudia: *Das Ich und die anderen*. Fontanes Figuren und ihre Selbstbilder, Freiburg 1990.

Liesenhoff, Carin: *Fontane und das literarische Leben seiner Zeit*. Eine literatursoziologische Studie, Bonn 1976.

Lukács, Georg: »Der alte Fontane«, in: ders: *Die Grablegung des alten*

Deutschland. Essays zur deutschen Literatur des 19. Jahrhunderts. Ausgewählte Schriften I, Reinbek bei Hamburg 1967, S. 120–159.

Martini, Fritz: *Deutsche Literatur im bürgerlichen Realismus*, Stuttgart 1962, S. 737–800.

Mecklenburg, Norbert: *Theodor Fontane*. Romankunst der Vielstimmigkeit, Frankfurt/M. 1998. (Rezensiert von: Masanetz, Michael, in: *FBl.* 71, 2001, S. 72–79; Kolk, Rainer, in: *Arbitrium* 18, 2000, S. 92–95).

Meyer, Herman: »Das Zitat als Gesprächselement in Theodor Fontanes Romanen«, in: *WW* 10, 1960, S. 221–238.

Mittenzwei, Ingrid: *Die Sprache als Thema*. Untersuchungen zu Fontanes Gesellschaftsromanen, Bad Homburg 1970, bes. S. 146–156.

Müller-Seidel, Walter: *Theodor Fontane*. Soziale Romankunst in Deutschland, Stuttgart 1975, bes. S. 285–319.

Nürnberger, Helmuth: *Theodor Fontane in Selbstzeugnissen und Bilddokumenten*, Reinbek bei Hamburg 1968.

Ohl, Hubert: *Bild und Wirklichkeit*. Studien zur Romankunst Raabes und Fontanes, Heidelberg 1968.

Paulsen, Wolfgang: »Zum Stand der heutigen Fontane-Forschung«, in: *JbDSG* 25, 1981, S. 474–508.

Plett, Bettina: *Die Kunst der Allusion*. Formen literarischer Anspielungen in den Romanen Theodor Fontanes, Köln/Wien 1986.

–: »Kommentierte Auswahlbibliographie zu Theodor Fontane«, in: *DU* 50, 1998, S. 82–96.

Preisendanz, Wolfgang (Hg.): *Theodor Fontane*, Darmstadt 1973.

Reuter, Hans-Heinrich: *Fontane*, Berlin 1968.

Richter, Karl: *Resignation*. Eine Studie zum Werk Theodor Fontanes, Stuttgart 1966.

Voss, Liselotte: *Literarische Präfiguration dargestellter Wirklichkeit bei Fontane*. Zur Zitatkunst seines Romanwerks, München 1985.

Walter-Schneider, Margret: »›Personen, die nicht da waren, wissen immer alles am besten‹. Bemerkungen zum Realismus in Fontanes Romanen«, in: *ZfdPh* 104, 1985, S. 223–244.

Wandrey, Conrad: *Theodor Fontane*, München 1919.

Wittkowski, Wolfgang: »Handeln, Reden und Erkennen im Zusammenhang der Dinge«, in: *Wege der Worte*. Festschrift für Wolfgang Fleischhauer, Köln/Wien 1978, S. 347–376.

Wölfel, Kurt: »Man ist nicht bloß ein einzelner Mensch«. Zum Figurenentwurf in Fontanes Gesellschaftsromanen, in: Preisendanz, Wolfgang (Hg.): *Theodor Fontane*, Darmstadt 1973, S. 329–353.

Wolzogen, Hanna Delf von/Nürnberger, Helmuth (Hg.): *Theodor Fontane*. Am Ende des Jahrhunderts. Internationales Symposium des Theodor-Fontane-Archivs zum 100. Todestag Theodor Fontanes. 13. bis 17. September 1998 in Potsdam, 3 Bde., Würzburg 2000.

C. Interpretationen zu »Frau Jenny Treibel«

Aust, Hugo: »Anstößige Versöhnung. Zum Begriff der Versöhnung in Fontanes *Frau Jenny Treibel*«, in: *ZfdPh* 92, 1973 (SH), S. 101–126.

Betz, Frederick: »›Wo sich Herz zum Herzen find't‹: The Question of Authorship and Source of the Song and Subtitle in Fontane's *Frau Jenny Treibel*«, in: *GQ* 49, 1976, S. 312–317.

Blocher, Friedrich K.: »Das Produkt dreier Generationen. Zu Fontanes *Frau Jenny Treibel*«, in: ders.: *Identitätserfahrung*. Literarische Beiträge von Goethe bis zu Walser, Köln 1984, S. 69–83 u. S. 144 f.

Cowen, Roy C.: »Theodor Fontane: *Frau Jenny Treibel* oder ›Wo nur Herz zu Herzen spricht‹«, in: ders.: *Der poetische Realismus*. Kommentar zu einer Epoche, München 1985, S. 331–346.

Dieterle, Regina: »Die ›Insel der Seligen‹. Stationen einer Vater-Tochter-Beziehung«, in: *FBl.* 65/66, 1998, S. 125–137.

Ester, Hans (Hg.): »Paul Schlenthers Rezension über Fontanes Roman ›Frau Jenny Treibel‹ (1892). Mehr als eine Anzeige«, in: *FBl.* 47, 1989, S. 64–70.

Friedrich, Gerhard: »Die Witwe Schmolke. Ein Beitrag zur Interpretation von Fontanes Roman ›Frau Jenny Treibel‹«, in: *FBl.* 52, 1991, S. 29 bis 46.

Grawe, Christian: »Frau Jenny Treibel oder ›Wo sich Herz zum Herzen find't‹«. Roman, in: Grawe/Nürnberger, a. a.O., S. 614–627.

–: »Lieutenant Vogelsang a. D. und Mr. Nelson aus Liverpool. Treibels politische und Corinnas private Verirrungen in *Frau Jenny Treibel*«, in: *FBl.* 37, 1984, S. 588–606.

Grevel, Lilo: »*Frau Jenny Treibel*. Zum Dilemma des Bürgertums in der Wilhelminischen Ära«, in: *ZfdPh* 108, 1989, S. 179–199.

Grimberg, Michel: »›Das ist Tells Geschoß‹. Klassiker als Repertoire kultureller Sprachklischees in Th. Fontanes Roman *Frau Jenny Treibel*«, in: *FBl.* 86, 2008, S. 72–92.

Guidry, Glenn A.: »Fontane's *Frau Jenny Treibel* and ›Having‹ a Conversation«, in: *GR* 64, 1989, S. 2–9.

Joch, Markus: »Auf Sie und Sie mit der dominanten Fraktion. Ein sozialanalytischer Nachtrag zu ›Frau Jenny Treibel‹«, in: *FBl.* 71, 2001, S. 50–63.

Kafitz, Dieter: »Die Kritik am Bildungsbürgertum in Fontanes Roman *Frau Jenny Treibel*«, in: *ZfdPh* 92, 1973 (SH), S. 74–101.

Lohmeier, Anke-Marie: »›... es ist ein wirkliches Lied.‹ Theodor Fontanes Roman ›Frau Jenny Treibel‹ als Selbstreflexion von Kunst und Kunstrezeption in der Gesellschaft der Gründerjahre«, in: *DVjs* 68, 1994, S. 238–250.

Mecklenburg, Norbert: »Im Vorfeld modernen Erzählens: Mündliches Wissen und Dialogizität bei Theodor Fontane«, in: Goetsch, P. (Hg.): *Mündliches Wissen in neuzeitlicher Literatur*, Tübingen 1990, S. 51 bis 68.

–: »Figurensprache und Bewußtseinskritik in Fontanes Romanen«, in: *DVjs* 65, 1991, S. 674–694.

Mehrkens, Heidi: »Jenny Treibel ist keine Märchenfee. *Frau Jenny Treibel* – Ein Roman mit einem Happy End?«, in: *FBl.* 59, 1995, S. 170 bis 177.

Neuhaus, Stefan: »Warum sich Herz zum Herzen find't. Die Bedeutung eines Schiller-Zitats für die Interpretation von Fontanes *Frau Jenny Treibel*«, in: *LWU* 31, 1998, S. 189–195.

Plumpe, Gerhard: »Theodor Fontane: Das Ende des Realismus und der Beginn moderner Literatur«, in: Plumpe/McInness: *Hansers Sozialgeschichte der deutschen Literatur*. Bd. 6. Bürgerlicher Realismus und Gründerzeit 1848–1890, München 1996, S. 666–689.

Reinhardt, Hartmut: »Die Wahrheit des Sentimentalen. Bemerkungen zu zwei Romanschlüssen bei Theodor Fontane: *Frau Jenny Treibel* und *Effi Briest*«, in: *WW* 29, 1979, S. 318–326.

Schneider, Jost: »›Plateau mit Pic‹. Fontanes Kritik der Royaldemokratie in *Frau Jenny Treibel*. Ideengeschichtliche Voraussetzungen zur Figur des Leutnants Vogelsang«, in: *FBl.* 53, 1992, S. 57–73.

Schulte-Sasse, Jochen/Werner, Renate: »Marlitts ›Im Hause des Kommerzienrates‹ und Fontanes ›Frau Jenny Treibel‹. Ein wertender Vergleich«, in: dies.: *Einführung in die Literaturwissenschaft*, München 1977, S. 216–236.

Selbmann, Rolf: »›Das Poetische hat immer recht‹. Zur Bedeutung der Poesie in Fontanes Roman *Frau Jenny Treibel*«, in: *FBl.* 54, 1992, S. 101–109.

–: »Alles ›reine Menufragen‹? Über das Essen und Trinken in Theodor Fontanes Roman ›Frau Jenny Treibel‹«, in: *FBl.* 60, 1995, S. 103–116.

Shafi, Monika: »›Werde, der du bist‹. Eine vergleichende Darstellung des weiblichen Autonomiekonflikts in Theodor Fontanes *Frau Jenny Treibel* und Helene Böhlaus *Das Halbtier*«, in: *GQ* 61, 1988, S. 67 bis 77.

Wagner, Walter: *Theodor Fontane. Frau Jenny Treibel*. Erläuterungen und Dokumente, Stuttgart 2004.

Wedereit, Gerhard: »Leitmotivische Wiederholung. Beobachtungen zu Technik und Ethos in Fontanes *Frau Jenny Treibel*«, in: *Acta Germanica* 7, 1972, S. 117–125.

Wilczek, Reinhard: »Von Schoßhunden und anderen possierlichen Artgenossen. Zur Tiersemantik in *Frau Jenny Treibel*, in: *FBl.* 79, 2005, S. 138–147.

Worthmann, Joachim: »Die ›besprochene‹ Zeit – Theodor Fontanes ›Jenny Treibel‹«, in: ders.: *Probleme des Zeitromans*. Studien zur Geschichte des deutschen Romans im 19. Jahrhundert, Heidelberg 1974, S. 144–158.

Wruck, Peter: »*Frau Jenny Treibel*. ›Drum prüfe, wer sich ewig bindet‹«, in: *Interpretationen*. Fontanes Novellen und Romane, Stuttgart 1991, S. 185–216.

D. Sonstige Literatur

Bachtin, Michail M.: *Die Ästhetik des Wortes*, Frankfurt/M. 1979, bes. S. 154–300.

–: *Literatur und Karneval.* Zur Romantheorie und Lachkultur, München 1969.

Bourdieu, Pierre: *Die feinen Unterschiede.* Kritik der gesellschaftlichen Urteilskraft, Frankfurt/M. 1982.

v. Dijk, Teun A.: »Probleme der generativen Poetik«, in: ders.: *beiträge zur generativen poetik*, München 1972, S. 189–216.

Jean Paul: *Vorschule der Ästhetik*, in: ders.: *Werke in zwölf Bänden*, Bd. 9, München 1975.

Mann, Thomas: »Der alte Fontane«, in: ders.: *Gesammelte Werke*, Bd. IX. Reden und Aufsätze, Frankfurt/M. [2]1974, S. 9–34.

Uspenskij, Boris A.: *Poetik der Komposition.* Struktur des künstlerischen Textes und Typologie der Kompositionsform, Frankfurt/M. 1975.

9.3–4 **vom Spittelmarkt her [...] in die Adlerstraße**: Nahezu alle Schauplätze des Romans liegen im heutigen Berliner Bezirk Mitte. Die Adlerstraße im ältesten Teil Berlins musste 1935 dem Neubau der Reichsbank weichen, die heute das Bundesaußenministerium beherbergt. Die genauen topographischen Angaben sind zwar auch dem Fontane'schen Realismus geschuldet, bezeichnen aber primär gesellschaftliche Herkunft und Stellung des Personals.

9.28 **»Professor Wilibald Schmidt«**: Mit dem Vornamen spielt Fontane möglicherweise auf den damals populären Romancier Willibald Alexis (1798–1871), mit dem Nachnamen auf den Literaturwissenschaftler Erich Schmidt (1853–1913) an, dem – neben Theodor Mommsen – Fontane die Verleihung des Ehrendoktortitels (1894) verdankte.

10.8 **Karbonade**: Vom ital. ›carbonata‹ hergeleitete Bezeichnung für ein auf Kohle geröstetes Fleischstück; Kotelett.

10.28 **Spreegasse**: Diese Straße – 1862 in Spreestraße, 1931 in Sperlingsgasse umbenannt – regte Wilhelm Raabe (1831–1910) zu seinem 1857 erschienen Roman *Die Chronik der Sperlingsgasse* an. In Handlungsführung und Figurenkonstellation lassen sich eindeutige Parallelen zu *Frau Jenny Treibel* feststellen (vgl. hierzu Wruck 1991).

11.10 **Frau Kommerzienrätin**: Kommerzienrat war im Kaiserreich und auch in einigen Bundesländern nach 1945 ein begehrter Ehrentitel für Kaufleute und Industrielle.

11.13 **Corinna**: Mögliche Anspielung auf die altgriech. Dichterin Korinna aus Tanagra (6./5. Jh. v. Chr.), der Lehrerin und Rivalin Pindars (um 522–442 v. Chr.), den Corinnas Vater (vgl. Kap. 13 u. 16 mit dem Spruch ›Werde, der du bist‹, 206,8) besonders verehrt. Anregung durch den Namen einer Geliebten des röm. Dichters Ovid (43. v.–17/18 n. Chr.) ist ebenfalls denkbar: vgl. auch Erl. zu 63,25–26.

11.27 **Goldlack**: Angenehm duftende Gartenpflanze mit gelben Blüten, die auch im Roman *Irrungen, Wirrungen* erwähnt wird (2. Kap.).

Rechnungsrats: Ehrentitel für lang gediente Beamte des niede- 11.30
ren Dienstes.

Heroldskammer: Preuß. Behörde, die zwischen 1855 und 1919 11.30–31
sämtliche Angelegenheiten adliger Familien bearbeitete und re-
gistrierte.

Rotem Adlerorden: Zweithöchster preuß. Orden in fünf Klas- 11.33
sen. 1795 vom Erbprinzen Georg Wilhelm von Brandenburg-
Ansbach gestiftet, wurde er 1792 von Preußen übernommen
und bis 1918 verliehen.

Träger des berühmten Namens: Die Schwerins gehörten zu den 12.1
ältesten ostelb. Adelsgeschlechtern, deren Familien in Pommern,
aber auch in Bayern und Schweden ansässig waren.

so gut wie von der Kolonie: Etwa 10 000 wegen ihres calvin. 12.15
Glaubens aus Frankreich vertriebene Hugenotten, zu denen
auch die Fontane-Familie gehörte, hatten sich nach dem Edikt
von Potsdam 1685 in Brandenburg und v.a. in Berlin angesie-
delt. Sie pflegten eigenständige kulturelle und relig. Traditio-
nen.

Hövell oder Kranzler: Hövell war eine Berliner Schokoladen- 13.23–24
und Konfitürenfabrik, die auch den Hof belieferte; das Kranzler
war und ist eine berühmte Berliner Konditorei mit Café an der
Ecke Friedrichstraße/Unter den Linden.

Mr. Booth: Der bedeutende amerik. Schauspieler Edwin Tho- 14.14
mas Booth (1833–1893) brillierte v.a. als Shakespeare-Darstel-
ler und Gestalter großer tragischer Rollen.

kleine Verhältnisse, das [...] allein glücklich macht: Auch Fon- 15.26–27
tane bekennt sich zu bescheidenen Verhältnissen als Vorausset-
zung des Glücks (vgl. Brief an seine Frau vom 8. 8. 1878).

Geschichte von dem Kamel und dem Nadelöhr.: Vgl. Matth. 15.34–35
19,24: »Es ist leichter, dass ein Kamel durch ein Nadelöhr gehe,
als dass ein Reicher ins Reich Gottes komme.«

Horaz: Quintus Horatius Flaccus (65 v. Chr.–9 n. Chr.), neben 17.34
Vergil (70–19 v. Chr.) der bedeutendste röm. Dichter der Au-
gusteischen Zeit.

Parcival: Heldenepos des mittelhochdt. Dichters Wolfram von 17.34
Eschenbach (1170 bis um 1220).

Klassiker und Romantiker: Im 19. Jh. gebräuchliche Unter- 17.34–35
scheidung zwischen antiker (klassischer) und mittelalterlich-

neuzeitlicher (romantischer) Literatur. Im Kaiserreich waren Deutschlehrer oft zugleich auch klassische Philologen.

18.8 **Großinquisitors**: Vorsitzender der Inquisition, einer kath. Institution, der seit dem 12. Jh. Ketzer verfolgen und bestrafen ließ.

19.7 **Ein Musterstück von einer Bourgeoise.**: Zentrale Kennzeichnung Jenny Treibels durch ihren alten Freund Wilibald Schmidt (vgl. auch 91,20 ff.), die zugleich die primäre Intention des Romans bestimmt (vgl. Kap. Entstehungs- und Wirkungsgeschichte, S. 224 f.).

19.19 **Nelson**: Anspielung auf den engl. General Horatio Viscount Nelson (1758–1805), der in der Schlacht von Trafalgar die span.-franz. Flotte Napoleons besiegte, aber dabei den Tod fand (vgl. auch Erl. zu 40,19–20).

20.6 **Blutlaugensalz**: Gelbes und rotes Blutlaugensalz sind Kaliumverbindungen und werden als Färbe- und Ätzmittel vornehmlich in Färbereien verwendet.

20.8 **Berliner Blau**: Auch Preußischblau. Tief blauer Farbstoff, der 1704 vom Berliner Chemiker Heinrich Diesbach entdeckt wurde.

20.10 **Gründeranschauungen**: In den sog. Gründerjahren zwischen 1871 und 1873 führten die als Kriegsentschädigung von Frankreich zu zahlenden 5 Mrd. Francs zu übertriebener Spekulation und zahlreichen Unternehmensgründungen. Nach der Wirtschaftskrise 1873 normalisierte sich die Lage wieder.

20.12 **Alten Jakobstraße**: Hier wohnte Fontane mit seiner Familie von 1863 bis 1872.

20.13 **Gontard**: Karl von Gontard (1731–1791) arbeitete seit 1765 als Baumeister für Friedrich den Großen und setzte in Preußen den klassizistischen Baustil durch.

20.14 **Knobelsdorff**: Georg Wenzeslaus von Knobelsdorff (1699 bis 1753) schuf als Architekt, Maler und Baumeister Friedrichs des Großen u. a. das Berliner Opernhaus und Schloss Sanssouci.

20.34 **Hustersche Wagen**: Der Speisewirt und kaiserliche ›Hoftraiteur‹ A. Huster besaß mehrere Restaurants und lieferte fertige Speisen in kleinen einspännigen Wagen ins Haus.

21.15 **sozialdemokratischen Gefühl**: Die Sozialistische Arbeiterpartei Deutschlands (SAP) wollte Staat und Gesellschaft nach sozialistischen Prinzipien umgestalten. Zwischen 1878 und 1890 verboten (Bismarcks Sozialistengesetz), errang sie jedoch als SPD nach Aufhebung des Gesetzes stets die meisten Wählerstimmen.

»Berliner Tageblatt« […] ›Deutsche Tageblatt‹: Das *Berliner Tageblatt und Handelsblatt* war eine überregional angesehene liberale Tageszeitung, der als *Illustriertes Wochenblatt für Humor und Satire* der *Ulk* beilag; Nunnes war eine beliebte, das Zeitgeschehen kommentierende Schreiberfigur im *Ulk*. – Das *Deutsche Tageblatt* war eine deutschkonservative Tageszeitung und wurde 1880 in Berlin gegründet. 21.33–22.3

Teupitz-Zossen: Zwei benachbarte kleinere Orte des Kreises Teltow südl. von Berlin. 22.13

wendischen Spree: Die in der Lausitz entspringende Dahme, die bei Köpenick in die Spree mündet. 22.14

Singer: Paul Singer (1844–1911), Unternehmer und prominenter Vertreter der Sozialdemokratie. Mehrmals Reichstagsabgeordneter und seit 1890 Vorsitzender der SPD. 22.18

gutta cavat lapidem: Lat. Sentenz (»[Steter] Tropfen höhlt den Stein«) nach Ovid, *Epistulae ex Ponto*, IV,10,5. 22.29

Fernambuk- und Campecheholz: Brasil. und mexik. Exotenhölzer, die reich an roten bzw. blauen Farbstoffen sind. 23.26–27

Droschke zweiter Klasse: Leichte russ. Pferdefahrzeuge, die seit Beginn des 19. Jh.s in Berlin als Beförderungsmittel eingesetzt wurden. Die teureren Droschken der ersten Klasse fuhren schneller als die der zweiten Klasse. 25.28

»Schilderhäuser« auf seiner Achselklappe: Volkstümliche Bezeichnung für die Achselstücke auf den Uniformen, die den Rang des Soldaten anzeigen und von den Schutzhäuschen für Wachsoldaten abgeleitet wurden. 25.34

Ziegenhals […] Bomst: (Bad) Ziegenhals hieß zu Fontanes Zeiten auch eine Stadt im preuß. Regierungsbezirk Oppeln (heute Głuchołazy), und Bomst war der Name einer Kreisstadt im preuß. Regierungsbezirk Posen (heute Babimost). 28.8–10

Klopstock war Dichter: Friedrich Gottlieb Klopstock (1724 bis 1803), berühmter Dichter der Empfindsamkeit (*Messias*), für seine Oden in antiken Versmaßen und freien Rhythmen bewundert. 28.21

28.22 **Griepenkerl**: Wolfgang Robert Griepenkerl (1810–1868) hatte nicht nur einen Lehrstuhl für Ästhetik, Kunstgeschichte und Literatur an der Universität zu Braunschweig inne, sondern verfasste auch zeitweilig stark beachtete Revolutionsdramen in Shakespeare'scher Manier wie seine Tragödie *Robespierre*.

28.30–31 **Man muß, wie [...] im Feuer haben ...**: Anspielung auf Bismarcks strategisches Konzept, mit mehreren Parteien im Gespräch zu bleiben, um wechselnde Bündnisse eingehen zu können.

29.2–3 **Victory and Westminster-Abbey**: Anspielungen auf den Namen des Flaggschiffs Admiral Nelsons sowie auf die Krönungs- und Grabeskirche der engl. Könige in London, in der auch Nelson beigesetzt wurde.

29.17 **Kakadu**: Zum Inventar eines parkähnlichen Gartens oder einer eleganten Wohnung gehörte in der Gründerzeit als Statussymbol auch ein Kakadu.

29.26 **Manipulationen im Laternenansteckerstil**: Anspielung auf das umständliche Anzünden der Straßengaslaternen, die es in Berlin seit 1826 gab.

30.6 **Generalkonsuls**: Höchste Stufe des Konsulamtes, die dem Rang nach über dem Kommerzienrat steht. Vgl. auch 38,1–3.

31.10 **das untergeschobene Luftkissen**: Ironisierende Kennzeichnung der im weitesten Sinne gesellschaftlichen Position Jenny Treibels (vgl. auch: Kap. Deutungsaspekte, S. 251).

31.22 **Prinzeß Anisettchen**: In der dt. Adelsgeschichte nicht nachweisbare Person, deren möglicherweise typologisierter Name jedoch häufig in Unterhaltungen gebraucht wurde.

31.28–29 **auf den Höhen der Menschheit**: Anspielung auf Schillers (1759 bis 1805) Tragödie *Die Jungfrau von Orleans* (1801), Szene I,2.

33.1–2 **dieser Mephisto mit Hahnenfeder und Hinkefuß**: Kurzform des Namens ›Mephistopheles‹, der gleichnamigen Gestalt des Teufels in Goethes (1749–1832) *Faust*, der dort in der hier beschriebenen Weise auftritt.

33.9 **Wendengöttern**: Die seit Beginn der Völkerwanderung im 9. Jh. Brandenburg und Pommern besiedelnden slaw. Stämme, die als Wenden bezeichnet werden, hielten an ihren heidn., polytheistischen Vorstellungen fest. Vgl.: die ›Opfersteine‹ in *Effi Briest*, Kap. 24 u. *Irrungen, Wirrungen*, Kap. 12.

Burgemeister Tschech: Der Starkower Bürgermeister Heinrich Ludwig Tschech (1789–1844) verübte aus privaten Motiven am 26. 7. 1844 ein Attentat auf den preuß. König Friedrich Wilhelm IV. (1795–1861) und wurde am 14. 12. 1844 in Spandau hingerichtet. 33.14–15

Königin: Gemeint ist Elisabeth von Preußen (1801–1873), die Tochter Max I. Joseph von Bayern, seit 1823 verheiratet mit dem damaligen Kronprinzen. 33.17

eigentümlichen Liedes: Gemeint ist ein anonymes, 1847 in der *Deutschen Brüsseler Zeitung* gedrucktes Gedicht, dessen Verfasser der Mitbegründer des satirischen Wochenblattes *Kladderadatsch*, Rudolf Löwenstein, gewesen sein soll. Besonders die erste Strophe war – in unterschiedlichen Fassungen – weit verbreitet: »Keiner war so frech / Wie der Burgermeister Tschech. / Er erschoß uns um ein Haar / Unser teures Königspaar; / Denn er schoß in seiner Wut / Dem König durch den Federhut, / Und er schoß der Landesmutter / Durch den Rock ins Unterfutter.« 33.19–20

George Herwegh: Georg Herwegh (1817–1875), wirkungsmächtiger Verfasser polit. Lyrik im vorrevolutionären Deutschland. Der junge Fontane war Mitglied des Herwegh-Clubs in Leipzig. 33.31–32

›Flüche gegen Rom‹ […] ein anderes Gedicht: Anspielung auf Herweghs berühmtes, antiklerikales Gedicht »Gegen Rom« (1841), dessen erste Strophe lautet: »Noch einen Fluch schlepp' ich herbei: / Fluch über dich, o Petri Sohn! / Fluch über deine Klerisei! / Fluch über deinen Sündenthron! / Nur Gift und Galle war, o Papst, / Was du vom Pol bis zu den Tropen / Der Welt mit deinem Zepter gabst, / Mit deinem Zepter von Ysopen.« – Anspielung auf Herweghs Gedicht »Aufruf« aus den *Gedichten eines Lebendigen* (1841), in dem zur Revolution aufgefordert wird. 34.2–4

Herwegh war sogar bei ihm in Charlottenburg: Der preuß. König Friedrich Wilhelm IV. gewährte dem Dichter Ende 1842 eine Audienz im Charlottenburger Schloss, wies ihn aber später aus Preußen aus. 34.9–10

›Ich möchte hingehn […] seinen letzten Gluten …‹: Beginn der 1. Strophe aus Herweghs Gedicht »Strophen aus der Fremde« (1839), das den zweiten Teil des Gedichtzyklus »Gedichte eines Lebendigen« eröffnet. 34.30–31

35.13 ›**Gold ist nur Chimäre**‹: Geflügeltes Wort aus der Oper *Robert der Teufel* (1831) von Giacomo Meyerbeer (1791–1864). – Chimäre: hier: Trugbild, Scheinwesen.

36.9–10 **Büchmann**: Georg Büchmann (1822–1884) gab zuerst 1864 die bis heute immer wieder aufgelegte Zitatensammlung *Geflügelte Worte* heraus. Der Ausdruck »geflügelte Worte« geht auf die Übersetzung der Homer'schen Epen *Ilias* und *Odyssee* durch Johann Heinrich Voß (1751–1826) zurück.

36.18 **Don Quixote**: Titelfigur des gleichnamigen Romans über den ›Ritter von der traurigen Gestalt‹ in zwei Teilen (1605/1615) von Miguel de Cervantes Saavedra (1547–1616).

36.23–24 **mehr der Not [...] dem eigenen Triebe**: Anspielung auf die Eröffnungsverse des Dramas *Die Braut von Messina* (1803) von Friedrich Schiller.

37.11–12 **Ludwig Löwe**: Ludwig Loewe (1837–1886), Berliner Nähmaschinen- und Waffen-Fabrikant; 1877 wurde er Mitglied des Preuß. Abgeordnetenhauses und 1878 in den Reichstag gewählt.

37.17 **Kronenorden**: Anlässlich der Krönung (18.10.1861) Wilhelms I. (1797–1888) gestifteter Orden in vier Klassen, der dem Roten Adlerorden (vgl. Erl. zu 11,33) dem Range nach gleich stand. Fontane erhielt am 18.1.1867 die 4. Klasse dieses Ordens.

38.5 **l'appétit vient en mengeant**: (franz.) »Der Appetit kommt beim Essen.« Zitat aus François Rabelais' (1494–1553) Romanzyklus *Gargantua et Pantagruel* (1532–1564).

40.1 **Battle at the Nile**: Gemeint ist die Schlacht von Abukir, in der Admiral Nelson (vgl. Erl. zu 19,19) am 1.8.1798 die franz. Flotte unter dem Kommando Napoleon Bonapartes vernichtend schlug.

40.8 **im Walter Scott gelesen**: Im 31. Kapitel der Napoleon-Biographie *Das Leben Napoleons* (*The Life of Napoleon Bonaparte*, 1827) von Walter Scott (1771–1832) wird die Schlacht bei Abukir geschildert.

40.12–13 **»I should rather [...] and british hearts ...«**: »Ich dächte eher, ein heroischer Mut ... Britische Eichen [das Eichenholz der Kriegsschiffe] und britische Herzen ...«

40.19–20 **»Certainly, Miss Corinna. [...] do his duty ...«**: »Gewiss, Fräulein Corinna. Kein Zweifel … England erwartet, dass jeder Mann seine Pflicht tut.« Der letzte Satz war Bestandteil des Tagesbefehls, den Admiral Nelson am Tage der Schlacht bei Trafalgar an seine Truppen richtete, und wurde zum geflügelten Wort.

der schwört jeden […] über Nelson geht: Marcell wird von Co- 41.9–13
rinna als Anhänger der patriotischen dt. Turnbewegung bezeichnet, die sich auf Friedrich Ludwig Jahn (1778–1852), den ›Turnvater Jahn‹, berief.

Lette-Verein: Gemeint ist der von Wilhelm Adolf Lette (1799 42.9–10
bis 1868) 1866 gegründete »Verein zur Förderung der Erwerbsfähigkeit des weiblichen Geschlechts«, die erste wegweisende Frauen-Berufsbildungsanstalt Deutschlands.

Leopold und der Referendar […] ihn zu necken: Auf gedräng- 43.27–44.4
tem Raum setzt Fontane das künstlerische Verfahren des Polyperspektivismus ein, indem der Erzähler unterschiedliche Einschätzungen und Reaktionen einiger Tischnachbarn auf Corinnas kokette Avancen gegenüber Mr. Nelson preisgibt.

»Oh, no, no […] look at him«: (engl.) »Oh, nein, nein, Fräulein 45.4–5
Corinna, nicht er … nicht so ein hässlicher alter Kerl … bitte, sehen Sie ihn sich an.«

die feudale Pyramide: Die auf den Feudalismus des Mittelalters 45.28–29
und seine ständische Ordnung gegründete gesellschaftliche Schichtung ist einer Pyramide vergleichbar, an deren Spitze König und Adel standen.

Royaldemokratie: Der Begriff der ›königlichen Volksherr- 46.5
schaft‹ ist eine Wortschöpfung Fontanes und bezeichnet in seiner Widersprüchlichkeit die unklaren polit. Vorstellungen Leutnant Vogelsangs.

»Stuff and nonsense! […] that's all.«: (engl.) »Was für ein Un- 46.22–23
sinn! Was weiß er schon von unserer Aristokratie? Ganz gewiss gehört er nicht dazu – das ist alles.«

Vielliebchen: Doppelfrucht, die sich eine Dame und ein Herr 46.28
teilen. Wer den anderen beim Wiedersehen zuerst mit »Guten Morgen, Vielliebchen« begrüßt, darf ein Geschenk (meist einen Kuss) fordern, es sei denn, dieser hat sich zuvor durch ein »Ich denke daran!« abgesichert.

Meiningenschen Herrschaften: Bezug unklar: Vmtl. Herzog 47.22

Georg II. von Sachsen-Meiningen (1826–1914) und seine Frau oder Erbprinz Bernhard III. (1831–1928) von Sachsen-Meiningen nebst Gemahlin.

48.17 **Molkenmarktluft**: Am Molkenmarkt, in einem der ältesten Viertel Berlins, befanden sich Polizeipräsidium, Stadtvogtei und Stadtgefängnis.

48.23 **Oder das eine tun und das andere nicht lassen?**: Geflügeltes Wort aus dem NT (Matth. 23,23; Lk. 11,42).

48.34 **formidables Festungsviereck**: »gewaltige, bemerkenswerte Festungsanlage«. Anzügliche Metapher für die ungewöhnlichen körperlichen Proportionen der Majorin von Ziegenhals.

49.2 **Lady Milford**: Mätresse des Fürsten in Schillers Trauerspiel *Kabale und Liebe* (1784), die später geläutert den Hof verlässt.

50.18 **Quitzowtum**: Altes, brandenburg. Adels- und Raubrittergeschlecht, gegen das sich der märk. Adel im 15. Jh. erfolgreich erhob.

50.19 **seit dem gleichnamigen Stücke**: Das hist. Schauspiel *Die Quitzows* Ernst von Wildenbruchs (1845–1909) wurde am 9. 11. 1888 in Berlin mit großem Erfolg uraufgeführt.

51.4–7 **Wie steht es [...] Friedrichstraße sittlich gereinigt?**: Anspielungen auf zeitgenössische polit. und bauliche Vorhaben in Berlin, die auch in anderen Werken Fontanes als Beispiele belangloser Gesellschaftskonversation genannt werden (z. B.: *Irrungen, Wirrungen*, Kap. 4).

51.16–17 **Schirokko [...] Samum**: Scirocco ist ein warmer, föhnartiger Fallwind aus der Sahara; Samum (arab., ›Giftwind‹) ist ein sehr heißer, trockener Sturmwind in Vorderasien oder Nordafrika.

51.19 **Soubrette**: (franz.) Darstellerin leichter Sopranpartien in Oper oder Operette.

51.25 **Grabillon**: Bezug unklar, da der Name in der ersten Niederschrift des Romans mehrfach von Fontane geändert wurde (vgl. GBA, S. 301 f.).

51.33 **Grußgeschichte**: Mögliche Anspielung auf ein unhöfliches Verhalten von Hofbeamten der mit dem Katholizismus sympathisierenden Kaiserin Augusta (1811–1890) gegenüber dem Protestanten Bismarck.

52.8 **Wilhelm Tell der Situation**: In Schillers Drama *Wilhelm Tell* (1804) unterlässt es die Symbolfigur des schweiz. Kampfes gegen Unterdrückung, den Hut des Reichsvogts Geßler zu grüßen (III,3).

der bekannten Hydra: In der griech. Mythologie ein Schlangen- 52.11
ungeheuer mit vielen, immer nachwachsenden Köpfen, das von Herakles getötet wird. Hier ist die kath. Kirche gemeint.

dem altenfritzischen ›Écrasez l'Infâme‹: Der franz. Ausspruch 52.12–13
»Vernichtet die Schändliche« (gemeint ist die Kirche, der Aberglaube) findet sich des Öfteren im Briefwechsel zwischen Friedrich dem Großen (1712–1786) und dem franz. Philosophen Voltaire (1694–1778).

Meine Ruh' ist hin ...: So beginnt Gretchens Lied in Goethes 52.17
Faust, Erster Teil, Szene »Gretchens Stube«, V. 3374.

»Der Erlkönig«, »Herr [...] Glocken von Speyer«.: Balladen 52.26–27
von Goethe, Johann Nepomuk Vogl (1802–1866) und Maximilian Freiherr von Oer (1806–1846), die allesamt von Carl Loewe (1796–1869) vertont wurden (vgl. auch *Effi Briest*, Kap. 11).

»Von Loewe, ex [...] Ludwig komponiert nicht.«: Geflügeltes 52.32–33
Wort (»An der Klaue [erkannt man] den Löwen«), das hier als Wortspiel mit dem Namen des Komponisten Loewe und des Politikers (vgl. 37,11–12) gebraucht wird.

»Bächlein, laß dein [...] alle Rinden ein«: Zwei Lieder aus dem 55.13–15
Liederzyklus *Die schöne Müllerin* (1820) von Wilhelm Müller (1794–1827) in der Vertonung von Franz Schubert (1797 bis 1828).

Duett aus »Figaros Hochzeit«: Zweistimmige Gesangsszene 55.19
aus der gleichnamigen Oper von Wolfgang Amadeus Mozart (1756–1791).

Milanollos: Teresa (1827–1904) und Maria Milanollo (1832 55.21
bis 1848) wurden Mitte des 19. Jh.s als Wunderkinder und Violinvirtuosinnen gefeiert.

Glück, von deinen [...] *zum Herzen find't.*: Fontane verfasste 56.20–31
dieses bewusst triviale Gedicht erst während der Arbeit an seinem Roman (vgl. GBA, S. 304 f.). Die dem letzten Vers ähnliche Formulierung »wo Herz zum Herzen spricht« findet sich im Roman *Irrungen, Wirrungen* (Kap. 23) und wurde von Fontane ebenfalls als Romanuntertitel erwogen.

»Wonderfully good. [...] an old lady.«: (engl.) »Wundervoll. 57.9–11

Oh, diese Deutschen. Sie können einfach alles ... sogar so eine alte Dame.«

58.13 **vom hohen Olymp**: In der Vorstellung der alten Griechen Sitz der Götter; hier: scherzhafte Anspielung auf den Personenkreis, der in Kap. 6 (vgl. Erl. zu 65,22) vorgestellt wird.

60.25 **Singuhrturm**: Volkstümliche Bezeichnung des Glockenspiels im Turm der Parochialkirche, in der Fontane und seine Frau am 16. 10. 1850 getraut wurden.

61.4–5 **›Üb immer Treu' und Redlichkeit.‹**: Das Zitat gibt den ersten Vers des Gedichtes »Der alte Landmann an seinen Sohn« von Ludwig Hölty (1748–1776) wieder, das als Lied mit der Melodie aus der Papageno-Arie »Ein Mädchen oder Weibchen« aus Mozarts *Zauberflöte* (1791) bekannt geworden ist. Hier: Anspielung auf Corinnas scheinbare Untreue.

61.6–8 **berühmte Stelle von [...] Höflichkeit nicht kannte**: Anspielung auf das Gedicht »Der Wilde« (1801) von Johann Gottfried Seume (1763–1810), das mit den Versen beginnt: »Ein Kanadier, der noch Europens / Übertünchte Höflichkeit nicht kannte, / Und ein Herz, wie Gott es ihm gegeben, / Von Kultur noch frei, im Busen fühlte, / Brachte, was er mit des Bogens Sehne / Fern in Quebecs übereis'ten Wäldern / Auf der Jagt erbeutet, zum Verkaufe.«

63.3 **aparte Person**: »außergewöhnliche, geschmackvolle Frau mit kapriziösem Charakter«. In *Effi Briest* warnt Innstetten seine Frau ausdrücklich vor dem Aparten (Kap. 10).

63.8 **Ruppiner Bilderbogen**: Kolorierte Bilderbogen aus Fontanes Geburtsstadt Neuruppin, die Tagesereignisse illustrierten. Vorläufer der heutigen Illustrierten.

63.17 **wegen solchen Bettels von Mammon**: »wegen solchen jämmerlichen (mhdt. Betel: das Betteln) Gewinns (aram. mamon: irdischer Gewinn, Besitz, Geld)«.

63.25–26 **Corinne au Capitole**: (franz.) »Corinne auf dem Kapitol«. Anspielung auf den Titel des 2. Teils des Romans *Corinne ou l'Italie* (1807) von Germaine de Staël (1766–1817), in dem die Titelfigur mit dem Dichterlorbeer auf dem Kapitol in Rom gekrönt wird (vgl. Erl. zu 11,13).

64.22 **Madai**: Guido von Madai (1810–1892); 1872–1885 Berliner Polizeipräsident.

Großen Kurfürsten-Gymnasium: Das 1797 gegründete Fried- 65.17
rich-Wilhelm-Gymnasium wurde nach dem Großen Kurfürsten (1620–1688) benannt, das auch Fontanes Söhne George und Theodor besuchten.

»Die sieben Waisen Griechenlands«: Ironische Anspielung auf 66.22
die sieben Weisen Griechenlands, eine Gruppe von Philosophen und Staatsmännern des 7. und 6. Jh.s v. Chr., denen Spruchweisheiten (wie »Erkenne dich selbst«) zugeschrieben werden.

›die Douglas waren immer treu‹: Refrain aus Fontanes Ballade 68.9–10
»Der Aufstand in Northumberland. 2. Percys Tod«.

ich werde Pessimist [...] Hartmann untern Arm: Scherzhafter 68.11–13
Hinweis auf zwei bedeutende Philosophen des 19. Jhs. Arthur Schopenhauer (1788–1860) und Eduard von Hartmann (1842 bis 1906) vertraten die sog. pessimistische Lehre, nach der das Leben leidvoll und das Nichtsein dem Sein vorzuziehen sei.

›Griechischen‹: Gemeint ist die 1804 von dem Philologen Phi- 68.27–28
lipp Karl Buttmann (1764–1829) gegründete griech. Gesellschaft »Graeca«.

Phrynichos den Tragiker mit Phrynichos dem Lustspieldichter: 69.2–3
Der Tragödiendichter (um 540–470 v. Chr.) gilt als Vorläufer des Aischylos (525/24–456/55 v. Chr.); der Komödiendichter (2. Hälfte des 5. Jh.s v. Chr.) war Zeitgenosse und Konkurrent des Aristophanes (um 445 bis um 385 v. Chr.).

beim ersten König: Friedrich I. (1657–1713), von 1688 bis 69.25
1701 als Friedrich III. Kurfürst von Brandenburg, seit 1701 König von Preußen.

General Barfus: Johann Albrecht Graf von Barfus (1635 bis 69.26–27
1704), brandenburg. General und Minister, Offizier ohne Heldenattitüde.

Maupassant: Guy de Maupassant (1850–1893), franz. natu- 70.17
ralistischer Romancier und Novellist, stand v. a. mit seinen Romanen *Bel ami* (1885) und seiner Erzählung *Boule de suif* (1880; *Fettklößchen*) zur Zeit der Romanhandlung im Zenit seines Ruhms.

nomen et omen: (lat.) »Name und Vorbedeutung«; geflügeltes 70.20
Wort nach dem röm. Dichter Plautus (ca. 254 bis ca. 184 v. Chr.).

Bilde zu Sais: Nach einer griech. Sage verhülltes ägypt. Götter- 70.24

bild in der im westl. Nildelta gelegenen Stadt Sais. In Schillers Ballade »Das verschleierte Bild zu Saïs« (1795) und in Novalis' Romanfragment *Die Lehrlinge zu Sais* (1798) thematisch-motivische Aufnahme der Sage.

71.7 **kategorischen Imperativ**: Von Kant (1724–1804) entwickeltes metaethisches Prinzip zur Begründung singulärer moralischer Handlungsvorschriften (*Grundlegung zur Metaphysik der Sitten*, 2. Abschnitt, 421).

71.24 **Homer**: Griech. Epiker des 8. Jh.s v. Chr. Mutmaßlicher Verfasser der Heldenepen *Ilias* und *Odyssee*. Seine Werke und seine Identität beschäftigen bis heute die Wissenschaft, vgl. Schrott, Raoul: *Homers Heimat*. Der Kampf um Troja und seine realen Hintergründe, München 2008.

72.9 **Rodegast**: Samuel Rodegast (1649–1708), Dichter von Kirchenliedern, von 1698 bis 1708 Rektor des ältesten Berliner »Gymnasiums zum Grauen Kloster«, das Schinkel, Bismarck und Fontanes Vater besuchten.

72.15–16 **mutmaßlichen Anlagen im [...] Joseph von Arimathia**: Als heimlicher Anhänger Jesu bestattete er dessen Leichnam in der für ihn selbst bestimmten Grabstätte in seinem Garten (vgl. Matth. 27,57–60; Mk. 15,42–47).

73.21 **Spichern**: Für die preuß. Truppen verlustreiche Schlacht um die die Spicherer Höhen in Lothringen im Deutsch-Französischen Krieg 1870/71.

73.22 **Premierleutnantshaltung**: ›Premierleutnant‹ war bis 1899 die Bezeichnung für ›Oberleutnant‹.

73.24 **Agathon Knurzel**: Der Vorname spielt auf den Titel des Romans *Geschichte des Agathon* (1766/67) von Christoph Martin Wieland (1733–1813) an.

73.25 **Mr. Punch**: Anspielung auf die Hanswurstfigur im engl. Puppenspiel; zugleich Titelbildfigur des 1841 gegründeten satirischen Wochenblattes *Punch*.

73.33 **Kladderadatsch**: 1848 gegründete Berliner satirische Zeitschrift, die erst 1944 ihr Erscheinen einstellen musste.

74.4–5 **›Das Alte stürzt, es ändert sich die Zeit.‹**: Zitat Attinghausens, einer Figur aus Schillers Drama *Wilhelm Tell* (1804), IV, 2 (V 2425).

74.14–15 **Heinrich Schliemanns Ausgrabungen zu Mykenä.**: Anspielung auf Schliemanns 1878 herausgegebenes Buch *Mykenae*. Der Verfasser (1822–1890) war ein mittelloser Pfarrerssohn, der sich im Selbststudium der Archäologie zuwandte und durch seine Ausgrabungen in Troja und Mykene weltberühmt wurde.

Priamus: König von Troja zur Zeit des sagenhaften Trojani- 74.20
schen Krieges (um 1190 v. Chr.) und Vater des Äneas in Homers *Ilias*.

ins Agamemnonsche hinein [...] Schädelriß, ägisthischen Ange- 74.20–22
denkens: Agamemnon war nach der griech. Sage König von Mykene und Oberbefehlshaber des griech. Heeres im Trojanischen Krieg. Nach seiner Rückkehr wurde er von seiner Frau Klytämnestra und ihrem Geliebten Ägisth erschlagen (vgl. auch 116,24–117,9).

hic Rhodus, hic salta: »Hier ist Rhodos, hier springe«; lat. Form 74.24
eines geflügelten Wortes aus Äsops (6. Jh. v. Chr.) Fabel »Der Fünfkämpfer als Prahlhans«, in der ein Athlet, der ständig auf seine herausragenden Leistungen beim Weitsprung in Rhodos hingewiesen hatte, von seinen enervierten Zuhörern aufgefordert wurde, das Geleistete hier und jetzt zu wiederholen.

Goldmasken: In den Gräbern von Mykene fand Schliemann 75.19
mehrere Goldmasken, deren eine als Totenmaske Agamemnon zugeordnet wird.

Orests und Iphigeniens unmittelbare Vorfahren: Orest und 75.23–24
Iphigenie waren im griech. Mythos die Kinder Klytämnestras und Agamemnons, Sohn des Atreus aus dem Geschlecht der Tantaliden. Orest erschlug seine Mutter und ihren Geliebten Ägisth und rächte so den Tod seines Vaters (vgl. auch die Trilogie *Die Orestie* des Tragödiendichters Aischylos, 525–456 v. Chr.).

Virchow: Rudolf Virchow (1821–1902), berühmter Arzt, Be- 76.2
gründer der modernen Pathologie, war ein Freund und Förderer Schliemanns.

lupus in fabula: (lat.) »Der Wolf in der Fabel (der kommt, wenn 76.4
man von ihm spricht)«. Geflügeltes Wort des röm. Dichters Terenz (Publius Terentius Afer), 195–159 v. Chr.

alles wäre den Krebsgang gegangen: Seit dem späten Mittelalter 78.23–24
bekannte Redewendung im Sinne von ›alles würde niemals fertig‹.

79.5–9 **Küstriner Gegend [...] Neumärkter oder Oderbrücher**: Küstrin: ist eine Stadt an der Mündung der Warthe in die Oder. – Neumark heißt der östl. der Oder gelegene Teil der Mark Brandenburg. – Der Oderbruch ist eine Flussniederung westl. der Oder in der Nähe von Frankfurt/Oder.

80.22 **George Sand**: Pseudonym der franz. Schriftstellerin Aurore Dupin (1804–1876), die in ihren Werken für sozialistische Ideen und die Emanzipation der Frau eintrat. Zahlreiche Aufsehen erregende Liebesaffären.

80.23–24 **›comprendre c'est pardonner‹**: (franz.) »Verstehen heißt verzeihen«. Geflügeltes Wort aus Madame de Staëls Roman *Corinne ou l'Italie* (vgl. auch Erl. zu 63,25–26).

80.26–27 **Alfred de Musset**: Franz. Lyriker, Novellist und Dramatiker (1810–1857), der Mitte der 1830er Jahre ein leidenschaftliches Verhältnis mit George Sand hatte.

81.1 **dem damaligen Kammergerichtspräsidenten**: Karl Joseph Maximilian Freiherr von Fürst und Kupferberg (1717–1790), der gegen eine Entscheidung des Königs Einspruch erhob und entlassen wurde.

82.12 **Banquo steigt auf**: Anspielung auf Shakespeares (1564–1616) Tragödie *Macbeth* (1606), in der in III,4 der Geist des ermordeten Heerführers Banquo erscheint und den leeren Platz an der Tafel einnimmt.

83.22 **Schnell fertig ist die Jugend mit dem Wort.**: Zitat aus dem 3. Teil (*Wallensteins Tod*, II,2) von Schillers Trilogie *Wallenstein*.

85.13–14 **Freiherrn von Rumohr**: Carl Friedrich von Rumohr (1785 bis 1843), Kunsthistoriker, Schriftsteller und zugleich Autorität in kulinarischen Fragen.

85.15–16 **Fürsten Pückler-Muskau.**: Hermann Ludwig Heinrich Fürst von Pückler-Muskau (1785–1871) wurde bekannt durch seine Park- und Gartenanlagen, seine Reisebeschreibungen und als Feinschmecker durch das nach ihm benannte Fürst-Pückler-Eis.

85.26–27 **»Semilassos Weltfahrten«**: Unter dem Pseudonym Semilasso (ital: der Halbmüde) veröffentliche Pückler-Muskau mehrere Reisebücher. Aus Abessinien brachte er eine dort gekaufte schwarze Sklavin mit nach Deutschland.

bleibt nicht bloß […] aus wie Röhrwasser: Mögliche Anspielung auf Goethes *Faust. Zweiter Teil*: Szene »Kaiserliche Pfalz. Saal des Thrones« (1. Akt): »Subsidien, die man uns versprochen, / Wie Röhrenwasser bleiben aus.« (V. 4832 f.) 87.17–18

Gretna Green: Schott. Dorf, in dem sich (minderjährige) Paare ohne Einwilligung der Eltern vom Dorfschmied trauen lassen konnten (zwischen 1753 bis 1969). 92.35

Brückner: Benno Brückner (1824–1905), protestant. Theologe und Generalsuperintendent von Berlin. 93.1

Kögel: Rudolf Kögel (1829–1896), ev. Theologe und berühmter Kanzelredner, war Oberhofprediger und Seelsorger Wilhelms I. 93.1

Gladstone: William Ewart Gladstone (1809–1898), mehrfach brit. Premierminister (1868–1874, 1880–1885, 1886 und 1892 bis 1894), gilt als einer der größten Staatsmänner des viktorianischen Englands. Als Führer der Liberalen Partei ab 1867 wurde er in ganz Europa zur Symbolfigur für die Reformpolitik seiner Zeit. 95.34

Herrnhut oder Gnadenfrei: Kleinstadt bei Zittau in der Oberlausitz, in der ab 1722 Erziehungsanstalten der Ev. Brüdergemeine Herrnhut angelegt wurden. In Gnadenfrei befand sich eine der ersten Kolonien der Herrnhuter in Schlesien. 99.8

sein Jahr bei den Gardedragonern abdienen wollen: Absolvierung des verkürzten einjährigen Militärdienstes statt der üblichen drei Jahre in einem ›feudalen‹ Kavallerieregiment Berlins. 107.33

Ritter Karl von Eichenhorst: Gestalt aus der Ballade »Die Entführung, oder Ritter Karl von Eichenhorst und Fräulein Gertrude von Hochburg« (1778) von Gottfried August Bürger (1747–1794). 108.24–25

›Milch der frommen Denkungsart‹: Zitat aus Schillers Drama *Wilhelm Tell*, aus dem Monolog des Titelhelden (IV,3, V. 2571 ff.). 113.14

Bernauer Kriegskorrespondenten: Der Berliner Journalist Julius Stettenheim (1831–1916) erfand für sein Witzblatt *Die Wespen* die Figur des Korrespondenten Wippchen, der seine durch Verwechselungen von Zitaten und Redewendungen witzigen Berichte von Bernau bei Berlin und nicht vom Ort des Geschehens schrieb. 117.33–34

118.10–11 **Montecuculis Wort über [...] auch für Wahlfeldzüge.**: Nach einem Ausspruch des kaiserlichen Feldmarschalls Raimund Fürst von Montecucculi (1609–1680) gehören zum Krieg-Führen drei Dinge: Geld, Geld und nochmals Geld. Das Wort geht auf den Marschall Gian Giacomo Trivulzio (ca. 1440–1518) zurück.

122.26–27 **Methode hat auch der Wahnsinn**: Allusion auf das geflügelte Wort Hamlets in Shakespeares gleichnamigem Drama: »Ist dies schon Tollheit, hat es doch Methode.« (II,2, V. 207)

122.34–35 **daß man ein [...] Musikant sein kann**: Anspielung auf eine Stelle in Clemens Brentanos (1778–1842) Lustspiel *Ponce de Leon* (1804), die zum Ausdruck bringt, dass es moralisch einwandfreie, aber fachlich unzulängliche Leute gibt (vgl. auch *Effi Briest*).

125.24 **Genoveva**: Nach der Legende tugendhafte Gemahlin des Pfalzgrafen Siegfried (um 750), später Heldin verschiedener Dramen und Opern.

125.25 **keusche Susanna**: Als ›Susanna im Bade‹ Gestalt einer Erzählung im AT (Buch Daniel 13), Sinnbild der Sittsamkeit und Unschuld.

125.29–30 **heiligen Elisabeth**: Elisabeth von Ungarn (1207–1231), Gemahlin des Landgrafen Ludwig von Thüringen, führte nach dessen Tod (1227) ein Leben in freiwilliger Armut und christl. Nächstenliebe; 1235 heilig gesprochen.

130.14 **›Genieße fröhlich, was du hast.‹**: Anspielung auf Christian Fürchtegott Gellerts (1715–1769) Lied »Zufriedenheit mit seinem Zustande« (1757).

136.22–24 **›Nach Frankreich zogen [...] die Köpfe hangen ...‹**: Erster und vierter Vers der ersten Strophe des Gedichts »Die Grenadiere« aus Heinrich Heines (1797–1856) *Buch der Lieder* (1827).

137.18 **das innere Düppel**: Geflügeltes Wort nach der Erstürmung der Düppeler Schanzen in der Nähe des dän. Dorfes Düppel durch preuß. Truppen am 18.4.1864.

137.23 **Schloßhof zu Canossa**: Anspielung auf den sog. Canossagang des dt. Kaisers Heinrich IV. (1077), der im Schlosshof der ital. Felsenburg Canossa barfuß und im Büßergewand vor Papst Gregor VII. um die Aufhebung des Kirchenbannes bat und auch erwirkte.

137.29–30 **›Ich weiß nicht, was soll es bedeuten?‹**: Volkstümlich gewordene Anfangszeile des titellosen Gedichtes aus Heinrich Heines Zyklus »Die Heimkehr« im *Buch der Lieder*, vertont u. a. von Felix Mendelssohn Bartholdy (1809–1847).

Wenn nach *dir* […] still zu stehn …: Vorletzte Strophe aus dem Gedicht »Das Mondlicht« (1831) von Nikolaus Lenau (1802 bis 1850). 148.1–4

wie der Versucher […] schenke ich dir.‹: Anspielung auf die Versuchungen des Teufels in der Wüste während der Fastenzeit, denen Jesus widersteht, vgl. Matth. 4,8 und Lk. 4,1 ff. 154.14–15

Erharten, die nachher einen Grafen geheiratet: Gemeint ist die in Wien geborene Schauspielerin Luise Erhartt (1844–1916), seit 1868 mit dem Grafen Karl von der Goltz verheiratet, die in der Rolle der Maria Stuart Triumphe feierte. 159.5–6

der Pfeil nicht auf den Schützen zurückfliegt: Anspielung auf die Worte Geßlers an den Titelhelden in Schillers *Wilhelm Tell* (III,3; V. 1974 f.). 170.14–15

die schöne Melusine: Sagenhafte Stammmutter der Grafen von Lusignan. Gestalt der franz. Sage und v. a. der romant. Dichtung (u. a. Tieck, Schwab, von Arnim). 170.18–19

Philippika: Straf-, Zorn- oder Kampfrede, benannt nach den Reden des griech. Philosophen Demosthenes (384–322 v. Chr.) gegen Philipp von Mazedonien (um 382–336 v. Chr.). 170.35

soll ich mein […] den Scheffel stellen?: Redewendungen nach dem NT (Lk. 19,12–26; Matth. 25,18 u. 25 bzw. 5.15 f.). 182.24–26

seine Flitterwochen in […] Sie gewiß sein.«: Der Vergleich zwischen dem kleinen Seebad auf der Insel Usedom und der berühmten Mittelmeerinsel im Golf von Neapel bringt Jenny Treibels Standesdünkel zum Ausdruck. 184.2–5

Cornelius-Saal: Galeriesaal in der Nationalgalerie, in dem die nicht ausgeführten Wandgemälde für eine Grabkapelle des Hauses Hohenzollern im Berliner Dom von Peter Cornelius (1783 bis 1867) ausgestellt waren. 191.2

Souchon: Johann George Souchon (1836–1899), Prediger an der Sophienkirche. 197.25

deutscher Literaturlehrer an einer höheren Mädchenschule: Wegen des damals offensichtlich herrschenden Überangebots an akademisch ausgebildeten Lehrern hatte Marcell als Altphilologe lediglich die Möglichkeit, an einer staatlich nicht anerkannten Mädchenschule zu unterrichten. 200.4–5

200.7 **Codex argenteus**: (lat.) »Silbernes Buch«; eine auf purpurfarbenem Pergament überlieferte Handschrift des 6. Jh.s mit Bruchstücken der Bibelübersetzung des westgot. Bischofs Wulfila (310–383). Bedeutendes got. Sprachdenkmal, heute in der Universitätsbibliothek von Uppsala.

200.8 **Heliand**: Name eines vor 840 entstandenen Stabreimepos über das Leben Jesu; das bedeutendste altsächs. Sprachdenkmal.

200.9 **Beowulf**: Ein um 730 entstandenes altengl. Stabreimepos über die Heldentaten des Königs Beowulf.

201.13 **alle Minen sprengen lassen wollte**: Anspielung auf die an Ferdinand gerichteten Schlussworte der Lady Milford in Schillers bürgerlichem Trauerspiel *Kabale und Liebe* (II,3): »Ich laß' alle Minen sprengen!«

203.5–6 **eine kleine reizende Geschichte von Heyse gelesen**: Gemeint ist die Novelle *Unvergeßbare Worte* (1882) des viel gelesenen späteren Literatur-Nobelpreisträgers Paul Heyse (1830–1914).

206.8 **›Werde, der du bist‹**: Zitat aus der zweiten Pythischen Ode des griech. Lyrikers Pindar (um 522–446 v. Chr.); vgl. Erl. zu 11,13.

206.13 **›Schritt vom Wege‹**: Populäres Lustspiel des Juristen und Kammergerichtsrates Ernst Wichert (1831–1902), das im Roman *Effi Briest* eine bedeutende Rolle spielt (Kap. 18).

206.26 **Extraordinarius**: Außerordentlicher Universitätsprofessor mit Lehrbefähigung (venia legendi), aber ohne Lehrstuhl.

207.24–25 **Summus Episcopus**: Oberster Bischof. In der ev. Kirche war der protest. Landesherr zugleich oberster Kirchenfürst und Landesbischof.

210.31–32 **»um dreimal von der Kanzel zu fallen«**: Scherzhafte Anspielung auf das an drei aufeinander folgenden Sonntagen wiederholte kirchl. Aufgebot der Brautleute.

212.20–21 **wie den Goetheschen Sänger**: In Goethes Ballade »Der Sänger« (1783) weist dieser als Belohnung eine goldene Kette zurück und erbittet vom König statt deren den »besten Becher Weins«.

213.5–6 **»bis an das Grab der Julia«**: In Verona wird heute im Garten des Waisenhauses San Francesco di Citadella das Grab und ein Sarkophag als Sarg der Julia, der Haupt- und Titelfigur der Shakespeare'schen Tragödie *Romeo und Julia* (1597), gezeigt. Vgl. auch *Effi Briest*, Kap. 9.

Messenien und dem Taygetos: Messenien ist eine Landschaft und ein Staat auf der Halbinsel Peleponnes und der Taygetos ein dort befindliches Gebirge. 213.9

Aristomenes: Aristomenes war ein Messenier aus dem Herrschergeschlecht der Aipytiden. 213.10–11

»Schatzkästlein deutscher Nation«: Gemeint ist wohl die Anekdotensammlung *Schatzkästlein des Rheinischen Hausfreundes* (1811) von Johann Peter Hebel (1760–1826). 213.22

›Mehr Licht‹ [...] Wort unseres Olympiers: Angeblich die letzten Worte Goethes auf seinem Sterbebett. 214.25–26

Suhrkamp BasisBibliothek
Text und Kommentar in einem Band
Eine Auswahl

Ingeborg Bachmann. Malina. Kommentar: Monika Albrecht und Dirk Göttsche. SBB 56. 389 Seiten

Jurek Becker. Jakob der Lügner. Kommentar: Thomas Kraft. SBB 15. 351 Seiten

Thomas Bernhard
- Amras. Kommentar: Bernhard Judex. SBB 70. 144 Seiten
- Erzählungen. Kommentar: Hans Höller. SBB 23. 171 Seiten

Bertolt Brecht
- Der Aufstieg des Arturo Ui. Kommentar: Annabelle Köhler. SBB 55. 182 Seiten
- Die Dreigroschenoper. Kommentar: Joachim Lucchesi. SBB 48. 170 Seiten
- Der gute Mensch von Sezuan. Kommentar: Wolfgang Jeske. SBB 25. 214 Seiten
- Der kaukasische Kreidekreis. Kommentar: Ana Kugli. SBB 42. 189 Seiten
- Leben des Galilei. Kommentar: Dieter Wöhrle. SBB 1.191 Seiten
- Mutter Courage und ihre Kinder. Kommentar: Wolfgang Jeske. SBB 11. 185 Seiten

Georg Büchner. Danton's Tod. Kommentar: Joachim Hagner. SBB 89. 200 Seiten

Annette von Droste-Hülshoff. Die Judenbuche. Kommentar: Christian Begemann. SBB 14. 136 Seiten

Joseph von Eichendorff. Aus dem Leben eines Taugenichts. Kommentar: Peter Höfle. SBB 82. 180 Seiten

NF 279a/1/5.08

Max Frisch
- Andorra. Kommentar: Peter Michalzik. SBB 8. 166 Seiten
- Biedermann und die Brandstifter. Kommentar: Heribert Kuhn. SBB 24. 142 Seiten
- Homo faber. Kommentar: Walter Schmitz. SBB 3. 301 Seiten

Theodor Fontane
- Effi Briest. Kommentar: Dieter Wöhrle. SBB 47. 414 Seiten
- Irrungen, Wirrungen. Kommentar: Helmut Nobis. SBB 81. 258 Seiten

Johann Wolfgang Goethe
- Götz von Berlichingen. Kommentar: Wilhelm Große. SBB 27. 243 Seiten
- Die Leiden des jungen Werthers. Kommentar: Wilhelm Große. SBB 5. 222 Seiten
- Wilhelm Meisters Lehrjahre. Kommentar: Joachim Hagner. SBB 85. 700 Seiten

Peter Handke. Wunschloses Unglück. Kommentar: Hans Höller. SBB 38. 131 Seiten

Christoph Hein. Der fremde Freund. Drachenblut. Kommentar: Michael Masanetz. SBB 69. 236 Seiten

Hermann Hesse
- Demian. Kommentar: Heribert Kuhn. SBB 16. 233 Seiten
- Narziß und Goldmund. Kommentar: Heribert Kuhn. SBB 40. 407 Seiten
- Siddhartha. Kommentar: Heribert Kuhn. SBB 2. 192 Seiten
- Der Steppenwolf. Kommentar: Heribert Kuhn. SBB 12. 306 Seiten
- Unterm Rad. Kommentar: Heribert Kuhn. SBB 34. 275 Seiten

E. T. A. Hoffmann
- Das Fräulein von Scuderi. Kommentar: Barbara von Korff-Schmising. SBB 22. 149 Seiten
- Der Sandmann. Kommentar: Peter Braun. SBB 45. 100 Seiten

NF 279a/2/5.08

Ödön von Horváth
- Geschichten aus dem Wiener Wald. Kommentar: Dieter Wöhrle. SBB 26. 168 Seiten
- Glaube Liebe Hoffnung. Kommentar: Dieter Wöhrle. SBB 84. 152 Seiten
- Italienische Nacht. Kommentar: Dieter Wöhrle. SBB 43. 162 Seiten
- Jugend ohne Gott. Kommentar: Elisabeth Tworek. SBB 7. 195 Seiten
- Kasimir und Karoline. Kommentar: Dieter Wöhrle. SBB 28. 147 Seiten

Franz Kafka
- Der Prozeß. Kommentar: Heribert Kuhn. SBB 18.352 Seiten
- Das Urteil und andere Erzählungen. Kommentar: Peter Höfle. SBB 36. 188 Seiten
- Die Verwandlung. Kommentar: Heribert Kuhn. SBB 13. 134 Seiten

Gottfried Keller. Kleider machen Leute. Kommentar: Peter Villwock. SBB 68. 192 Seiten

Heinrich von Kleist. Der zerbrochne Krug. Kommentar: Axel Schmitt. SBB 66. 186 Seiten

Heinar Kipphardt. In der Sache J. Robert Oppenheimer. Kommentar: Ana Kugli. SBB 58. 220 Seiten

Wolfgang Koeppen. Das Treibhaus. Kommentar: Arne Grafe. SBB 76. 290 Seiten

Gotthold Ephraim Lessing
- Emilia Galotti. Kommentar: Axel Schmitt. SBB 44. 171 Seiten
- Nathan der Weise. Kommentar: Wilhelm Große. SBB 41. 238 Seiten

Ulrich Plenzdorf. Die neuen Leiden des jungen W. Kommentar: Jürgen Krätzer. SBB 39. 157 Seiten

Patrick Roth. Riverside. Kommentar: Grete Lübbe-Grothes. SBB 62. 148 Seiten

NF 279a/3/5.08

Friedrich Schiller
- Kabale und Liebe. Kommentar: Wilhelm Große. SBB 10. 175 Seiten
- Maria Stuart. Kommentar: Wilhelm Große. SBB 53. 220 Seiten
- Die Räuber. Kommentar: Wilhelm Große. SBB 67. 272 Seiten
- Wilhelm Tell. Kommentar: Wilhelm Große. SBB 30. 196 Seiten

Arno Schmidt. Schwarze Spiegel. Kommentar: Oliver Jahn. SBB 71. 150 Seiten

Arthur Schnitzler. Lieutenant Gustl. Kommentar: Ursula Renner-Henke. SBB 33. 162 Seiten

Theodor Storm. Der Schimmelreiter. Kommentar: Heribert Kuhn. SBB 9. 199 Seiten

Hans-Ulrich Treichel. Der Verlorene. Kommentar: Jürgen Krätzer. SBB 60. 176 Seiten

Martin Walser. Ein fliehendes Pferd. Kommentar: Helmuth Kiesel. SBB 35. 164 Seiten

Peter Weiss
- Abschied von den Eltern. Kommentar: Axel Schmolke. SBB 77. 192 Seiten
- Die Ermittlung. Kommentar: Marita Meyer. SBB 65. 304 Seiten.
- Die Verfolgung und Ermordung Jean Paul Marats. Kommentar: Arnd Beise. SBB 49. 180 Seiten

Frank Wedekind. Frühlings Erwachen. Kommentar: Hansgeorg Schmidt-Bergmann. SBB 21. 148 Seiten

Christa Wolf
- Der geteilte Himmel. Kommentar: Sonja Hilzinger. SBB 87. 320 Seiten
- Kein Ort. Nirgends. Kommentar: Sonja Hilzinger. SBB 75. 158 Seiten

NF 279a/4/5.08